REVIENS À LA VIE !

DU MÊME AUTEUR

L'Évangélisation des profondeurs, tome I, Paris, Éditions du Cerf, coll. « Épiphanie », 1997.

SIMONE PACOT

REVIENS À LA VIE !

L'Évangélisation des profondeurs

Tome II

Épiphanie

LES ÉDITIONS DU CERF
www.editionsducerf.fr

PARIS

2002

Nihil obstat

Paris, le 23 mars 2002

M. DUPUY

Imprimatur

Paris, le 23 mars 2002

Père M. VIDAL, v.è.

(29, boulevard La Tour-Maubourg
75340 Paris Cedex 07,
www.editionsducerf.fr)

ISBN 2-204-06959-0
ISSN 0750-1862

PROLOGUE

Lors de l'exploration des blessures étudiées dans le tome I de *L'Évangélisation des profondeurs*, des repères essentiels ont été mis au jour. Ils se révèlent être de véritables lois qui fondent la vie.

Il est apparu peu à peu indispensable d'étudier plus spécifiquement ces lois fondamentales de la vie. D'où viennent-elles ? Où les découvre-t-on ? en soi ? dans la Parole de Dieu ?

Les regrouper, les définir précisément, en découvrir l'implication concrète dans sa vie se sont révélé être une étude indispensable, très vivante, très aidante pour éclairer le cheminement. En effet, dès que le sens de ces lois redevient clair, il est simple de découvrir comment on y a adhéré et pris ainsi des chemins de vie, ou comment on les a méconnues et, en conséquence, pris des chemins de mort. Quelles étapes parcourir pour parvenir à poser un choix de vie libre, vigoureux, déterminé ?

Certains thèmes sont nouveaux par rapport à *L'Évangélisation des profondeurs*, tome I. D'autres sont repris, présentés différemment, approfondis pour en faciliter l'approche, à partir des questionnements des uns et des autres, de leurs tâtonnements, de leurs expériences.

On trouvera dans un troisième tome de *L'Évangélisation des profondeurs*, qui paraîtra en septembre 2002 aux Éditions du Cerf, l'étude détaillée de quelques thèmes essentiels qui concernent la dynamique du mouvement de restauration.

– Une approche précise de la fausse route : comment la mettre au jour ? L'idole : quel sens a ce concept aujourd'hui ?

– Les étapes de la remontée vers la vie, avec notamment un approfondissement du sens vital de l'acte de renoncement, du processus de deuil, dont la traversée est indispensable car ils conditionnent le retour à la vie.

– La rencontre avec ses émotions : les émotions enfouies, profondément destructrices, mais également les émotions reconnues, mises en mots et cependant non apaisées qui empêchent la vie de se déployer. Que faire de ses émotions ? Comment les vivre dans la présence vivante du Christ ? Comment réorienter vers la vie ses forces vives ? C'est une étape que beaucoup survolent, sans se rendre compte de son extrême importance.

– Le sens du trajet d'évangélisation des profondeurs : le chemin de nos Pâques. À l'image de la Pâque des Hébreux, à la suite de la Pâque de Jésus-Christ, entrer dans une Pâque personnelle permet de découvrir la signification vitale, universelle, du passage de ce qui est mort, à demi-mort, en passe de mourir à la vie, la résurrection au quotidien.

La recherche de l'unité de l'être, dans la grâce du Dieu trinitaire, à l'écoute de sa Parole, est toujours le but de la quête. L'articulation entre la psychologie et la foi devient de plus en plus claire à partir du moment où l'on comprend que les lois de vie sont des lois de Dieu.

Je remercie tout spécialement toute l'équipe de « Bethasda », les formateurs, les accompagnateurs. L'échange mutuel de nos expériences, de nos façons d'accompagner, la prière commune, les apports des uns et des autres tant sur le plan des enseignements que de la réflexion sont un enrichissement constant. Je remercie aussi de tout cœur ceux et celles qui assurent avec tant de générosité le fonctionnement administratif des différentes associations Bethasda et nous soulagent de cette tâche.

Je remercie ceux et celles qui ont donné de leur temps et compétence pour relire le manuscrit, Florence d'Assier de Boisredon, psychologue, psychothérapeute, responsable du collège des accompagnateurs et accompagnatrices de Bethasda, Pierre-Yves Brandt, pasteur, professeur de psychologie de la religion en faculté de théologie à Lausanne et à Genève, responsable de la formation des accompagnateurs et accompagnatrices de Bethasda, Marie-Madeleine Laurent, psychologue, dont les documents de travail nous sont toujours si précieux, Luc Weizmann. Par leurs questionnements exigeants, ils m'ont amenée à plus de clarté dans l'exposé.

Je ne remercierai jamais assez Monique Coudert qui a assuré la frappe et la mise en page du manuscrit avec une infinie patience et une énergie, une ardeur communicatives et réconfortantes.

Toute ma gratitude va aussi à ceux et à celles qui m'ont autorisée à utiliser leur témoignage de vie pour en aider d'autres.

Enfin, au nom de toute notre équipe, j'exprime toute notre reconnaissance aux personnes qui participent aux sessions de Bethasda, qui s'engagent véritablement sur cette route et sans lesquelles l'enseignement risquerait d'être coupé de la réalité humaine.

Bethasda est une union d'associations loi 1901. Elle organise des sessions sur l'évangélisation des profondeurs de l'être humain où se vit l'accueil de la miséricorde de Dieu dans la vérité de toute la personne. Ce cheminement de conversion et de guérison s'appuie sur les repères de vie donnés par la Parole de Dieu ainsi que par les sciences humaines. Ces sessions sont animées par une équipe œcuménique de chrétiens.

Association Bethasda[1],

1. Association Bethasda : Val Saint-Jean 10150 Montsuzain.

INTRODUCTION
JE TE DONNE LA VIE, SOIS VIVANT

Alors l'Éternel Dieu modela l'homme
avec la glaise du sol,
Il insuffla dans ses narines une haleine de vie
et l'homme devint un être vivant… (Gn 2, 7).

Dieu créa l'homme à son image,
à l'image de Dieu Il le créa,
homme et femme Il les créa (Gn 1, 27).

Cette parole fondatrice de l'être humain est un formidable appel à vivre, la première réalité que l'être humain devrait intégrer. Je te donne la vie, sois vivant.

C'est le don premier, précieux, inestimable, la première manifestation de l'amour, pour tous sans exception : *Dieu vit tout ce qu'il avait fait, et cela était très bon* (Gn 1, 31).

Dieu est la source de la vie. Il en précise le sens, la finalité. Il rend à la vie ceux et celles qui se sont égarés sur un chemin de mort, quelle qu'en soit la forme.

Ceux et celles qui ont été blessés dans leur première relation, qui n'ont pas véritablement connu l'amour, entendent dire que Dieu est Amour, mais bien souvent ils ne parviennent pas à en faire l'expérience. C'est comme s'il y avait un voile en eux, un barrage, une porte fermée. La vie peut apparaître d'emblée comme menaçante, insécurisante. Apprendre à recevoir la vie comme bonne en son principe, découvrir qu'elle est un don de Dieu, une manifestation de son Amour est une première approche de Dieu, un pas vers le développement conscient du désir de vivre.

L'éveil.

Beaucoup poursuivent leur route comme s'il était naturel d'exister, ils ne sont pas « éveillés » ; ils ne pensent pas à entrer dans la gratitude d'être des vivants. Ils oublient leur filiation d'origine, la parenté essentielle : c'est le premier morcellement de l'être coupé de sa source.

La vie, mais quelle vie ?

On trouve actuellement une abondance de livres, de séminaires sur le développement de la vie, le travail sur soi, la mise au jour de ses ressources spécifiques, l'estime de soi, la pensée positive… On ne peut que se réjouir de cette profusion de connaissances, d'expériences, de notions psychologiques simples mises à la portée de tous, car développer la vie est la tâche de tout humain. Mais de quelle vie s'agit-il ? Le sens de la vie, de sa vie, est la recherche fondamentale de chacun.

La question se pose pour tous ceux et celles qui sont en quête de leur unité, de leur être en son entier, qui cherchent comment intégrer leur foi dans leur humanité. La vie que Dieu donne obéit à un ordonnancement, elle ne va pas dans n'importe quel sens et il est essentiel de découvrir les fondements et conditions de cet ordre fondamental. Ce sont eux qui vont permettre à la vie de se déployer dans sa véritable fécondité. L'être humain ne saurait méconnaître ni la source, ni la finalité de la vie.

Cependant, il lui arrive d'oublier que les principes essentiels, les grands fondements de la vie qui vont lui permettre de découvrir la cohérence de son existence se trouvent en lui-même.

Au cours de la restauration de ce que l'on nomme, dans le chemin d'« évangélisation des profondeurs », les « blessures infectées » (c'est-à-dire les blessures qui ont été mal vécues et se sont en quelque sorte envenimées), ces fondements de l'être humain vont être remis en valeur, énoncés de façon précise : ils se révèlent des repères essentiels qui balisent le chemin qui mène à la vie, et signalent les possibles chemins de mort : ils font clairement prendre conscience de la façon dont on a pu se détourner de la vie et s'égarer sur un chemin qui mène à la destruction d'une part de soi. Ils permettent de nommer, et donc de quitter, les chemins de mort pour retrouver la direction de la vie.

En effet, si l'être humain est appelé à une vie belle, bonne, abondante, il va cependant rencontrer le mal sur sa route. Ce mal est essentiellement ce qui empêche la vie de naître et de se déployer, ce qui mène à une forme de destruction et de mort, quelle qu'en soit la forme.

L'appellation générique de « lois de vie » est apparu tout naturellement pour définir ces fondements essentiels de la vie, gravés au cœur de tout humain. Pour en faciliter l'approche, la compréhension, la mise en œuvre, il a semblé fécond de les regrouper, de préciser la parole biblique qui les éclaire, de les exposer de façon simple, accessible à tous et à toutes, d'en retrouver le sens vital, ainsi que l'impact qu'elles ont sur nos comportements quotidiens.

C'est ainsi que l'étude vitale concrète de cinq de ces lois – celles qui touchent de plus près la restauration des blessures qui sont approfondies dans le trajet d'évangélisation des profondeurs – font l'objet de ce livre.

LES CINQ LOIS DE VIE APPROFONDIES DANS LE TRAJET D'ÉVANGÉLISATION DES PROFONDEURS

1. Le choix de vivre.

Choisis donc la vie (Dt 30, 15-20). La vie t'est donnée, mais ne te contente pas d'être en vie. Choisis de vivre, détermine-toi. Choisis la vie telle qu'elle est mise en ordre par le Créateur, selon son « ordonnancement », quelles que soient les circonstances de ta vie. N'aie aucune connivence avec la mort.

2. L'acceptation de la condition humaine.

Et YHVH Élohim [le Seigneur Dieu] *ordonna sur l'Adam disant : De tout arbre du jardin tu mangeras. Et de l'arbre de la connaissance du bien et du mal tu ne mangeras pas, car le jour où tu en mangeras, tu mourras* (Gn 2, 16-17) [1].

Tu es créé, tu n'es pas Dieu, Dieu seul est Dieu. Tu es fils ou fille de Dieu. Tu es créé et aimé dans les limites propres à tout humain, à tout ce qui a pris forme ; accepte ta condition de créature en toutes ses dimensions.

Ne convoite pas la divinité.

3. Le déploiement de l'identité spécifique de chaque personne en Dieu et en juste relation avec l'autre.

Va vers toi, de la terre de ton enfantement, de la maison de ton Père vers la terre que je te ferai voir (Gn 12, 1).

1. Traduction de Josy EISENBERG et Armand ABÉCASSIS, *Et Dieu créa Ève*, Paris, Albin Michel, coll. « À Bible ouverte », 1992.

On ne t'appellera plus du nom d'Abram, mais ton nom sera Abraham, car je te donnerai de devenir le père d'une multitude de nations (Gn 17, 5).

Celui qui a des oreilles, qu'il entende ce que l'Esprit dit aux Églises : au vainqueur, je donnerai de la manne cachée et je lui donnerai aussi un caillou blanc, un caillou portant un nom nouveau que nul ne connaît, hormis celui qui le reçoit (Ap 2, 17).

Tu es créé et aimé unique, deviens toi-même en Dieu, suis ton chemin personnel dans une juste relation à l'autre. Il t'est interdit de te mélanger à l'identité d'une autre personne, de la posséder ou de te laisser posséder, d'entretenir de la confusion dans la relation, de te courber devant un pouvoir abusif, de convoiter ce qu'a ou est l'autre.

4. La recherche de l'unité de la personne habitée par le Dieu vivant.

Tu aimeras le Seigneur ton Dieu de tout ton cœur, de toute ton âme, de toute ta force, de tout ton esprit et ton prochain comme toi-même (Dt 6, 5 ; Lv 19, 18 ; Lc 10, 27).

Le Verbe s'est fait chair (Jn 1, 14).

Ne savez-vous pas que vous êtes un temple de Dieu, et que l'Esprit de Dieu habite en vous (1 Co 3, 16).

Tu es un au travers de ton corps, de ta psyché et du cœur profond qui les anime. Ne les divise pas, ne les mélange pas, découvre leur hiérarchie intérieure.

Apprends de l'Esprit comment collaborer avec lui pour qu'il vivifie ton humanité.

5. L'entrée dans la fécondité et le don.

Dieu les bénit et leur dit : soyez féconds, multipliez, emplissez la terre et soumettez-la (Gn 1, 28).

La parabole des talents en Mt 25, 14-30 : *C'est bien, serviteur bon et fidèle, lui dit son maître, en peu de choses tu as été fidèle, sur beaucoup je t'établirai ; entre dans la joie de ton seigneur* (Mt 25, 21).

Comme la plante porte des fleurs et l'arbre des fruits, toi, entre dans la fécondité de ta vie. Reconnais la source du don et développe les talents qui t'ont été remis.

Ne sombre pas dans la dépréciation de toi-même, ne te replie pas sur toi, n'enterre pas tes désirs les plus authentiques.

QU'EST-CE QU'UNE LOI DE VIE ?

Les lois de vie sont des lois ontologiques.

C'est-à-dire qu'elles sont inscrites dans la constitution même de l'être humain. Elles établissent les conditions premières de la vie, d'une mise en ordre de la personne, de son développement, de la justesse de la relation. Elles garantissent l'ordre de la création, tout ce qui vit, l'homme, la femme, l'harmonie de leur structure interne, leur paix, leur équilibre fondamental, leur unité intérieure, la cohérence de leur vie. Elles donnent la juste direction et protègent les humains en les alertant sur les possibles chemins de destruction.

Dans le principe, les lois de vie sont connues de tous, car elles sont déjà là au cœur de l'être humain. Mais beaucoup d'hommes, de femmes sont tellement dispersés ou abîmés qu'ils ont difficilement accès à une véritable prise de conscience du sens vital de ces lois.

Le fait qu'elles soient considérées comme connues, comme « allant de soi », explique peut-être pourquoi on oublie si souvent de prendre le temps de les définir par des mots, d'en approfondir la signification, d'explorer l'impact très concret qu'elles vont avoir sur les comportements quotidiens.

On les retrouve dans toutes les dimensions de l'être humain : corporelle, psychologique, spirituelle. C'est normal puisqu'elles régissent la structure interne de l'homme ; il ne saurait y avoir aucune contradiction entre les lois spirituelles et les lois psychologiques ou biologiques.

Ce sont des lois de Dieu.

Elles en ont donc les caractéristiques : la loi de Dieu est par essence inscrite dans les cœurs, gravée au fond de l'être, c'est la loi intérieure qui habite tout homme, toute femme [1]. Elle est valable pour tous, en tous temps, en tous lieux. Elle n'est pas facultative : y adhérer mène à un chemin de vie ; la transgresser entraîne une forme de mort.

Les lois humaines ajustées actualisent ces lois de vie universelles. Elles expriment la façon de vivre les lois de Dieu. Les lois humaines sont soumises au choc des cultures, des temps. Elles doivent être sans cesse questionnées, repensées, révisées, revivifiées pour faire face aux situations nouvelles, concrètes, inventer des chemins de vie. Elles sont faites pour libérer l'être humain de l'esclavage, du chaos.

Beaucoup ignorent que les lois de vie sont des lois de Dieu, et cette ignorance est une des causes principales du morcellement de l'être, des difficultés rencontrées dans la juste articulation des dimensions psychologiques et corporelles avec la dimension spirituelle.

Actuellement, de nombreuses personnes qui ont une réelle vie de foi entreprennent un travail de vérité sur elles-mêmes. C'est un beau chemin. Mais comment expliquer que nombre d'entre elles descendent dans leurs profondeurs psychologiques ou travaillent sur le corps et ne savent plus ensuite comment faire la jonction entre leur dimension psychologique, biologique et leur foi ?

1. Jr 31, 33 ; Xavier THÉVENOT, *Repères éthiques pour un monde nouveau*, Mulhouse, Salvator, 1982.

En faisant un parcours psychologique ou corporel, elles ont, bien entendu, abordé les lois de vie, retrouvé une part de vie. Il ne saurait en être autrement. Mais bien souvent elles n'ont pas découvert que ces lois de vie sont en réalité des lois de Dieu : c'est ce qui explique qu'elles ne savent plus comment retrouver le sens vital des lois de Dieu, de la Parole de Dieu qui leur paraît étrangère à ce qu'elles viennent de découvrir. C'est alors qu'elles peuvent rester écartelées entre la foi et la vie de leur psyché ou de leur corps.

À partir du moment où elles comprennent que les lois qu'elles ont rencontrées dans leur parcours psychologique ou corporel ont une origine divine, la lumière se fait ; la remontée, le chemin de retour vont pouvoir être entiers, concerner toutes les dimensions de leur être : elles ont retrouvé la source et le chemin qui y mène.

Avec l'apport inappréciable de la mise au jour de la vérité sur elles-mêmes, elles vont découvrir les démarches intérieures, spirituelles, qui vont leur permettre d'aller au bout de leur quête.

Au cours de leur trajet psychologique ou corporel, elles ont pris conscience qu'elles ont transgressé une loi de vie, mais tout à coup, elles découvrent qu'elles ont en réalité transgressé une loi de Dieu, ce qui les fait immédiatement entrer sur un autre plan : c'est cette découverte qui va leur permettre de faire la jonction entre les différentes dimensions de leur être. La vision s'élargit, il devient possible de vivre une démarche spirituelle à partir de la réalité psychologique ou corporelle qui n'est pas déniée.

La notion de loi.

Beaucoup sont hérissés par le terme « loi » qui leur rappelle de mauvais souvenirs d'étroitesse et de réduction de vie. C'est une erreur de croire que les lois de vie sont de l'ordre du légalisme borné : elles touchent la vie et la mort, elles donnent la direction de la vie. On ne saurait donc les appréhender comme un code juridique ou des notions dépassées, anciennes, contraignantes.

En méconnaissant le sens des informations essentielles qui fondent la vie, on perd en même temps ses racines. Pour construire une maison, on pose les fondations. Comment retrouver l'ordre en soi si les fondations sont absentes ?

La forme des lois de vie.

Les lois de vie doivent être entendues d'abord dans leur formulation positive : elles donnent la direction de la vie ; puis dans leur formulation négative : elles énoncent ce que l'on appelle des interdits structurants, ceux qui protègent la vie, alertent les humains sur les possibles chemins de mort. Elles se présentent comme des ordres de vie qui sont autant de manifestations de l'amour de Dieu pour ses créatures.

On pourrait dire tout simplement que les ordres de Dieu sont là pour mettre de l'ordre dans la création et dans la structure interne de l'être humain. Une fois que l'on a compris cette évidence, le chemin s'éclaire, on sort de la contrainte, on entre dans une dimension de relation, d'adhésion à une direction de vie.

Quel est le sens vital de ces lois, de ces ordres de vie, de ces grands interdits ? Quel impact ont-ils sur la construction de l'identité, de la liberté, sur la qualité de la relation, la façon de vivre ?

Les lois de vie ouvrent un chemin de vie.

La seule reconnaissance que la loi de vie est une loi de Dieu ne suffit pas. Un chemin s'ouvre, jalonné de démarches intérieures, spirituelles, précises.

Le trajet se poursuit avec d'autres références : la reconnaissance du Dieu créateur ; la vérité de la Parole qui donne les conditions de la vie ; une juste collaboration avec l'Esprit-Saint : sa lumière va aider à discerner les passages à traverser ; l'adhésion à la grâce du Christ, l'accueil de sa présence vivifiante donne la force d'entrer dans une liberté personnelle, de poser des choix, de se lever de son grabat, de se mettre en marche [1], de quitter le tombeau dans lequel on était enfermé [2], pour retrouver la vie.

Pour beaucoup, il va être nécessaire de renoncer à la fausse croyance qu'une reprise spirituelle va leur permettre de brûler les étapes, d'éviter une douloureuse descente dans la réalité de leur humanité. Conversion ne signifie pas mutilation ou effacement de l'humanité, mais participation à l'œuvre de l'Esprit qui va vivifier l'être en son entier.

On peut avoir une intense vie spirituelle au travers de grandes difficultés psychologiques ou corporelles ; mais cela n'exclut en aucune façon ce chemin de remise en ordre que chacun, chacune, va vivre à sa façon et selon ses possibilités.

Il arrive qu'après un travail psychique ou corporel certains demeurent « liés » par des paroles et des regards négatifs, des croyances mensongères, erronées, des interdits, une violence, un sentiment de révolte tenace, une souffrance que rien ne vient apaiser… Tout cela a pu être mis au jour, repéré ; cependant bien souvent la mise en mots ne suffit pas à mener à la libération. C'est comme si la chair même était atteinte, comme si les nœuds des blessures mal vécues étaient toujours là, infectés.

C'est alors que les démarches spirituelles vont permettre d'aller plus loin. L'autorité, la vérité de la Parole de Dieu, vont être sources de libération. Dans la grâce de la présence vivante du Christ, ce sont elles qui font contrepoids à ce qui s'est inscrit en soi de façon si prégnante. Elles sont comme

1. Jn 5, 8.
2. Jn 11, 43.

l'antidote du poison qui s'est infiltré et sur lequel on a pu se construire. Mais ici encore, cette parole n'est pas magique. Elle oriente vers un véritable chemin de retour, une remontée après la descente, une résurrection après un passage par une forme de mort.

L'expérience montre que cette partie du trajet n'entraîne ni condamnation, ni accablement. C'est un temps béni et plein de joie, comme un élargissement soudain, une respiration vivifiante, un soulagement considérable ; on comprend enfin où se trouve l'unité de l'être si ardemment recherchée. Après le temps du désert, on arrive au seuil de la terre de la promesse ; la marche va se poursuivre, mais on sait dorénavant sur quel chemin avancer.

Comment découvrir les lois de vie dans la Bible ?

On ne trouve pas dans la Bible de classification des lois de vie telles qu'elles sont présentées dans ce livre. En revanche, il est aisé de retrouver la Parole qui les explicite et détaille les conséquences qu'elles ont sur notre vie.

Elles sont énoncées dans différents passages de la Bible, essentiellement dans la Genèse, mais aussi dans le Lévitique, le Deutéronome… et bien entendu dans le message du Christ. Ces textes bibliques rappellent ces lois et en précisent la mise en pratique.

Le choix de la vie est la première des lois de vie. L'acceptation de la condition humaine vient ensuite en tête des grands fondements de la vie. Mais ensuite il n'y a pas de classement spécifique des autres lois.

LA JUSTESSE SPIRITUELLE DU PARCOURS

Au moment d'entreprendre un chemin d'évangélisation de ses profondeurs, il est bon de se remémorer trois réalités spirituelles essentielles. Elles vont toucher la gratuité de l'Amour de Dieu, le fait que la grâce précède toujours le mouvement ou l'effort de l'être humain, et la liberté. Il arrive que dans une recherche de vérité sur soi, dans la joie aussi de la découverte de sa propre réalité, de son fonctionnement psychologique, de la mise en mots de son histoire, on oublie ces fondements essentiels de la foi vivante. Nous ne pouvons cependant les éluder car la façon dont nous allons les vivre va conditionner la justesse du parcours [1].

LE DON DE DIEU : LA GRATUITÉ DE L'AMOUR DE DIEU

Dieu est Amour. Nous pouvons entendre ces mots comme « une affirmation révolutionnaire », « une définition vigoureuse et métaphysique de Dieu » qui va totalement à l'encontre de la conception du ou des dieux païens [2].

L'amour de Dieu est premier. Il est gratuit, il est offert à tous les humains sans exception. « En posant Dieu comme créateur de l'univers, la Bible écarte d'emblée et de manière

1. Ces quelques réflexions doivent beaucoup à un enseignement oral de Xavier Thévenot, ainsi qu'au livre d'Adolphe GESCHÉ, *Dieu pour penser.* III, *Dieu*, Éd. du Cerf, 1994, chapitre III. Apprendre de Dieu ce qu'il est, p. 83-117.

2. Adolphe GESCHÉ, p. 110.

radicale et définitive l'idée d'un monde soumis à une puissance anonyme ou à une force aveugle... » Le monde est dans les mains d'un Dieu conçu comme un « sujet qui a un projet, un dessein, une intention... » Ni le monde ni l'être humain ne sont « nulle part, en désorient [1] ».

Tout au long de la Bible, nous sommes témoins de l'amour prévenant de Dieu pour son peuple, invité sans relâche à entrer dans l'Alliance. Nous avons aussi expérimenté, touché, connu l'amour de Dieu par Jésus le Christ. Il nous manifeste que « la grâce de Dieu est le secret de la rédemption. Le salut est le don de Dieu et non le salaire mérité par un travail, sans quoi la grâce ne serait plus la grâce ».

Beaucoup méconnaissent l'amour gratuit de Dieu. Ils ont de la peine à croire qu'ils sont personnellement aimés, accueillis, invités à grandir dans leur liberté, leur identité de fils et de filles de Dieu, appelés à déployer la vie. Ils ne comptent que sur leurs efforts et démarches pour parvenir à être aimés de Dieu. Ceux et celles qui ont été blessés par la vie peuvent avoir fermé une porte sans en avoir clairement conscience. Cependant l'amour se donne et donne en surabondance et de façon totalement gratuite.

Les cinq pains et les deux poissons remis par un enfant à Jésus vont permettre de nourrir plus de cinq mille personnes et les restes remplissent encore douze corbeilles [2]. Après une nuit de travail épuisant et stérile, sur la Parole de Jésus, Pierre et ses compagnons avancent en eau profonde et prennent tant de poissons que leurs filets manquent de s'enfoncer [3]. Il est sans cesse question de source jaillissante, de torrents de vie, de gratuité :

Vous tous qui êtes altérés, venez vers l'eau, même si vous n'avez pas d'argent, venez acheter du blé et consommez, sans argent et sans payer, du vin et du lait (Is 55, 1).

1. *Ibid.*, p. 90-91.
2. Mt 14, 13-21.
3. Lc 5, 4-12.

L'amour de Dieu est l'amour d'un père qui adopte des fils et des filles avec tout ce que cela induit dans la relation vivante. Se laisser atteindre par cet amour-là est certainement la première étape essentielle d'une véritable guérison.

LA GRÂCE DE DIEU PRÉCÈDE TOUJOURS LE MOUVEMENT DE L'ÊTRE HUMAIN

Il s'agit là d'une « priorité fondatrice[1] ». C'est toujours Dieu qui a l'initiative. Il invite, propose, fonde et ouvre les désirs les plus authentiques de tout homme, de toute femme. Si nous nous mettons en marche c'est en réalité parce que nous répondons à une invite qui, elle, est première. Avant même l'émergence du désir, la grâce est déjà là. C'est elle qui nous insuffle, nous pousse en avant, nous appelle à sortir d'une forme de mort pour retrouver la vie, la liberté, la vérité, la relation justement située.

La grâce n'est pas l'aboutissement des efforts humains, elle les précède, met en route. C'est parce que la grâce nous est donnée que nous sommes attirés par cette recherche d'unité de notre être habité par l'Esprit Saint, par cette quête.

Cette priorité de la grâce n'empêche nullement la nécessaire connaissance de notre fonctionnement psychologique ou biologique. Elle nous meut dans notre recherche de la vérité, nous apprend à exercer notre liberté, nos initiatives, à développer nos compétences. Nous pensons trop souvent avoir « trouvé » tout seuls, par nos seules forces, ou au contraire être condamnés à découvrir seuls les repères essentiels. Nous oublions la fonction de l'Esprit en chaque humain, la puissance de grâce qui permet de grandir dans la vie.

C'est « la grâce qui permet de naître à une existence nouvelle (Jn 3, 3 s.) celle de l'Esprit qui anime les fils et les filles

1. Adolphe GESCHÉ, p. 111.

de Dieu… une vie au sens le plus plein du mot, la vie de ceux et celles qui sont revenus de la mort et vivent d'une vie nouvelle avec le Christ ressuscité (Rm 6, 4-8.11-13…)[1]. La grâce est principe de transformation et d'action ; elle requiert donc une constante collaboration de l'être humain[2]. »

C'est peut-être ce point de la « précédence[3] » de la grâce qui suscite le plus de difficulté ; il est cependant essentiel.

LA LIBERTÉ DE L'ÊTRE HUMAIN

L'être humain est créé libre. « Il est libre par naissance, de plein droit. La liberté appartient à l'essence de l'homme, elle est constitutive de son être[4]. » C'est un don magnifique qui est fait à tout homme, à toute femme. Mais cette potentialité de liberté est à conquérir en quelque sorte. L'amour gratuit de Dieu – qui est exempt de toute contrainte – appelle ceux et celles qui ont eu leur liberté réduite ou abîmée au cours de leur histoire, à la redécouvrir, à en retrouver au moins une part, à grandir dans leur désir. Sa grâce les accompagne dans ce trajet. C'est ainsi que l'être humain va pouvoir répondre à cette invite de poser un libre choix, selon le pas qu'il peut poser : il ne va plus se contenter de vivre, mais va découvrir dans l'Esprit une issue de vie, apprendre à collaborer avec l'Esprit pour se structurer, remplir sa condition de fils ou fille de Dieu, entrer en juste relation avec l'autre. Il consent à prendre la route, avec ce qu'il a et ce qu'il est et, selon la belle expression d'Adolphe Gesché, cela suppose « une métaphysique du cœur courageux[5]. »

Deux écueils se trouvent sur la route :

1. *Vocabulaire de théologie bilbique*, Éd. du Cerf, 1978, p. 514-517.
2. *Ibid.*
3. Xavier THÉVENOT, enseignement oral.
4. Adolphe GESCHÉ, p. 92.
5. *Ibid.*, p. 99-100.

– l'oubli de la gratuité de l'amour de Dieu, de la priorité de la grâce en ne comptant pour restaurer la vie atteinte par des blessures que sur leurs seuls efforts, connaissances, savoir et compétences ; ou

– au contraire, puisque Dieu est Amour et que l'amour est gratuit, l'attente passive du miracle d'une vie renouvelée sans trajet de conversion.

Il est apaisant et réconfortant de se mettre en marche en gardant au cœur comme un trésor cette définition du salut : « La doctrine du salut suppose en son fond que l'on peut toujours revenir sur une situation (la sauver précisément), que rien n'est jamais définitivement perdu. Le mal existe mais n'a plus couleur de destin [1]. »

1. Adolphe GESCHÉ, p. 94.

I

PREMIÈRE LOI DE VIE

LE CHOIX DE VIVRE

Vois, je te propose aujourd'hui vie et bonheur, mort et malheur. Si tu écoutes les commandements de l'Éternel ton Dieu que je te prescris aujourd'hui, et que tu aimes l'Éternel ton Dieu, que tu marches dans ses voies, que tu gardes ses commandements, ses lois et ses coutumes, tu vivras et tu multiplieras, l'Éternel ton Dieu te bénira dans le pays où tu entres pour en prendre possession. Mais si ton cœur se détourne, si tu n'écoutes point et si tu te laisses entraîner à te prosterner devant d'autres dieux et à les servir, je vous déclare aujourd'hui que vous périrez certainement et que vous ne vivrez pas de longs jours sur la terre où vous pénétrerez pour en prendre possession en passant le Jourdain. Je prends aujourd'hui à témoin contre vous le ciel et la terre : je te propose la vie ou la mort, la bénédiction ou la malédiction. Choisis donc la vie, pour que toi et ta postérité vous viviez, aimant l'Éternel ton Dieu, écoutant sa voix, t'attachant à lui ; car là est ta vie, ainsi que la longue durée de ton séjour sur la terre que l'Éternel a juré à tes pères, Abraham, Isaac et Jacob, de leur donner [Dt 30, 15-20].

La vie t'est donnée, comme à tout humain, mais si tu veux devenir véritablement un vivant, choisis de vivre, quelles que soient les circonstances de ta vie.

Tu ne peux choisir la vie que si tu renonces à toute connivence avec la mort.

Choisis la vie telle qu'elle est mise en ordre par le Créateur, en vue de sa fécondité.

Sa grâce te précède, t'accompagne sur cette route.

EXPLORATION

Ces paroles très vigoureuses constituent le dernier message de Moïse – qui a cent vingt ans et va mourir – au peuple hébreu, juste avant son entrée en Terre promise.

Le peuple hébreu était esclave de Pharaon en Égypte : Pharaon, l'Égypte sont le symbole de toutes les captivités intérieures des êtres humains. Après l'extrême difficulté de la sortie d'Égypte, arrachée de haute lutte par Moïse – que Dieu a choisi pour libérer son peuple –, les Hébreux entreprennent la traversée du désert : ils s'acheminent lentement et douloureusement vers leur liberté. La tentation est grande de désespérer, de retrouver la fausse sécurité du passé, de repartir en arrière. Alors qu'ils arrivent en vue de la terre de la Promesse, ils se trouvent repris par la peur de l'inconnu et souhaitent une fois de plus retourner vers l'Égypte [1].

C'est à ce moment que la Parole de Dieu leur est adressée : elle ne laisse place à aucune ambiguïté. C'est comme s'il était dit : cela suffit, arrêtez d'osciller entre la vie et la mort, la liberté, votre identité de fils et filles de Dieu, et le retour à l'esclavage ; il est temps maintenant de prendre définitivement position pour la vie, renoncez à toute complicité avec la mort.

Prendre conscience que Dieu donne la vie est le premier éveil mais cela ne suffit pas : la vie est donnée mais, pour qu'elle porte sa pleine fécondité, il est nécessaire de la choisir : la Parole de Dieu le rappelle avec force. Ce n'est pas parce que l'on est vivant que l'on a choisi de vivre. La Parole nous entraîne plus loin sur la route ; elle enseigne que l'être humain va avoir à s'impliquer, à choisir entre la vie et la

1. Livre de Josué, 1-6.

mort, entre un chemin de vie qui va vers la fécondité et un chemin qu'il croit être le chemin de vie et qui, en réalité, conduit à la mort, à la destruction.

APPROCHE ET ÉTAPES

Le sens de la loi : choisis la vie.

Choisis la vie telle qu'elle est voulue par le Dieu vivant.

Un long trajet a été nécessaire avant que le peuple hébreu puisse entendre ce message du choix de la vie, car il s'agit d'une conversion de l'être entier. Il en est de même pour nous. Beaucoup n'ont pas consciemment choisi la vie : ils n'y ont pas pensé ou ils souhaitent poser ce choix et n'y parviennent pas.

Le sens en est clair : le peuple hébreu est appelé à recevoir la révélation du Dieu unique, à le servir, à faire alliance avec lui. Il ne saurait adopter les coutumes des peuples païens qui l'entourent. Il ne peut donc choisir n'importe quelle forme de vie.

Choisis la vie telle qu'elle est ordonnancée, mise en ordre par le Dieu vivant. Mets à jour, redécouvre les conditions de la vie féconde, reconnais les grandes lois de la vie gravées au fond de ton être, mets-les en œuvre, adhère à la Parole de Dieu qui les explicite.

Ne te trompe pas de route, ne va pas choisir la mort en croyant partir vers la vie. Ne détruis jamais la vie en toi ni autour de toi. Ne sers pas les faux dieux, reconnais-les pour ce qu'ils sont, nomme-les pour ne pas te prosterner devant eux.

Choisis la vie quelles que soient les circonstances de ta vie.

L'Éternel connaît les difficultés que traverse son peuple, ainsi que celles de tout humain. C'est au cœur même des difficultés de l'existence que le choix de vie va être posé. Nous ne serons pas laissés à nos seules forces devant ce choix : Dieu est là, Il veille, le Christ nous fortifie de sa grâce, de sa présence, l'Esprit nous éclaire, nous guide.

La tâche première de tout humain est donc de protéger la vie, de la développer, de vivre à fond et jusqu'au bout, jusqu'à l'ultime minute de son existence, de vivre coûte que coûte, de ne pas commencer à mourir avant son heure, de redécouvrir la priorité, les motivations essentielles de son existence, de ne pas craindre d'emprunter de nouveaux chemins si les circonstances l'exigent, de faire preuve de créativité pour trouver des issues de vie en toute circonstance. Pour celui, pour celle qui est relié(e) à sa source, « la vie est toujours en train de commencer. Elle est sans cesse tendue vers la direction de l'instant que le devenir lui présente. Il est de la responsabilité de tout humain de ne pas se blottir dans le temps ni de s'abandonner passivement au cours de la vie ». Alors la sève va pouvoir être vivifiée, renouvelée [1].

Le désir de vivre aura pour chacun, chacune, des connotations et des formes différentes selon son état, ses conditions de vie, les difficultés qui se présentent. Mais entendre l'appel à la vie, cultiver, nourrir le désir de vivre sont sans aucun doute les premiers pas sur le chemin de restauration.

Les difficultés.

Choisir la vie ne va pas de soi. Des circonstances écrasantes, un environnement difficile, de grandes souffrances ou révoltes peuvent entraîner une incapacité à choisir la vie, une apparente impossibilité de quitter la forme de mort dans laquelle on a pu s'installer. L'invitation peut alors apparaître comme brutale et même d'une extrême violence.

Par ailleurs, en tout humain, les pulsions de mort coexistent avec les pulsions de vie. Il ne faut donc pas s'étonner de

1. Joan CHITTISTER, *Le Feu sous les cendres*, Montréal, Bellarmin, 1998. L'édition américaine a été publiée par Sheed-Ward, en 1996, p. 116-136.

se trouver confronté à des blocages, des difficultés. Le conflit entre la vie et la mort est normal. Mais la Parole de Dieu est adressée à chacun : il t'appartient de choisir de vivre, non de te laisser mourir, de mourir avant ton heure, de devenir un mort-vivant. *« Je serai avec toi comme j'ai été avec Moïse »*, dit l'Éternel à Josué. *« Je ne te délaisserai point, je ne t'abandonnerai point* [...] *fortifie-toi et prends courage, ne t'effraie point et ne t'épouvante point car Je suis avec toi dans tout ce que tu entreprendras »* (Js 1, 5-6,9).

Beaucoup aimeraient devenir des vivants et n'y parviennent pas. Ils sont arrêtés par un frein, une lourdeur intérieure, une sorte de chape de tristesse, d'accablement dont ils n'arrivent pas à sortir. Beaucoup d'enfants qui n'ont pas été désirés ne désirent pas vivre : ils vivent parce qu'il faut bien vivre. Pourquoi vivre ?

D'autres encore expriment qu'une part d'eux est comme morte, le corps est coupé du reste de l'organisme, l'affectivité est gelée, le chemin du cœur profond a été perdu, l'amour de Dicu cst pour les autres, pas pour eux.

Cependant la Parole de Dieu est vivante et vraie. Elle s'adresse à tous et d'abord aux plus souffrants, aux plus éprouvés par la vie : on ne peut se résigner à la laisser en friche, à croire qu'elle pourrait ne pas concerner chaque enfant de Dieu.

Mettre à jour les raisons pour lesquelles il est difficile, et pour certains impossible, de choisir la vie est une étape essentielle du chemin d'évangélisation des profondeurs puisque ce choix est fondamental, vital, premier.

On va donc ouvrir, à la lumière de l'Esprit, tout ce terrain de vie et de mort en descendant jusqu'aux racines de la difficulté, du blocage.

Est-ce que je désire vivre ? sinon, pourquoi ?

À partir de quel événement ce non-désir de vivre s'est-il implanté en moi ?

Ai-je vraiment choisi de vivre : si je ne le peux pas, que se passe-t-il ?

Comment remettre la vie en route ?

Le risque est grand d'aller trop vite, de croire que ce retour à la vie va être magique, qu'il devrait être possible de choisir la vie sans problème, en faisant l'économie des étapes nécessaires à ce trajet de résurrection.

C'est bien souvent le piège auquel succombent beaucoup de croyants. Ils risquent de survoler des étapes sans se rendre compte que ne pas les traverser va constituer un empêchement majeur au choix de vie. L'histoire des Hébreux nous apprend qu'ils ne sont pas passés directement de la sortie d'Égypte à la Terre promise.

Jésus a vécu, sans les raccourcir, toutes les étapes de l'enfance, de l'adolescence. Il s'est préparé pendant trente années à sa mission. Il n'est pas passé directement de l'institution de l'Eucharistie, le Jeudi saint, à la Résurrection.

Comment vivre la Parole ? Quel choix poser ?

Choisir la vie en bloc, d'une façon claire, totale, définitive, est pour beaucoup une démarche impossible à poser d'emblée. Ils ne peuvent quitter abruptement une forme de mort qui est en eux pour plonger dans ce qu'ils pensent être l'inconnu, le vide.

Mais il est à la portée de chacun, de chacune, de *choisir de se mettre en route sur un chemin de vie*. S'établir dans la certitude que le Christ vient remettre la vie en route là où elle s'est arrêtée, croire de tout son être qu'une forme de retour à la vie va pouvoir se faire, renoncer à toute connivence avec un chemin de destruction, choisir de ne pas rester dans la forme de mort qui est en soi, même si à ce moment on n'a aucune idée de la façon dont on va pouvoir retrouver la vie, montrent qu'une direction reste toujours possible.

Cette manière d'aborder le choix progressivement peut mettre beaucoup plus à l'aise qu'un changement global, définitif, immédiat. Il n'y a alors ni contrainte, ni déni de sa propre réalité, ni précipitation. On part très exactement de l'état dans lequel on se trouve et c'est à partir de là que la vie va se frayer un chemin car Dieu vient nous chercher là où nous en sommes.

Il importe alors d'être clair sur ce que sont les chemins de vie et les chemins de mort, de ne pas demeurer dans la confusion.

Choisir un chemin de vie, c'est décider courageusement de vivre les étapes d'un deuil [1] que l'on a occulté ou d'aller retraverser les émotions qui ont été enfouies au fond de soi sans avoir été vécues et qui deviennent de véritables chemins de mort. Le chagrin, la révolte, la violence, l'angoisse, la peur, la honte occasionnent des dégâts considérables dans tout l'organisme, si on ne sait pas les désenfouir, les apprivoiser, les mettre au moins en mots. Retrouver, lorsque c'est nécessaire, ce qui a été dénié, lors des différentes blessures de son histoire, ou lors d'un avortement, d'une fausse couche, entreprendre le long trajet de remontée après une agression sexuelle..., tout cela fait partie intégrante des chemins de vie.

À ce moment-là, on ne choisit pas une vie éclatante et joyeuse, on choisit un chemin qui mène à la vie. On commence par une traversée qui peut raviver douleur, colère ou panique. Ce trajet ne deviendra véritablement chemin de vie que si on le parcourt dans la présence lumineuse et consolatrice du Christ. Le temps de la solitude, de l'errance, est définitivement terminé : *Je ne vous laisserai pas orphelins*, dit Jésus (Jn 14, 18). C'est dans cette assurance que nous nous mettons en marche.

Un choix sous cette forme peut toujours être posé puisqu'il respecte le temps de chacun. Il va permettre de sortir de l'immobilisme, du doute, de l'impuissance de l'enfant qui a vécu comme il a pu les événements de son histoire et, surtout, de la secrète complaisance avec la mort que l'on entretient sans s'en rendre compte.

Reviens à la vie. Si une part de toi s'en est allée vers la mort, ramène-la à la vie. Celui qui est Vivant sera ta force et ta lumière.

1. Le deuil est ici entendu comme une perte de quelque ordre qu'elle soit.

Le choix.

Un acte intérieur spécifique.

Choisir, c'est d'abord demander la grâce de discernement : quel chemin de vie ? quel chemin de mort ? Ensuite, il faut demander la grâce de force pour pouvoir quitter l'ancien et vivre le nouveau.

Choisir est un acte de liberté, un acte fondateur de l'identité, de la créativité. L'existence de l'être humain est tissée d'initiatives, de choix, d'engagements et le premier choix devrait sans nul doute être celui de la vie.

Le choix authentique est d'abord pris dans le cœur profond, le centre de l'être, le lieu des décisions fondamentales. L'initiative vient toujours de Dieu : on répond à l'appel à la vie proposé à tout être humain. Il a pour fondement, pour moteur, les désirs les plus authentiques qu'on laisse enfin émerger. La profondeur, la vigueur de la détermination doivent être solidement enracinées.

Le Christ a traversé la mort ; il a quitté le tombeau, il est vivant. L'Esprit est là pour nous guider. La manne fraîche, le pain vivant descendu du ciel (Jn 6, 50) nous seront donnés en abondance.

Le choix est le contraire de la passivité, de l'endormissement, de l'habitude, de l'ingratitude.

Tant qu'on n'a pas véritablement choisi, le risque est grand d'habiter une maison divisée [1], de vivre un conflit intérieur permanent, d'osciller entre le oui et le non [2], de demeurer dans la passivité, la soumission.

1. *Tout royaume divisé contre lui-même court à la ruine* (Lc 11, 17).
2. *Que votre langage soit : « Oui ? oui », « Non ? non » ; ce qu'on dit de plus vient du Mauvais* (Mt 5, 37).

Le choix appartient à chacun en propre.

Personne ne peut choisir à la place d'un autre, même pas Dieu. Dans de nombreux passages de l'Évangile, Jésus renvoie chacun, chacune, à son propre choix avec une vigueur surprenante.

Le fils aîné de la parabole du père et des deux fils (Lc 15, 11-32) a laissé éteindre son désir de vie, il s'est durci dans une notion légaliste du devoir. Il ne s'est pas construit à partir de ses ressources profondes, mais à partir du modèle de fils aîné idéal qu'il s'est forgé. Il voit tout son système s'écrouler lors du retour de son cadet qui a dilapidé l'héritage dans une inconscience totale et pour lequel le père fait la fête et tue le veau gras ; la rivalité éclate alors. Le père le ramène avec tendresse et chaleur au choix de vie, à la mise au jour de ses potentialités, de son désir, de son initiative, lui qui n'a jamais osé demander un chevreau pour faire la fête : *Toi, mon enfant, tu es toujours avec moi ; et tout ce qui est à moi est à toi.* C'est à toi qu'il appartient de choisir la vie, d'entrer dans le bonheur de la vie, dans le partage, la communication.

Marthe (Lc 10, 38-42) n'a pas choisi, elle est absorbée par les multiples soins du service et le vit mal, elle est frustrée de voir que Marie, sa sœur, a choisi : elle s'est assise aux pieds de Jésus et écoute sa Parole. En fait, Marthe cherche sa place, un essentiel de vie, mais sans savoir ce qu'elle cherche ; c'est la raison pour laquelle elle demande à Jésus d'intervenir auprès de sa sœur pour qu'elle vienne l'aider : il n'y a aucune raison que Marie bénéficie de ce qu'elle n'a pas : un choix, une plénitude de vie. Jésus ne l'exauce pas mais la ramène à elle-même : il l'invite à choisir, à découvrir sa bonne part en elle-même, la sienne, qui n'est pas celle de Marie, et à la mettre en œuvre : *Marthe, Marthe, tu te soucies et t'agites pour beaucoup de choses, pourtant il en faut peu, une seule même. C'est Marie qui a choisi la meilleure part ; elle ne lui sera pas enlevée.*

L'infirme de Bethasda, écroulé sur son grabat depuis trente-huit ans, est tout à coup abruptement interpellé par Jésus sur la cause de son mal : *Veux-tu guérir ?* lui dit Jésus.

As-tu vraiment choisi de guérir, de remettre la vie en route ? Tu as laissé éteindre ton élan vital, avec moi tu vas pouvoir, si tu le veux, te lever et reprendre le chemin en portant ton grabat. Prends courage, ne t'immobilise pas dans l'impuissance, mets-toi en marche (Jn 5, 1-18).

Tous sont appelés à poser leur choix de vie, à découvrir leurs potentialités, leur place spécifique, à laisser émerger leurs désirs authentiques, à cesser de balancer entre, d'une part, le devoir asséchant, la frustration, l'impuissance, et d'autre part, l'entrée dans la véritable vie.

Le choix de vie n'attend pas.

Pour Jésus le choix de vie n'attend pas. Dans son livre *La Loi de Dieu*, Paul Beauchamp [1] met en lumière le fait que Jésus va mettre sa propre vie en danger pour signifier que l'être humain est en péril dans ses va-et-vient entre la vie et la mort, sa complaisance envers les comportements mortifères et l'oubli, le non-respect des chemins de vie.

C'est la raison pour laquelle il guérit des malades le jour du *shabbat* alors qu'il n'y a aucune urgence : l'infirme de Bethasda couché depuis trente-huit ans (Jn 5, 1-19), une femme courbée depuis dix-huit ans (Lc 13, 10-14), un homme à la main desséchée certainement depuis plusieurs années (Mc 3, 1-6), un aveugle de naissance (Jn 9, 1-40).

Tous auraient pu sans inconvénient attendre un jour de plus, ce qui aurait évité à Jésus un affrontement sanglant avec les chefs de la synagogue car c'est à partir de ces guérisons que sa mort a été décidée. Guérir est un acte de vie et, face à un choix de vie, Jésus se trouve devant le « ni oui ni non » des chefs de la synagogue. Ce « ni oui ni non » est en réalité un non : ce qui intéresse ses adversaires, ce n'est pas la guérison d'un infirme mais l'observance rigoriste de la Loi. Devant ce flottement, cette forme subtile de mensonge, Jésus ne peut se permettre de

1. Paul BEAUCHAMP, *La Loi de Dieu*, Paris, Éd. du Seuil, 1999, « Jésus et le sabbat », p. 171-190.

temporiser, il va délibérément poser un acte de guérison, un oui à la vie. Il sait qu'il va ainsi s'exposer à la mort, mais le choix de la vie est si fondamental qu'il n'hésite pas à engager sa propre vie pour faire passer le message.

Ne choisis pas la mort.

Comment est-il possible de choisir la mort ?

Il ne s'agit pas ici de la mort physique qui est le passage d'une vie à une autre, mais d'un chemin de destruction qui freine, arrête le déploiement de la vie. « La vraie mort n'est pas le terme de la vie, elle est ce qui, dès le début, empêche de naître[1]. »

Il est question ici de « cette mort qui empêche la vie de naître et de s'épanouir[2] ».

Comment se fait-il que tant d'êtres humains prennent des chemins de mort, des directions qui constituent autant de barrages à la vie, sans en avoir véritablement conscience, sans mettre à jour leur trajet ? Ils ne vont pas bien mais en ignorent souvent la véritable raison et cherchent en vain l'issue. Que se passe-t-il ? Quels sont ces faux dieux devant lesquels l'être humain peut être entraîné à se prosterner ? Quelle vérité n'entend-il pas ?

Nommer le chemin de mort.

Aurais-je sans le savoir pris un chemin de mort ? Lequel ?

C'est le nécessaire questionnement de celui ou de celle qui cherche à comprendre le sens vital de la Parole de Dieu. Ouvrir cette recherche à la lumière de l'Esprit est le premier pas sur le chemin de la vie ; il est à la portée de tous.

Nommer avec précision le chemin de destruction qui a pu

1. Paul BEAUCHAMP, *L'Un et l'Autre Testament*, Paris, Éd. du Seuil, 1977, p. 199 (cité par André WÉNIN, *Pas seulement de pain... Violence et alliance dans la Bible*, Paris, Éd. du Cerf, 1998, p. 92).

2. André WÉNIN, p. 92.

être pris, le mettre au jour vont permettre de le quitter et de se réorienter vers la vie, de sortir de la confusion, du flottement, d'acquérir un œil sain. *La lampe du corps, c'est l'œil. Si donc ton œil est sain, ton corps tout entier sera dans la lumière. Mais si ton œil est malade, ton corps tout entier sera dans les ténébres. Si donc la lumière qui est en toi est ténèbres, quelles ténèbres !* (Mt 6, 22-23). On ne peut en effet véritablement choisir la vie que si l'on quitte le chemin de mort que l'on a pu prendre. On ne peut quitter le chemin de mort que si on le connaît, si on l'a mis en mots.

Le chemin de mort est toujours une transgression d'une loi de vie. C'est donc en approfondissant les lois de vie qu'on va le découvrir. Il s'agira ensuite de mettre au jour quand, comment, pourquoi il a été pris. C'est généralement à la suite d'une blessure mal vécue. Pour survivre, contourner la souffrance, on croit prendre un chemin de vie et, en réalité, on s'enfonce dans un chemin de mort. Il est donc nécessaire de reconnaître la blessure, ses conséquences, la façon dont on a réagi.

Il y a des chemins de mort tout à fait spectaculaires et d'autres que l'on prend sans s'en rendre compte : ces derniers sont multiples, représentent un danger certain et sont autant de barrages à la vie.

La mise en mots des chemins de mort va se faire d'elle-même au fur et à mesure de l'étude de chacune des lois de vie abordées dans le parcours fait par chacun de l'évangélisation de ses profondeurs. Cependant, pour y voir un peu plus clair, il peut être utile de donner dès maintenant quelques exemples de chemins de mort, quelques-unes des manifestations de ces chemins de destruction.

Mise au jour de quelques chemins de mort.

Ils peuvent provenir : des fausses routes que l'on est amené à prendre pour contourner la souffrance due à la blessure ; de la soumission à des croyances mensongères qui proviennent de la parole ou du regard d'autrui sur soi ; des fausses notions de Dieu qui entraînent ce que l'on peut appeler des « dérives sacrificielles » : on vit sur une mauvaise compréhension de la puissance et de la volonté de Dieu, de la souffrance, de la croix… ; de fausses notions du don : il y a mille façons de donner et de se donner en créant de la vie, mais aussi de multiples façons de le faire en détruisant la vie en soi, en laissant abîmer son identité, sa liberté intérieure, en éteignant ses désirs les plus authentiques, en entrant dans une compassion mal située, une fausse culpabilité, en devenant complice du désordre, de la confusion de l'autre, en dépassant ses limites… Ils peuvent provenir encore d'un début de vie insécurisant, traumatisant. C'est ainsi que la conception d'un enfant qui s'est vécue dans la violence ou le refus, un projet ou une tentative d'avortement, un non-accueil à la naissance (« Que cet enfant est laid », s'exclame la mère de Paul à sa naissance) peuvent être sources de blessures.

Sarah ne parvient pas à choisir la vie bien qu'elle ait fait tout un trajet de vérité à partir de son histoire. « Je vis une espèce de lourdeur, d'abattement devant la vie : à quoi bon ? Je ne comprends pas ce que je traîne ainsi, pourquoi je suis si souvent envahie d'une tristesse sans cause. » Sarah sait qu'elle n'a pas été désirée. Sa mère a été révoltée lorsqu'elle a appris qu'elle était à nouveau enceinte alors que les trois premiers enfants sortaient de l'adolescence et qu'elle pensait pouvoir vivre une autre étape de son existence. Elle n'est jamais parvenue à accueillir véritablement cette nouvelle grossesse. « On n'a pas désiré la vie pour moi, je ne la désire pas non plus. » Sarah a intégré en elle-même le non-désir de sa mère ; il est à la base de son impossibilité de choisir véritablement la vie.

La reconnaissance de la blessure, de la fausse route prise pour surmonter la souffrance du rejet lui permet de prendre conscience de l'origine de son blocage. À partir de là, elle peut commencer le trajet qui va la mener à son propre choix devant la vie. *On ne te nommera plus délaissée, ni ta terre abandonnée, mais on t'appellera « ma plaisance » et ta terre, « épousée », car tu plais à l'Éternel et ta terre aura un époux* (Is 62, 4).

Éric a un léger retard mental qui le freine dans ses études. Il a conscience qu'il ne parviendra jamais à réaliser ses aspirations. « Ce que je vis est trop dur, dit-il, je préfère mourir. » Une vie trop difficile, des deuils cruels, des difficultés psychologiques ou physiques qui paraissent insurmontables peuvent faire perdre courage : à quoi bon vivre si c'est pour porter de tels fardeaux !

Anne a de telles pulsions de mort qu'elle ne peut plus prendre le métro de peur de se jeter sous la rame. Elle a demandé maintes fois des prières de libération, sans succès. Elle finit par découvrir, en réponse à la simple question : pourquoi veux-tu mourir ?, qu'elle préfère se supprimer plutôt que de continuer à subir l'insupportable emprise de sa mère dont elle ne sait comment se dégager et qui, dit-elle, va finir par détruire son couple. Anne ne pourra pas être libérée de ses pulsions de mort tant qu'elle n'aura pas éclairé et réglé le problème de sa soumission à sa mère.

« Je ne mérite pas de vivre. Mon frère jumeau est mort à la naissance », dit Frédéric. C'est ma faute, c'est moi qui l'ai tué en prenant sa place. Frédéric se laisse détruire par ce sentiment de culpabilité mal située. Il n'est pas responsable de sa conception ni des circonstances de sa naissance, de même que Bénédicte, qui exprime ce tourment qui l'empêche de vivre : « Je suis la neuvième enfant, ma mère est morte d'épuisement un an après ma naissance, elle ne s'en est jamais remise. Si je n'avais pas été là, elle serait encore en vie. C'est à cause de moi qu'elle est morte. »

Mathilde a une haine farouche de son père qui l'a empêchée de faire des études alors qu'il avait toute possibilité de les prendre en charge financièrement. Il lui serait facile de rattraper le temps perdu ; au lieu de cela, elle se bloque dans une sorte de vengeance ; il ne doit jamais oublier le mal qu'il lui a fait, il devrait réparer. « Je sens que je me suis fixée à un moment de mon histoire, je ne peux le dépasser, je suis incapable d'avancer ou de reculer, je suis devant un mur. » La haine de Mathilde cache peut-être un intense chagrin, celui d'avoir eu un père qui n'a tenu aucun compte d'un de ses désirs les plus authentiques. Elle va devoir regarder en face cette éventualité-là et entreprendre le trajet d'apprivoisement et de transformation des émotions. On comprend sa révolte mais elle devient tout à fait destructrice.

Claire vit de fait une dépression permanente. « J'ai dit à Dieu : je veux bien mourir pourvu que mon fils sorte de la dépendance de la drogue. À la lumière de ce que j'entends aujourd'hui sur l'appel à choisir la vie, je me demande si ma prière était juste. » Claire a fait un pacte avec la mort ; c'est une offense au Dieu des vivants qui invite à choisir la vie et non la mort, comme s'il ne pouvait enlever le mal de l'un qu'en le transportant sur un autre : à aucun moment on ne trouve cela dans l'Évangile.

Combien choisissent délibérément des chemins de mort du fait de la notion de Dieu qu'ils entretiennent : d'un Dieu qui veut la mort et non la vie. Comment se fait-il que tant d'êtres humains soient sourds, n'entendent pas la Parole de vie, interprètent la Parole de Dieu de façon mortifère, en se trompant de mort, en faisant mourir ce qui devrait vivre et en laissant prospérer ce qui devrait mourir ?

« Après tout, si cela va trop mal, se dit André, je pourrai toujours me supprimer. » Sans s'en rendre compte, il vit une complaisance avec la mort, il flirte avec elle.

Beaucoup entretiennent une connivence avec la mort. Il est capital de la débusquer, d'être extrêmement vigilant. Cette forme de complicité inconsciente empêche le passage à la vie, le choix de vie.

LE TRAJET DE RETOUR

Au cours de l'approfondissement du sens vital de la loi de vie, tout d'un coup, on voit clair, c'est le temps de la prise de conscience. On entend ce que l'on n'avait jamais vraiment entendu, cet extraordinaire appel à la vie, qui éveille le désir de se mettre en route. On se découvre en train d'osciller entre un chemin de mort et un chemin de vie, n'ayant jamais véritablement tranché, ou étant englouti dans un chemin de mort dont on désespère de sortir.

On pourrait être tenté de sombrer dans le remords ou le regret stérile ou le sentiment d'impuissance. C'est alors que la grâce de Dieu nous fait découvrir avec émerveillement que l'on est accueilli avec une incroyable tendresse et une immense joie dans ce mouvement, si balbutiant soit-il, qui nous pousse à sortir de la mort et à aller vers la vie.

Lequel d'entre vous, s'il a cent brebis et vient à en perdre une, n'abandonne les quatre-vingt-dix-neuf autres dans le désert pour s'en aller après celle qui est perdue, jusqu'à ce qu'il l'ait retrouvée ? Et, quand il l'a retrouvée, il la met, tout joyeux, sur ses épaules et, de retour chez lui, il assemble amis et voisins et leur dit : « Réjouissez-vous avec moi, car je l'ai retrouvée, ma brebis qui était perdue ! » C'est ainsi, je vous le dis, qu'il y aura plus de joie dans le ciel pour un seul pécheur qui se repent que pour quatre-vingt-dix-neuf justes, qui n'ont pas besoin de repentir. (Lc 15, 4-7.)

Cette certitude de la puissance de l'amour de Dieu qui vient nous chercher là où nous nous sommes perdus, de la joie du retour, est la source, le cœur de *la repentance*, c'est un retournement de l'être entier. Le cœur fond. Comment a-t-on pu passer à côté du don, de la source de vie ? On ne peut plus alors douter que le passage va pouvoir se vivre, que la grâce de Dieu nous mènera à cette Pâque, que nous allons avoir la potentialité de quitter la mort et de poser un pas sur la route qui mène à la vie.

Au début du trajet on ne sait pas encore comment le chemin de mort s'est planté en soi, pourquoi on l'a pris. Il est donc difficile d'y renoncer de façon précise. Mais il y a un acte qui est à la portée de chacun et que l'on peut poser sans attendre : de même que l'on a choisi de s'engager sur un chemin qui mène à la vie, on choisit de renoncer à toute complicité avec un chemin de mort. C'est un acte intérieur que l'on peut poser même si on se trouve au creux de la vague, même si on n'a aucune idée de la façon dont on va pouvoir remonter. C'est le point de départ, le premier pas pour sortir de la situation de mort dans laquelle on peut se trouver.

Quel pas poser sur le chemin de la vie ?

Les choix ponctuels.

Dans le trajet d'évangélisation des profondeurs, beaucoup commencent par poser des choix de vie ponctuels. Chaque étape compte en fait deux temps essentiels : le temps du renoncement au chemin de mort mis à jour, et la découverte d'une issue de vie, le choix d'un pas à poser vers la vie. Ce sont là des choix qui se rapportent à un problème bien précis. Certains peuvent vivre à ce moment un choix définitif de la vie, d'autres vont poser pendant encore quelque temps des choix ponctuels et entreront plus tard, par la grâce du Christ ressuscité, dans le choix définitif de la vie. Ce sera alors le temps de la Pâque, de la seconde naissance, de l'entrée dans l'alliance. Il y aura un « avant » et un « après ».

Témoignage de Bénédicte.

« Dans les semaines qui ont suivi mon retour de la première session [1], je n'allais pas bien. Non seulement je me sentais plus que jamais inapte à vivre, incapable de saisir la réalité, morcelée, mais la souffrance en moi était intolérable, suffocante, invivable. Malgré tout, je me raccrochais à la Parole : *Jésus dit d'une voix forte : "Lazare, sors !"* Le matin, le soir, la nuit, le jour, ce cri surgissait à l'improviste. Ordre,

1. Il s'agit de la première session du cycle de trois sessions de Bethasda.

supplique, injonction, toujours avec amour. Un appel ferme et sécurisant comme des mains amies qui vous tirent d'un trou. En même temps je me disais que c'était trop difficile, que, cette fois, il fallait en finir pour de bon. Alors j'ai senti en moi que, si je décidais de mourir, j'allais trahir ce qui m'était le plus précieux, le plus cher ; je me trahissais moi-même dans ce qu'il y a de plus vrai, de plus profond en moi. En somme, je trahissais celui que j'aime le plus : Dieu. J'en étais là quand tout à coup, comme un déclic profond que j'ai presque ressenti, il m'a été donné au cours d'un accompagnement de découvrir la détermination. Brusquement m'est apparu ce qui allait me permettre, j'en étais sûre, d'ouvrir ou de fermer la porte, charnière que j'étais seule à pouvoir choisir fermement d'actionner. Cela a commencé d'une façon tout à fait ténue mais déjà joyeuse ; prise de conscience à peine saisissable de cette possibilité de gérer, d'être acteur, de ne plus me laisser submerger. Petit à petit cela a grandi, cela s'est comme assis en moi imperceptiblement, encouragé, fortifié par la voix forte de Jésus.

« Aujourd'hui je me sens ferme, déterminée quoi qu'il arrive. Je me vois extrêmement fragile et vulnérable, la moindre bourrasque m'arrache la peau mais je vois aussi, avec émerveillement et pleine de louange et de gratitude, une solidité que j'ignorais et qui me fait rester debout. Et ma souffrance ne me sépare plus de Dieu ; lorsque j'ai trop mal, cette phrase me parle : *Mon âme est triste jusqu'à la mort ; demeurez ici et restez éveillés avec moi* (Mt 26, 38).

« Je suis avec le Christ.

« La vie entre en moi comme un bouillonnement par tous les pores de ma peau. C'est une grande émotion, un grand frémissement, et la louange m'habite.

« Voilà. J'irai donc à la deuxième session, sinon guérie, du moins enracinée dans la détermination, donc très différente. J'aimerais vous faire entendre à travers tout cela mon *fiat* émerveillé devant l'œuvre de Dieu ! »

Nous ne sommes pas seuls sur la route.

Dès le début du premier Testament, il est annoncé que Dieu va intervenir dans l'expérience humaine. Il ne va pas laisser ses fils, ses filles à leur solitude, leur impuissance, leur méconnaissance du sens réel de la Parole.

Il est Celui qui fait sortir son peuple du pays d'Égypte, de la maison de servitude quelle qu'en soit la forme (Dt 5, 6). Il vient chercher celles de ses brebis qui ont perdu le sens, se sont trompées de direction, sont dans l'errance : *Je les retirerai de tous les lieux où elles furent dispersées au jour des brouillards et des ténèbres* (Ez 34, 12).

Précédé d'une longue lignée d'hommes et de femmes qui ont eu une tâche bien spécifique à remplir, de serviteurs, de prophètes, Jésus – qui fait partie du peuple juif – arrive dans l'histoire de l'humanité (Lc 1, 26-38 ; 2, 1-21).

Le Christ, *la lumière du monde* (Jn 1, 4), est aussi appelé le nouvel Adam. Il est le Fils, l'Envoyé de Dieu. *Il est le Chemin, la Vérité et la Vie* (Jn 14, 6). Il apporte la vie en abondance (Jn 10, 10), il la remet en route chaque fois qu'elle s'est arrêtée, que ce soit sur le plan du corps, des blocages intérieurs, du cœur profond, de la relation. Dès le début de sa mission, il annonce qu'il vient délivrer les captifs, les opprimés : *L'Esprit du Seigneur est sur moi parce que le Seigneur m'a consacré par l'onction. Il m'a envoyé porter la Bonne Nouvelle aux pauvres, annoncer aux prisonniers qu'ils sont libres, et aux aveugles qu'ils verront la lumière, apporter aux opprimés la libération, annoncer une année de bienfaits accordée par le Seigneur* (Lc 4, 18-19).

Allez rapporter à Jean ce que vous avez vu et entendu : les aveugles voient, les boiteux marchent, les lépreux sont guéris, les sourds entendent, les morts ressuscitent, la Bonne Nouvelle est annoncée aux pauvres (Lc 7, 22).

Il touche là symboliquement tous les chemins de mort dans lesquels un être humain peut s'engouffrer : les enfermements et verrouillages intérieurs, les difficultés de communication, la perte de la liberté intérieure, l'écrasement de son identité, l'aveuglement sur sa propre réalité, la fermeture de l'oreille au langage de l'autre, à la Parole de Dieu… Il s'agit d'une merveilleuse nouvelle, source de joie. Il est donc possible de sortir de ses prisons intérieures, de quitter l'Égypte. Nous ne serons pas seuls dans ces passages car il fait route avec nous (Lc 24, 15). Il nous enseignera et nous fortifiera car en lui il y a toujours une issue qui nous mène à notre vérité, à notre liberté.

Il vient pour mener à sa plénitude l'être humain, lui apprendre à nouveau comment retrouver sa source, être relié au Père, comment remplir sa condition de fils, de fille de Dieu [1] en assumant son humanité jusqu'au bout, en la laissant habiter par l'Esprit, car il est le Temple du Dieu vivant. Il est essentiellement libre, de la véritable liberté qui prend sa source dans le Père et ne cède pas devant l'opposition et la violence. Il nous assure que la vérité nous rendra libres (Jn 8, 31). Il nous a aimés comme personne ne nous a aimés : il nous signifie ainsi l'amour que le Père nous porte depuis toujours, maintenant et à jamais, car qui le voit, voit le Père (Jn 14, 9). Il a été condamné à mort pour tant de liberté, de vérité, d'amour, mais il a vaincu le monde, il a vaincu la mort. Il est vraiment ressuscité (Lc 24, 1-8), il est vivant, pré-

1. Dans l'Ancien Testament, la notion d'adoption filiale qui traduit en termes de parenté humaine les rapports de Dieu et de son peuple était expérimentée par Israël, notamment au cours des événements de l'exode. Mais au regard de Dieu, Jésus est « le Fils ». Jésus s'adresse à lui en le nommant *Abba*, Père : entre Dieu et lui règne cette profonde intimité qui suppose une parfaite connaissance mutuelle et une communication totale. Ainsi Jésus donne-t-il tout son sens à la proclamation divine : *Tu es mon Fils*. Par la foi au Christ, les chrétiens ont en eux l'Esprit qui les fait fils adoptifs ; c'est par le Christ qu'ils peuvent entrer dans leur condition de fils ou filles de Dieu et qu'ils peuvent la remplir. *Vocabulaire de théologie biblique*, Paris, Éd. du Cerf, 1978, p. 466-470.

sent à chaque instant de nos vies. Il nous apprend le trajet qui va de la mort à la vie en passant par les étapes du labour de notre terre intérieure.

Jésus quitte le monde visible, le monde des formes. Il remonte vers son Père, mais il ne nous laisse pas orphelins (Jn 14, 18). Le Père nous envoie alors l'Esprit de vérité (Jn 14, 26), ce même Esprit qui a vécu en Christ, le guide intérieur qui va nous apprendre comment avoir avec lui une juste collaboration, comment déployer cette magnifique expérience pour un être humain : apprendre à vivre son humanité en la laissant vivifier par l'Esprit [1].

Et je prierai le Père et il vous donnera un autre Paraclet, pour qu'il soit avec vous à jamais, l'Esprit de Vérité, que le monde ne peut pas recevoir, parce qu'il ne le voit pas ni ne le reconnaît. Vous, vous le connaissez, parce qu'il demeure auprès de vous et qu'il est en vous (Jn 14, 16-17).

Ce trajet est accessible à chacun, à chacune ; il n'est nul besoin d'avoir des compétences particulières pour le vivre ; ce que Dieu nous propose est simple : *Car cette Loi que je te prescris aujourd'hui n'est pas au-delà de tes moyens ni hors de ton atteinte. Elle n'est pas dans les cieux, qu'il te faille dire : « Qui montera pour nous aux cieux nous la chercher,*

1. Chaque fois qu'il est question de l'Esprit dans cet ouvrage, il s'agit de l'Esprit-Saint annoncé par Jésus, de l'Esprit de Dieu qui vivait en Jésus-Christ. « L'Esprit de Dieu ne peut se séparer du Père et du Fils. Il n'a point de visage ni même de nom susceptible d'évoquer une figure humaine. Jésus ne ressent pas l'Esprit comme une force qui l'envahirait du dehors, il est chez lui dans l'Esprit, l'Esprit est à lui, c'est son propre Esprit. Tant qu'il vit parmi les hommes il ne peut le montrer distinct de lui. Pour que l'Esprit soit répandu et reconnu il faut que Jésus s'en aille (Jn 7, 39 ; 16, 7), alors on reconnaîtra ce qu'est l'Esprit et qu'Il vient de lui. Lorsqu'il meurt et remet son Esprit à Dieu, il le transmet du même coup au peuple des croyants. Maintenant que le Fils de l'homme est exalté à la droite du Père dans la gloire (Jn 2, 23), il rassemble l'humanité sauvée (Jn 12, 32) et répand sur elle l'Esprit (Jn 7, 39 ; 20, 22 ; Ac 2, 33). » *Vocabulaire de théologie biblique*, p. 388-401.

que nous l'entendions pour la mettre en pratique ? » Elle n'est pas au-delà des mers, qu'il te faille dire : « Qui ira pour nous au-delà des mers nous la chercher, que nous l'entendions pour la mettre en pratique ? » Car la parole est tout près de toi, elle est dans ta bouche et dans ton cœur pour que tu la mettes en pratique (Dt 30, 11-14).

Tout être humain est invité à entendre l'appel à se lever, à prendre son grabat et à marcher comme il le peut (Jn 5, 8). Quel que soit l'état dans lequel il se trouve, il a toujours en lui une part de liberté, si minime soit-elle, pour retrouver peu à peu, dans la grâce et la miséricorde de Dieu, une issue de vie.

Certains se sentent peut-être sans force ou frileux devant un chemin inconnu, ne sachant par où commencer : c'est le moment de laisser émerger son désir de vivre, de le fortifier, de l'ancrer en soi ; de se souvenir que l'Esprit est là afin de nous faire don de ce qui nous manque pour traverser les passages qui nous sont proposés. Nous pouvons demander force et lumière, et sans aucun doute nous serons exaucés.

II

DEUXIÈME LOI DE VIE

L'ACCEPTATION DE LA CONDITION HUMAINE

YHVH Élohim ordonna sur l'Adam, disant :
de tout arbre du jardin manger *[sic]*, tu mangeras
et de l'arbre de la connaissance
du Bien et du Mal tu n'en mangeras pas,
car le jour où tu en mangeras,
tu mourras [1] (Gn 2, 16-17).

Tu es créé, tu n'es pas Dieu, Dieu seul est Dieu. Tu es fils ou fille de Dieu. Tu es créé et aimé dans les limites propres à tout humain, à tout ce qui a pris forme. Accepte ta condition de créature en toutes ses dimensions. Ne convoite pas la divinité.

EXPLORATION

Tout être [2] humain sait qu'il n'est pas Dieu, qu'il est créé, que ni lui ni ses parents ne sont la source de la vie : ses parents

1. Traduction de Josy Eisenberg.
2. Ceux et celles qui souhaitent approfondir les trois premiers chapitres de la Genèse se reporteront utilement aux livres qui m'ont servi de base pour établir ces quelques pistes (il y a bien d'autres études que je ne cite

sont des « passeurs de vie [1] », ils transmettent la vie qui leur a été donnée. Cette réalité essentielle, première, est bien souvent occultée, reléguée dans un coin de soi, on n'en voit pas les conséquences vitales sur ses comportements, la cohérence de sa vie.

Cependant, cette loi fondamentale de l'acceptation de la condition humaine est inscrite dans la structure interne de chacun. Dans la Bible, elle est rappelée à l'homme dès sa création. Elle est énoncée de la façon la plus rigoureuse sous forme d'une double loi. Elle contient deux ordres indissolublement liés qui sont autant de manifestations de l'amour de Dieu. Les conditions d'une vie féconde selon l'ordonnancement de Dieu, mais aussi la possibilité d'un chemin de mort, sont ici clairement précisés.

La Bible nous apprend que la tentation première, fondamentale, de tous les humains est précisément de se prendre pour Dieu, de se passer de Dieu, de vouloir être comme des dieux : c'est ainsi qu'ils en viennent à refuser les limites de la condition humaine et entrent dans ce que l'on appelle la « toute-puissance ».

Les grands thèmes de la création du monde, de l'homme, de la femme, des conditions de la vie, de la transgression par Adam et Ève des deux ordres de vie, de ses conséquences (ce que l'on appelle le péché des origines) sont énoncés dans les trois premiers chapitres de la Genèse.

pas ici) : Xavier THÉVENOT, *Les péchés, que peut-on en dire ?* Mulhouse, Salvator, 1983, où l'on trouve notamment une analyse du sens du péché des origines, de la tentation d'indifférenciation, du retour au monde fusionnel. – Les deux premiers tomes de la collection « À Bible ouverte » : Josy EISENBERG et Armand ABÉCASSIS, tome I, *La Création* ; tome II : *Et Dieu créa Ève*, qui donnent une lecture simple et très profonde de la Parole à partir du texte hébraïque et de l'exégèse rabbinique (Paris, Albin Michel, 1992). – André WÉNIN, *Pas seulement de pain*, Paris, Éd. du Cerf, 1998, qui commence par une étude du péché des origines à partir du sens de l'acte de manger, et qui traite ensuite du thème de la nourriture, des repas de l'alliance dans la Bible. – Enzo BIANCHI, *Adam, où es-tu ?*, Paris, Éd. du Cerf, 1998, qui est un commentaire très dense et fouillé des onze premiers chapitres de la Genèse.

1. Daniel SIBONY, *Les Trois Monothéismes*, Paris, Éd. du Seuil, 1992, p. 330.

Il y a là une mine d'informations, un trésor de connaissances, de conduites de vie qui sont données aux humains. Ces chapitres sont très célèbres mais aussi très difficiles à comprendre car ils sont exprimés sous forme symbolique : il s'agit d'un mythe au sens le plus profond du terme [1].

Nous apprenons d'abord que Dieu créa le monde, l'homme, la femme. Il est ensuite question de manger des arbres d'un jardin et de ne pas manger du fruit d'un certain arbre, l'arbre de la connaissance du bien et du mal, sous peine de mourir. Qu'est-ce que cela signifie et en quoi cela peut-il nous concerner ?

Il va être essentiel de décrypter le sens de ces textes puisqu'ils touchent à la vie et à la mort : en eux se trouvent les fondements de la vie humaine, de l'essentiel de la vie, c'est-à-dire de la relation des êtres humains avec Dieu d'abord, la source créatrice et, par voie de conséquence, avec leur propre terre intérieure, avec l'autre, avec le cosmos.

Beaucoup considèrent ces récits comme une suite d'anecdotes infantiles alors qu'ils ont une valeur universelle et s'adressent à tous les êtres humains. Ils n'ont pas pour but d'expliquer l'origine du monde sur un plan scientifique ni de décrire l'événement historique réel, mais de révéler à l'être humain quelle est sa juste place. Se résigner à cantonner ces récits dans un coin de sa mémoire avec un grand point d'interrogation serait passer à côté d'un essentiel, demeurer dans l'ignorance, ouvrir la porte à un possible chemin de mort.

La Création : le premier récit de la Bible (Gn 1 et 2).

Dans les deux premiers chapitres de la Genèse se trouvent deux récits distincts de la création. Ces chapitres ont été écrits à des époques différentes et sont complémentaires. Il

1. Adam et Ève sont le symbole de tout homme, toute femme. Leur histoire, l'épreuve de leur confrontation à la réalité de la condition humaine est celle de tout humain. Il est donné là un enseignement universel qui s'adresse à tous. Voir Xavier THÉVENOT, p. 26.

nous est ainsi rapporté que Dieu créa le monde dans la douceur et la puissance de sa Parole, sans destruction ni négation[1], en appelant à la manifestation les différents éléments du cosmos, en les séparant, les ordonnant en six mouvements s'étalant sur six jours. Il « fait » ensuite l'être humain à son image et ressemblance, homme et femme il les crée (premier récit, Gn 1, 27). Dans le second récit (Gn 2, 1-23), il est dit qu'il façonne une femme d'une côte tirée de l'homme – la femme est une aide qui est donnée à l'homme afin qu'il ne soit pas laissé à sa solitude. Est ainsi établi le principe fondamental de la différenciation sexuelle[2].

L'image de Dieu est gravée dans la plus grande profondeur de l'être, de tout humain. Elle ne peut être détruite. Elle ne peut être touchée par le mal.

En revanche, grandir à la ressemblance de Dieu va dépendre du choix de vie de chacun et se construire au fil du temps.

L'être humain est béni, il reçoit sa nourriture : céréales et fruits ; sa tâche va être de déployer la vie, d'entrer dans la fécondité, de maîtriser la terre et les animaux ; il est situé dans l'espace, il est placé dans un jardin où se trouvent de beaux arbres, bons à manger. Il devra le cultiver et le garder.

Le septième jour, Dieu se repose : il « se repose ». C'est ainsi qu'il est enseigné que la création n'est pas achevée : Dieu laisse un espace d'autonomie, de créativité, à l'être humain.

1. André WÉNIN, p. 29-34.

2. L'être humain est composé du corps, de la psyché et du cœur profond qui les anime. Dans le corps se trouve la dimension biologique, physique ; dans la psyché se trouvent les émotions, l'affectivité, les sentiments, le désir, toutes les facultés : intelligence, imagination, volonté. C'est à partir de la psyché que se développe la relation à soi, à l'autre, à Dieu, au monde. Le cœur profond est le centre le plus profond de l'être, le noyau le plus intime, le cœur du cœur. Dieu demeure dans le cœur de l'être humain qui devient ainsi un temple de Dieu (1 Co 3, 16). Le cœur profond n'est pas sur le même plan que le corps ou la psyché, car c'est lui qui a pour fonction de les animer. Il devrait être nourri par la Parole de Dieu, la sagesse, la vérité. Le cœur profond n'est ni le cœur émotionnel, ni le mental, c'est le lieu de la plus grande profondeur.

Les deux ordres de vie.

L'ordre positif.

En premier lieu, est énoncé un ordre positif : *Tu mangeras de tous les arbres du jardin* (Gn 2, 16). Tous les fruits de la vie sont donnés à l'être humain pour sa joie, son bonheur, ce n'est pas une permission, mais un ordre.

L'ordre négatif.

Vient en second lieu un ordre négatif : *Et de l'arbre de la connaissance du bien et du mal tu ne mangeras pas, car le jour où tu en mangeras, tu mourras* (Gn 2, 17).

Tout t'est donné, sauf une chose que tu ne devras pas manger sous peine de mort. Il y a une frontière à ne pas dépasser, une limite est posée : elle est symbolisée par un arbre, celui de la connaissance du bien et du mal. C'est par amour, pour la protection de l'être humain, qu'un danger mortel lui est signalé. On ne va pas à la vie, au bonheur, n'importe comment. Mais l'interdit est en seconde place. La première place est au don : « car l'interdit n'a de sens que sur fond d'autorisation et de don [1] ». Ces deux ordres de vie sont indissolublement liés.

Dans son livre *Les Maladies de la vie spirituelle*, le pasteur Daniel Bourguet précise que, lors de la création d'Adam, Dieu le met en garde contre une nourriture nocive pour l'homme, tellement nocive qu'elle est même mortelle. Cette mise en garde signifie : « Attention, ne mange pas de cette plante-là car elle est comme l'amanite phalloïde : si tu en manges, tu meurs le jour même ! La mort n'est pas présentée ici comme une sanction infligée par un juge, mais comme le résultat d'une imprudence vivement déconseillée par le

1. Josy EISENBERG et Armand ABÉCASSIS, *Et Dieu créa Ève*, p. 92.

médecin. C'est la plante ingurgitée qui porte en elle la mort ; c'est elle qui tue, non pas Dieu [1]. »

Josy Eisenberg et Armand Abécassis rappellent que le fameux slogan de Mai 1968 : « Il est interdit d'interdire », relevait de l'utopie la plus anarchique [2]. Dans la Bible, affirment-ils, il est permis d'interdire car c'est en vue du bonheur et de la santé de l'être humain en son entier que la Parole de Dieu édicte les grands interdits structurants. Les chemins de mort sont bien définis : c'est la frontière à ne pas franchir.

Ces deux premiers ordres de vie rappellent explicitement la loi fondamentale de tout humain, celle de l'acceptation de la condition humaine. On va la retrouver en filigrane dans toute la Bible, découvrir les conséquences de sa transgression. En elle se trouvent les fondements de la direction et du sens de la vie selon l'ordonnancement de Dieu. Qui y adhère construit la vie, qui la transgresse va vers la destruction et la mort. Cet enseignement est rappelé avec force au début du second Testament dans le récit des tentations de Jésus (Lc 4, 1-13).

LE NÉCESSAIRE QUESTIONNEMENT LA SIGNIFICATION DES DEUX ORDRES DE VIE

Pourquoi les deux ordres de vie portent-ils sur le fait de manger, ou ne pas manger ? Que touche l'acte de manger, que signifie-t-il ? Pourquoi l'interdit porte-t-il sur l'arbre de la connaissance du bien et du mal ? Qu'est-il interdit de manger ? En quoi la transgression d'Adam et Ève, le « péché des origines », nous concerne-t-elle ?

Les réponses apportées à ce questionnement sont essentielles puisque les deux ordres donnés vont mener à la vie ou

1. Daniel BOURGUET, *Les Maladies de la vie spirituelle*, Réveil Publications, « Veillez et priez », 2000, p. 29.
2. *Et Dieu créa Ève*, p. 93.

à la mort. Il ne s'agit pas ici d'entrer dans des spéculations philosophiques mais de savoir ce qu'ils signifient pour notre vie, notre mode d'être, notre place intérieure, notre façon de nous situer en tant qu'être humain ; il s'agit au fond, de découvrir le sens de la vie, de notre vie. Si nous comprenons ce qui nous est dit, nous allons avoir le choix d'adhérer ou non à cette loi fondamentale ; nous saurons au moins à quoi adhérer. D'autre part, la façon dont nous avons pu, à notre tour, entrer en transgression, prendre un chemin de mort, nous déstructurer, apparaîtra aisément et à partir de là nous pourrons retrouver le chemin de retour.

Dès qu'il s'agit de manger, la relation s'instaure[1]. L'être humain est d'abord informé de ce que sera sa nourriture : des herbes portant semence et des arbres fruitiers donnant des fruits contenant leur semence (Gn 1, 11.13). Il la recevra en abondance. Viennent ensuite les deux ordres qui vont fonder la vie : tu mangeras… tu ne mangeras pas…

Dieu s'adresse alors à l'homme en le reconnaissant comme une personne à part entière, en lui disant « tu », en lui faisant confiance, en lui offrant la potentialité de choisir.

L'introduction de cette notion de relation signifie que le fait de manger va toucher chez l'homme, la femme, quelque chose de beaucoup plus profond que celui de consommer des aliments pour leur survie. Cela va toucher la relation.

Le premier ordre de vie : « Tu mangeras de tous les arbres du jardin. »

L'ordre de recevoir les dons de Dieu, de manger, de se nourrir des fruits des arbres du jardin va engager l'être humain dans son bonheur de vivre, le développement de ses qualités spécifiques, de ses ressources profondes, ses forces vives, ses talents, l'émergence de ses désirs les plus authentiques, sa créativité. C'est un appel à déployer sa mesure

1. André WÉNIN, p. 42.

personnelle, à participer à la construction, à l'élargissement du monde, selon les lois du Royaume. On y retrouve la notion de *shalom*, l'accueil de la paix, de la joie qu'apporte le Christ, de la vie abondante qu'il promet.

C'est l'astuce, la ruse du serpent d'introduire le soupçon sur les intentions de Dieu. Il se glisse dans la Parole de Dieu pour la déformer, lui donner un sens réducteur, changer en interdit ce qui était un commandement positif ; il le formule négativement : *Dieu a dit : vous ne mangerez pas de tous les arbres du jardin*, alors que la Parole assure que tout est don et que l'être humain peut manger de tous les arbres du jardin, sauf d'un seul.

Dès lors s'enclenche le mécanisme habituel de frustration : « S'il y a une seule chose que je ne peux pas faire, alors je ne peux rien faire. S'il y a quelque chose qui reste hors de prise de ce que je crois être ma juste liberté [...] je me sens totalement privé de liberté [1]. »

Beaucoup déforment la Parole de Dieu, l'interprètent de façon mortifère. C'est ainsi que cette première direction de vie est, hélas, bien souvent occultée par l'existence de l'interdit qui prend la première place et même toute la place : sous prétexte qu'il est interdit de manger du fruit d'un arbre spécifique – ce qui a une signification bien précise – on oublie que l'on doit manger des fruits de tous les autres arbres. Beaucoup de croyants n'osent pas déployer la vie, par peur de désobéir, de ne pas faire la volonté de Dieu.

Le deuxième ordre de vie : l'interdit, la limite.

Et de l'arbre de la connaissance du bien et du mal tu ne mangeras pas, car le jour où tu en mangeras, tu mourras (Gn 2, 17).

1. Enzo BIANCHI, p. 184-185.

À quoi renvoie l'acte de manger ?

L'interdit porte sur quelque chose de très précis, la consommation. Manger c'est assimiler, s'assimiler à, s'identifier à ce que l'on mange, donc se mélanger, être dans la non-distance, la non-différence. C'est prendre pour soi, dévorer.

Si tu veux manger de tout, si tu n'acceptes pas une limite au cœur de ce qui t'est donné, si tu veux tout prendre, tout accaparer sans consentir à un manque, tu vas détruire la vie en toi et autour de toi au lieu de la construire [1].

L'interdit informe l'être humain de la façon la plus claire qu'il n'est pas Dieu, car il a des limites alors que Dieu n'en a pas. Il ne saurait donc vouloir être comme un dieu, s'identifier au Dieu créateur.

Il y a là une invitation très puissante à réfléchir au problème de la toute-puissance de l'être humain. Est-il ou non tout-puissant, omniscient, immortel ? L'interdit concerne donc la relation de l'être humain et de Dieu, sa juste place dans sa condition de créature.

Une remarque s'impose : dès que l'interdit a été promulgué, Dieu crée la femme. Le Talmud précise que c'est afin que l'homme prenne conscience qu'il n'est pas Dieu : le fait qu'il ait besoin d'une femme pour se réaliser signifie qu'il a un manque. C'est un signe d'imperfection, de non-plénitude [2].

Quelle est la signification de l'arbre de la connaissance du bien et du mal ?

Toute la question va être de comprendre ce qu'il ne faut pas manger, sur quoi porte la limite, ce qu'il ne faut pas s'approprier.

Ce qui est interdit à la créature, ce n'est pas le développement de la connaissance humaine. Bien au contraire, la mission des êtres humains est de développer la vie pour le bien de tous, par leur travail et leur génie. *Soyez féconds* [...] *et*

1. André WÉNIN, p. 43-44.
2. Josy EISENBERG et Armand ABÉCASSIS, *Et Dieu créa Ève*, p. 99, 253.

soumettez la terre. Dominez sur les poissons de la mer, les oiseaux du ciel et tous les animaux qui rampent sur la terre (Gn 2, 28). Chaque domaine de connaissance va avoir son autonomie, sa vérité, ses lois spécifiques, sa forme particulière [1].

De même l'homme et la femme ont la responsabilité de discerner ce qui est bien ou mal, ce qui mène à la vie ou à la mort. Ce qui est interdit, c'est l'accès à un certain type de connaissance qui les entraîne à convoiter la divinité, à vouloir être dieu sans Dieu, « à se situer au centre de la vie, au commencement de la vie, à la source de la vie ». Ce qui est interdit, c'est de développer la connaissance sans référence à une loi supérieure, de n'accepter d'autre loi que celle que l'on se donne à soi-même, de vivre non en autonomie, mais en autarcie. Cependant, « Si par autonomie du temporel on veut dire que les choses créées ne dépendent pas de Dieu et que l'homme peut en disposer sans référence au créateur, la fausseté de tels propos ne peut échapper à quiconque reconnaît Dieu. En effet, la créature sans créateur s'évanouit » *(ibid.)*.

Manger de l'arbre de la connaissance du bien et du mal c'est se transformer en arbre de la connaissance et devenir soi-même le critère de la distinction du bien et du mal. C'est affirmer : « Cela est bon et cela est mal parce que j'en ai décidé ainsi, et je l'ai créé, et je le dis [2]. » C'est oublier que c'est Dieu qui donne la loi fondamentale qui va guider l'homme, la femme, leur permettre de faire le tri des valeurs, de voir clair là où règne la confusion.

Il est rappelé à l'être humain les conditions de son incarnation : il est créé, il n'est pas Dieu ; il est créé dans la chair et habité par l'Esprit Saint mais il n'est pas Dieu, il ne sera jamais Dieu.

1. CONCILE ŒCUMÉNIQUE VATICAN II. Constitutions, décrets, déclarations, *Gaudium et spes*, « L'activité humaine dans l'univers ».
2. Josy EISENBERG et Armand ABÉCASSIS, p. 74, 102.

LE CHOIX DE L'ÊTRE HUMAIN
LA TRANSGRESSION (Gn 3, 1-24)

La femme vit que l'arbre était bon à manger, attirant à regarder, et désirable, l'arbre, pour comprendre, et elle prit de son fruit et mangea, et elle en donna aussi à son mari avec elle, et il mangea (Gn 3, 6)[1].

Ève est tentée par la parole trompeuse et ambiguë du serpent. Elle mange du fruit de l'arbre défendu. Elle en donne à Adam qui mange à son tour.

Lors de sa création, l'être humain est invité à grandir à la ressemblance de Dieu en demeurant à sa juste place de créature. Le Trompeur propose à Adam et Ève d'être comme des dieux. Il leur assure qu'ils ne mourront pas, qu'ils seront tout-puissants, qu'ils entreront dans une connaissance absolue, seront omniscients.

L'être humain est ainsi mis devant une potentialité de choix quant à son devenir : « Il n'est pas une marionnette soumise à des déterminismes mauvais[2]. »

Les conséquences de la transgression, du refus de la limite, de la différence, la non-acceptation de la condition humaine sont énumérées dans la Genèse (3, 14-19).

En fait, Dieu ne punit pas Adam et Ève : ils ont eux-mêmes changé les données de leur existence ; « Dieu redéfinit les conditions nouvelles dans lesquelles ils se trouvent ainsi que les conséquences qui en découlent[3]. »

1. Traduction de Josy Eisenberg.
2. Xavier THÉVENOT, *Les péchés, que peut-on en dire ?*, p. 28.
3. Josy EISENBERG et Armand ABÉCASSIS, *Et Dieu créa Ève*, p. 335.

Quelle mort ?

Le jour où tu en mangeras, tu mourras (Gn 2, 17).

Cependant Adam et Ève ne meurent pas physiquement. Alors, de quelle mort s'agit-il ? À partir de la coupure d'avec Dieu – leur source –, l'homme, la femme ne sont plus à leur place et plus rien n'est à sa place en eux et, par voie de conséquence, autour d'eux. À vouloir devenir comme un dieu sans Dieu, l'être humain va vivre une fracture, une sorte de déchirement de tout l'être, une déstructuration, une dé-création, qui vont se répercuter en cascades sur l'ensemble de ses relations : la relation à lui-même, à l'autre, au cosmos. L'ordre vital est rompu. Surviennent alors la communication blessée, la peur, la honte, l'accusation réciproque : Adam accuse la femme, et indirectement Dieu, qui la lui a donnée. Ève accuse le serpent... Le meurtre, la violence vont faire leur apparition dès les premiers descendants d'Adam et Ève : Caïn va tuer son frère Abel par jalousie (Gn 4, 1).

Adam se cache, il a honte d'être nu, il a peur. La première interprétation qu'en propose les rabbins est qu'il découvre sa nudité, sa faiblesse, parce qu'il a perdu la Loi, son vêtement, et que la Loi de Dieu est source de la sécurité de l'être humain [1].

Le problème du mal. Le serpent.

Dans la Bible, le serpent symbolise le mal [2]. Les conséquences du mal sont la souffrance et le péché. Le mal fait partie du monde. Les deux grandes questions qui surgissent face au mal sont : d'où vient-il ? pourquoi existe-t-il ? Dans

1. J. EISENBERG et A. ABÉCASSIS, p. 259-269.

2. Adolphe GESCHÉ, *Le Mal*, Paris, Éd. du Cerf, 1996, p. 12-95 ; Xavier THÉVENOT, *Les péchés, que peut-on en dire ?*, p. 26-28.

le récit de la Création, non seulement le mal n'est pas créé, mais on n'en parle pas. Dieu a fait une création bonne. L'homme, la femme peuvent ouvrir une brèche au mal qui s'engouffre alors en eux : ils en deviennent les complices, ils ont alors leur part de responsabilité.

Le problème du mal est un questionnement permanent et douloureux pour tous les êtres humains. Cette énigme du mal fait partie des limites de la connaissance humaine. Par ses prophètes et serviteurs, par Jésus le Christ, Dieu engage la lutte contre le mal : il appelle tout homme, toute femme, à participer à ce combat.

Jésus le Christ a combattu le mal sous toutes ses formes y compris la souffrance. Lui-même n'a donné aucune explication du mal. Comme tout humain, il l'a rencontré sur sa route. Il en a été victime. Il a assumé jusqu'au bout les conséquences de sa mission, du message de liberté, de vérité, d'amour qu'il avait à vivre et à transmettre : après trois ans seulement de mission publique, à la suite d'un procès inique, il est condamné à mort. Il nous signifie comment un fils de Dieu peut affronter le mal quand il demeure relié au Père, comment par la puissance de l'amour de Dieu, un bien peut jaillir d'un mal. La vie est plus forte que le mal : c'est le principe de résurrection.

Beaucoup d'hommes et de femmes ont été victimes dans leur histoire d'événements, de comportements qui leur ont fait du mal. Les blessures qui ont été mal vécues peuvent être à l'origine d'une forme de mort, de destruction. Mais le labour de leur terre intérieure, dans la présence et la grâce du Christ, va amener un renouvellement de vie : une graine de vie va jaillir de ce qui aurait pu demeurer dans la mort. Le meilleur moyen de lutter contre le mal est de créer de la vie.

Nombreux sont ceux et celles qui ignorent les conditions de la vraie vie. Ne sachant pas ce qu'il est bon de « manger » et ce qu'il ne faut « pas manger » sous peine de mourir, ils perdent la direction de la vie.

Il est donc essentiel de clarifier ces notions de chemins de vie et chemins de mort, de les mettre en mots, au jour, pour découvrir l'issue qui permettra de quitter la mort et de retrouver la vraie vie. L'être entier va être impliqué dans ce travail : le corps, la psyché et le cœur profond.

La découverte du sens vital de la Parole de Dieu est le point de départ. La grâce de Dieu nous précède et nous accompagne dans ce trajet. Nous avons la certitude que nous pouvons être libérés de cette forme de mort qui empêche la vie de naître et de s'épanouir : c'est la promesse de Dieu ; en Christ il y a toujours une issue, peut-être pas celle dont nous rêvons, mais une réelle issue de vie qui va se frayer un passage au travers de la mort quelle qu'en soit la forme.

LES CONSÉQUENCES DE LA TRANSGRESSION DE LA LOI DE VIE : LA TOUTE-PUISSANCE

Vous serez comme des dieux, dit le Trompeur, vous n'aurez aucune limite. Que convoitaient Adam et Ève ? Être comme Dieu, n'avoir aucune limite, devenir la source de leur propre loi. Sur quelle illusion vivaient-ils ? Il est possible de manger de tous les arbres du jardin, sans aucune exception et sans danger : nous mangerons du fruit de l'arbre de la connaissance du bien et du mal et nous ne mourrons pas. Nous pouvons vivre sans avoir de limites.

Leur transgression porte un nom très précis : la toute-puissance.

Le thème de la toute-puissance a déjà été abordé dans le tome I de *L'Évangélisation des profondeurs*[1], en lien avec la

1. Voir p. 50-52.

peur de Dieu provenant notamment des fausses notions de sa toute-puissance. Cette peur de Dieu peut conduire un être humain à avoir peur de ses limites, à « se cacher », à se verrouiller et à se trouver ainsi dans l'impossibilité d'ouvrir sa propre terre au Christ qui frappe à la porte.

Dans le présent ouvrage, la toute-puissance est étudiée de façon plus précise. Elle est approfondie à partir de l'exploration de la loi de vie fondamentale qu'est l'acceptation de la condition humaine, et de la compréhension des deux ordres de vie de Genèse 2, 16-17 qui l'explicitent. L'approfondissement de l'enseignement donné à tous les humains sur les conditions de la vie que l'on trouve dans Genèse 2, 16-17 va nourrir la réflexion, ouvrir la porte à de nouvelles pistes, à des prises de conscience plus précises.

La toute-puissance est la non-acceptation par l'être humain des limites de sa condition. « La toute-puissance consiste à quitter la condition humaine pour accéder à ce que l'on n'est pas : devenir dieux[1]. » L'être humain va alors se passer de Dieu ou se prendre pour Dieu. Il s'agit là d'un comportement extrêmement fréquent, les manifestations en sont multiples et difficiles à mettre au jour car la plupart du temps, c'est en vue d'un « bien » que l'on s'établit dans la toute-puissance.

Pour dévoiler cette fascination de la toute-puissance, il est nécessaire d'en connaître les lignes de fond, de découvrir de quelles façons elle peut se manifester. Pour pouvoir y renoncer, il est indispensable de rechercher dans quelle blessure elle a son origine, quand, comment, pourquoi on y est entré. Ai-je véritablement compris le sens vital des deux ordres de vie ? Suis-je disposé à prendre le temps de mettre au clair l'impact qu'ils peuvent avoir sur mon mode d'être, mes

1. Le lecteur trouvera un exposé très clair de la non-acceptation des limites de la condition humaine dans Xavier Thévenot, *Repères éthiques pour un monde nouveau*, Mulhouse, Salvator, 1982, et dans Id., *Les péchés, que peut-on en dire ?* (citation, p. 52), qui m'ont servi de base dans cet approfondissement du thème de la toute-puissance.

comportements ? Est-ce que je choisis d'adhérer aux conditions de vie qu'ils proposent ?

Quelques questions simples peuvent guider la réflexion : est-ce que je veux manger tout ce qui est donné, ne pas consentir à une limite au cœur du don [1] ? Quelles sont les limites que je refuse dans ma vie ? Quels comportements me signifient que je me prends pour Dieu, que je deviens la source de ma propre loi ? Dans quels domaines de ma vie est-ce que je me passe de Dieu ?

La plupart de ceux et de celles qui sont établis dans la toute-puissance l'ignorent. Il est difficile de la repérer. La notion d'orgueil est plus familière, mais comme on ne sait trop comment la situer, on entre facilement dans de fausses humilités.

Cependant, dès que l'on est alerté par l'extrême importance de cette notion de toute-puissance, une porte s'ouvre : on s'éveille à cette éventualité en soi, on commence à se questionner.

L'illusion.

La toute-puissance est fondée sur une illusion : l'illusion qu'une créature humaine peut être comme Dieu, peut être Dieu ; l'illusion que l'on peut « manger » de tous les arbres du jardin, sans restriction, sans limites, sans aucun danger pour soi ou pour l'autre. Le sens de l'interdit a été perdu. L'être humain oublie que les limites constitutives de sa structure interne font partie de lui dès son origine : elles sont signes de bénédiction au même titre que les fruits de l'arbre de vie, elles le préservent du danger de se perdre dans une place qui ne serait pas la sienne, elles lui apprennent comment vivre sa condition humaine.

L'illusion est toujours un refus de la réalité et, dans ce domaine de la toute-puissance, un refus de la condition de l'être humain, de l'incarnation.

1. « Pour vivre il faut manger de tout mais pas le tout » (André WÉNIN, p. 43).

La réalité. Les limites.

Comme tout ce qui est manifesté dans la forme, la chair, l'être humain est soumis à des limites. Cela fait partie de la normalité. S'il le sait, s'il apprend à reconnaître et à gérer ses limites, il va être rétabli à sa juste place. Il va d'abord entrer dans la certitude que, puisqu'il est créé dans la condition humaine et donc dans des limites, il est aimé tel qu'il est, à l'intérieur de son histoire, de ses fragilités, de sa vulnérabilité. C'est une grande et bonne nouvelle, un immense soulagement.

Être assuré que, quel que soit son état, on est reconnu comme fils ou fille de Dieu, retrouver cette racine, constituent certainement le plus grand bonheur, la sécurité la plus essentielle qui puissent advenir à un être humain. À partir de cette première prise de conscience, l'exploration des limites peut se faire en paix et en vérité. On n'a plus peur d'être « nu » devant Dieu.

Viennent en premier lieu les *limites ontologiques*, c'est-à-dire les limites communes à tous les humains. On ne peut y échapper ; on va les découvrir dans la complémentarité sexuelle – il faut être deux pour procréer –, dans la maladie, la mort, le temps, les lenteurs, les échecs, les erreurs, les tâtonnements, les crises, le besoin de médiations (l'aide médicale, etc.), la culture d'un pays, sa géographie…

En deuxième lieu se découvrent des *limites personnelles*. Cela devient un peu plus compliqué. Les limites ne sont pas des défauts – comme par exemple être désordonné, arriver toujours en retard. Certaines d'entre elles vont pouvoir être dépassées ; c'est le cas de celles qui se sont installées en nous du fait de fausses routes – difficultés de communication, processus répétitifs, enfermement, autoprotection excessive, dépendance affective exagérée, peur de la solitude… D'autres sont ponctuelles : elles sont survenues après un accident, la maladie d'un proche… et elles ne durent qu'un temps. D'autres enfin sont définitives et il va falloir apprendre à les gérer.

Il appartient à chacun, à chacune, de discerner ses propres limites. Il n'y a pas de règle générale, de recette pour les mettre au jour. Qui est attentif à ce qui se passe en lui va capter les signaux d'alarme de son corps, de sa psyché ou de son cœur profond qui l'informent qu'il va trop loin, qu'il se prend pour un petit dieu et se met en danger ou, au contraire, qu'il se réduit et reste en deçà de sa mesure.

Dans toute vie, on se trouve bien entendu en face des *limites de l'autre* devant lesquelles il est nécessaire de se situer si l'on veut établir une relation qui allie amour et vérité, qui respecte sa propre identité et celle de l'autre. Construire sa liberté intérieure au milieu des dépendances que la vie impose, ne pas posséder l'autre et ne pas se laisser posséder, renouveler la relation : c'est le chemin que l'Esprit fera découvrir.

Enfin, *l'événement* s'impose à nous : accident, cataclysme, guerre… Comment vivre en fils, fille de Dieu, un événement dramatique ? L'événement peut être ou non occasion de croissance, immobilisme ou porte ouverte sur l'avenir.

COMMENT SAVOIR SI L'ON EST OU NON DANS LA TOUTE-PUISSANCE ?

La toute-puissance va se découvrir dans les domaines suivants.

La croyance illusoire en un monde sans faille, sans échec ni mort.

Ne pas accepter d'être confronté, dans sa propre vie et dans celle de l'autre, à des chutes, des retours en arrière, des crises, des tâtonnements, des erreurs, des troubles qui peuvent naître en soi et qui sont tout à fait normaux ; se culpabiliser de vivre une dépression après un important traumatisme… ; en fait, ne pas assumer la fragilité, la vulnérabilité de l'être humain, tout cela relève d'un comportement de toute-puissance.

La poursuite d'un but irréalisable.

Devenir parfait.

On va chercher à vivre un perfectionnisme épuisant qui n'a rien à voir avec un chemin de sainteté, dans une façon de se tendre, de se hisser vers le haut qui ne laissera place à aucune faille, à aucune fragilité, à aucune considération pour ses besoins, ses désirs de vie. En soubassement de ce comportement existe bien souvent la croyance qu'on ne peut être aimé que si l'on est parfait.

Le légalisme, le durcissement du cœur et un sentiment de frustration – car bien entendu on n'arrive jamais au but poursuivi – sont les fruits empoisonnés du perfectionnisme.

Idéaliser.

L'idéalisation est une notion différente de l'idéal, moteur de la créativité. L'idéalisation s'installe quand le but devient un absolu, une idole en quelque sorte ; on peut ainsi idéaliser sa propre image, celle de son « moi », celle du couple, de la relation.

Idéaliser son moi, c'est chercher à se conformer à une image de soi que l'on crée de toutes pièces, arbitrairement, d'après son rêve – le désir éperdu d'être reconnu, aimé, admiré –, un modèle extérieur à soi, et non à partir de ses ressources réelles et de ses fragilités. Cela peut se traduire par le fait de ne jamais dire non, de vouloir être totalement disponible, de toujours « tenir le coup », quoi qu'il arrive, d'avoir une foi et une joie inébranlables, d'aimer sans limites ni protection de soi, de ne jamais décevoir l'autre, de vouloir devenir le sauveur de sa famille…

Idéaliser la relation, c'est rêver d'une communication non blessée, sans conflit ni affrontement, d'une totale transparence ou, au contraire, c'est n'avoir besoin de personne. Il arrive qu'on laisse le présent en friche en rêvant du couple idéal que l'on pourrait former ; il se peut que l'on ne parvienne pas à accepter la réalité du passé, en ayant une idée précise du père ou de la mère idéale qu'on aurait dû avoir…

Combler l'autre ou vouloir être comblé.

Tout ce qui touche la notion de « comblement » va révéler l'existence d'un comportement de toute-puissance. La parole de Jésus nous alerte : ceux et celles dont le but est de devenir riches, repus, qui sont trop pleins, trop ronds, sans manque, sans faim de l'essentiel construisent leur malheur (Lc 6, 24-25). Croire que le bonheur est lié à l'absence de manque nous rend malheureux puisque le manque fait partie intégrante de la vie. Cela va toucher tous les comportements devant le manque ou la perte inhérents à toute vie : vouloir combler le vide affectif de l'autre, lui éviter toute souffrance, répondre à tous ses désirs, devenir sa source de vie ; ou être comblé soi-même : demander à l'autre de remplacer le père ou la mère qui a manqué… Entretenir le rêve utopique de retrouver le paradis perdu, d'obtenir la réparation du mal subi, la reconnaissance par l'autre de ses failles…

À l'inverse, le fait de dénier ses besoins, d'organiser le manque à l'avance pour ne pas être pris au dépourvu, de réduire sa vie sur tous les plans (affectif, réussite), de rester en retrait, en deçà de ses potentialités, prend également racine dans la toute-puissance. On est alors très loin du bonheur des pauvres de cœur qui savent accueillir dans la liberté la largesse des dons de Dieu, sans en être dépendants.

Le rapport au temps.

La façon de se comporter par rapport au temps est très révélatrice car le temps demeure une des grandes limites que rencontre l'être humain. Il est dans un monde de finitude, il naît et il meurt pour une autre vie, il est soumis à un moment de son existence à ce passage de la mort. Il doit parvenir à accepter, dans l'épaisseur de son humanité, le temps nécessaire à sa construction, assumer les lenteurs de son évolution sur tous les plans de sa vie, intégrer les erreurs du passé. Le fait de brûler les étapes, de vouloir tout, tout de suite, y compris sur le plan spirituel, révèle une forme de toute-puissance.

Chacun est appelé à trouver l'équilibre entre un travail acharné dans lequel il peut se perdre et s'épuiser, une impossibilité de s'arrêter, de mettre sa terre en jachère, de vivre le *shabbat*, et d'un autre côté, le temps perdu, non utilisé, non employé, le manque de but mobilisateur.

Chacun doit gérer le temps de la santé, au cours duquel il ne peut pas se permettre de vivre n'importe comment, le temps de la maladie, de la vieillesse, le temps du deuil dans toutes ses étapes. Tout cela fait partie de l'acceptation de la réalité, de la prise de conscience de sa responsabilité dans la gestion du temps qui lui est donné à vivre.

Le rapport à l'espace. La rencontre de l'autre.

Il s'agit ici de son propre espace face à celui de l'autre, ainsi que de la relation à l'autre : le rapport à l'espace et à l'autre sont en lien avec les notions d'identité, de territoire, de place dans la génération, de la complémentarité sexuelle.

La notion d'identité.

C'est la grande question : comment demeurer soi-même dans la relation à l'autre, en respectant sa personne, sa liberté. Comment ne pas le posséder et ne pas se laisser posséder ? Ne pas le « manger » ni « se laisser manger » ?

La notion de territoire.

D'abord, *son propre territoire :* est-il stable, défini et ouvert ? est-il verrouillé, surprotégé ou au contraire trop fragile, ouvert à tous les vents, à toutes les influences ? Découvrir sa véritable place est une tâche, un acte porteur de vie.

Ensuite, *le territoire de l'autre :* comment déborde-t-on de son propre territoire en surprotégeant l'autre ? en pensant, désirant, parlant à sa place ? en n'acceptant pas sa différence ? Exiger que l'autre change selon ses propres souhaits, le manipuler pour parvenir à ses fins, s'emparer d'une partie de sa fonction, de sa place, sont à l'évidence des formes de toute-puissance. Mais aussi, de façon plus subtile, prendre le poids du jour d'un autre sur ses épaules, vouloir lui éviter toute souffrance, toute expérience douloureuse, interférer sur sa route en manquant au respect qui lui est dû, c'est s'égarer dans un monde où la différence n'est pas respectée.

La place dans la génération.

C'est un lieu où règne souvent un grand désordre. On va retrouver dans ce domaine le refus des différences, la recherche inconsciente de la fusion d'origine avec la mère, la confusion dans le mélange ou le déchirement de la rupture. Il va s'agir de savoir vivre les justes séparations intérieures, la bonne distance, condition d'un véritable amour, de la liberté intérieure de chacun. Le non-respect de la différenciation, le mélange d'identités, de fonctions vont se retrouver dans le fait d'avoir pris en famille une place qui n'est pas la sienne ; et également dans l'identification au désordre des aïeux, la fausse croyance que l'on est soumis à une sorte de déterminisme qui contraint à perpétuer la lignée des blessures des générations précédentes.

La complémentarité sexuelle.

Le refus de la complémentarité sexuelle est certainement une des manifestations les plus essentielles de la toute-puissance. C'est le refus de la différence, du constat qu'il faut être deux pour procréer, que l'être humain ne se suffit pas à lui-même et qu'il a besoin de l'autre. Se réconcilier avec son identité sexuée, avec sa féminité, sa masculinité, celle de l'autre, accepter sa réalité première, l'intégrité de son identité est pour beaucoup une étape importante.

La volonté de tout maîtriser.

Qui a la volonté de tout maîtriser, tout voir, tout savoir, tout comprendre, tout contrôler, en un sens « tout manger », déborde ses propres limites, est certainement une menace pour l'autre. C'est une des formes les plus courantes de la toute-puissance qui peut cependant demeurer tout à fait inconsciente.

La volonté de maîtrise absolue de soi peut amener au déni de ses émotions, véritable chemin de destruction.

La recherche à tout prix de la première place ou de toute la place.

L'être humain est fait pour prendre part au pouvoir mais il doit en éviter les pièges que sont le goût du pouvoir, l'ivresse de la puissance, au lieu de l'esprit de service. Celui ou celle qui se trouve dans cette forme de toute-puissance est souvent persuadé qu'il détient la vérité, qu'il sait tout, n'a pas besoin de la complémentarité de l'autre : ce sont souvent des personnes qui donnent mais ne savent pas recevoir.

La dépréciation de soi.

Le tout ou rien procède de la même racine : je peux tout, je ne peux rien –, je suis indispensable, je ne sers à rien –, je suis le meilleur, je suis un minable –, sont autant de manifestations de toute-puissance. La dépréciation de soi vient de blessures à partir desquelles l'enfant n'a pas été reconnu pour ce qu'il était. Les paroles, regards négatifs, les interdits, les comparaisons vont évidemment jouer un grand rôle et il importe d'amener tout ce passé à la lumière pour en retrouver les racines et pouvoir prendre une autre direction.

Comment est-il possible de relier la dépréciation de soi à la toute-puissance ? L'être humain qui se déprécie se donne sa propre loi mortifère, et s'y soumet aveuglément : il la prend pour un absolu, il décrète qu'il n'a aucune valeur. La Parole de Dieu qui l'assure du contraire n'a aucun impact sur lui : « Je ne vaux rien et je n'y peux rien. Dieu non plus n'y peut rien. » Alors que la Parole lui dit : *Tu comptes beaucoup à mes yeux, tu as du prix et moi je t'aime...* (Is 43, 4), *Je t'ai appelé par ton nom...* (Is 43, 1), *Je t'ai gravé sur la paume de mes mains...* (Is 49, 16).

Il efface, gomme en quelque sorte l'œuvre de Dieu, il proclame l'échec de la puissance de Dieu dans sa création. En fait, il fonde sa vie sur une croyance mensongère en niant les dons de Dieu, comme si chaque créature n'avait pas en elle ses propres ressources de vie, de fécondité, et n'avait pas reçu au moins un talent spécifique.

La dépréciation de soi est un véritable chemin de mort. Elle est souvent profondément ancrée, enkystée dans la psyché. Elle est en réalité un refus de vivre, de se mettre en marche sans attendre autre chose que ce que l'on est, ce que l'on a ; elle est en même temps grande souffrance.

L'exercice des facultés.

La toute-puissance peut infiltrer l'intelligence, la volonté, l'imagination.

L'intelligence.

L'intelligence devient alors la reine, elle sait tout, dirige tout, comprend tout. Elle devient la source, l'inspiratrice, la sécurité, le fondement de la vie, elle ignore ce que peut signifier la vie dans l'Esprit. Il arrive bien souvent que l'on invoque l'Esprit et que l'on se mette à « fonctionner » comme si on était seul maître à bord : l'intelligence n'accepte pas de collaborer avec l'Esprit. Elle est devenue une idole.

La volonté.

La volonté met en œuvre le désir. Si l'orientation du désir est faussée, la volonté va suivre cette fausse route. La volonté peut être tout entière tendue vers la fascination du pouvoir quelle qu'en soit la forme ; le but fixé devient un absolu, donc une idole, y compris le désir d'atteindre Dieu à la force du poignet.

L'imagination.

L'imagination est donnée pour entrer dans la créativité, agir au cœur du présent, le transformer, le célébrer avec un autre regard.

Il arrive que, par non-acceptation de la réalité, on se crée un monde imaginaire dont on est le seul créateur, où tout se passe merveilleusement bien : on vit en rêve et on comble ainsi le vide du présent. Cela a été pour beaucoup d'enfants une façon de survivre à un passé très difficile, notamment en cas de fusion grave, de forte emprise ; dans ce monde-là, ils ont leur autonomie. Mais une fois les problèmes éclaircis, il s'agit de reprendre pied dans le présent, de toucher terre, et ce peut être alors le lieu d'un dur combat, comme celui qui est à mener contre toute dépendance.

La relation à Dieu.

La place de l'être humain.

Les deux manifestations essentielles de la toute-puissance dans la relation à Dieu vont consister à se prendre pour Dieu ou à se passer de Dieu. Dieu n'est plus à sa place, l'être humain non plus. On va retrouver ces deux comportements à la base de toutes les formes de toute-puissance déjà mises au jour mais on peut ouvrir à la lumière d'autres domaines plus spécifiques.

La prise de conscience de la façon dont on se passe de Dieu est peut-être encore plus difficile que la découverte des différentes manières de se prendre pour Dieu.

Se passer de Dieu consiste à ne pas être relié consciemment à la source de sa vie, ne vouloir d'autre loi ou direction de vie que celle que l'on se crée, mettre un humain, une chose, une situation en place de Dieu, ne pas accueillir le pardon de Dieu pour soi-même (« ne pas se pardonner », comme on l'exprime à tort), se déprécier complètement et surtout ne pas apprendre à collaborer avec l'Esprit, le guide intérieur donné par le Père pour nous mener à la vérité tout entière, à la vraie liberté.

La prière de demande.

Si vous demeurez en moi et que mes paroles demeurent en vous, demandez ce que vous voudrez et vous l'aurez (Jn 15, 7). *Ce qui est impossible pour les hommes est possible pour Dieu* (Lc 18, 25).

Comment comprendre ces affirmations alors que l'on explore les limites de la condition humaine ? Une mauvaise interprétation de ces paroles peut ouvrir la porte à des espérances illusoires, à un rêve de toute-puissance. La tentation est grande de situer le possible de Dieu sur le plan de l'obtention du fruit tant désiré : la guérison magique dans laquelle peuvent s'infiltrer des revendications personnelles, le désir d'influencer Dieu. On espère faire l'économie d'une descente dans ses profondeurs, d'un chemin de vérité sur soi : Dieu va tout faire à ma place ; puisqu'il est Père je n'ai qu'à recevoir, je n'ai rien d'autre à faire qu'à lui présenter mes problèmes. On met alors de côté l'invite à la conversion, le principe de réalité, ainsi que le chemin de la Pâque. On imagine que la prière va permettre de rétablir miraculeusement une situation difficile sans qu'on ait à s'impliquer, d'échapper aux médiations (opérations chirurgicales, aide psychologique, etc.) ou aux lois naturelles. On pense que l'on va ressusciter sans cicatrices alors que la Résurrection marque bien que la Passion n'est pas oubliée : Jésus ressuscite avec ses plaies non cicatrisées.

On retrouve ici tout le problème des prières non exaucées. Beaucoup pensent qu'ils ne sont pas exaucés parce qu'ils manquent de foi ; ils se tourmentent et s'épuisent en vain. Si la prière n'est pas exaucée et si l'on a conscience d'être bien situé dans la foi, c'est probablement qu'il y a un appel à vivre un passage intérieur. Marthe (Lc 10, 40-42), qui demande à Jésus d'intervenir auprès de sa sœur, n'est pas exaucée. Jésus la renvoie à elle-même, elle a à découvrir sa bonne place, la sienne en propre. Jésus n'est pas exaucé au moment de sa mort, il a encore une mission à remplir en passant par ce drame pour vivre la Résurrection.

André est atteint d'une très grave maladie. Il semble, d'après tous les avis médicaux, qu'il ait à vivre son passage vers la mort. Il est très angoissé à l'idée qu'il manque de confiance en Dieu : « Si j'avais vraiment la foi, je serais sûr que Dieu me guérirait. Or je doute. »

C'est là un domaine délicat et combien douloureux. Il faut reconnaître que, dans bien des cas, il n'y a pas de miracle. André est probablement appelé à vivre son passage à la vie éternelle dans la tendre miséricorde du Père. Ce n'est pas de sa part un manque de confiance de penser qu'il va vers sa mort. La confiance va se situer dans la certitude absolue de la réalité de la Parole de Dieu :

Ne crains pas, car je t'ai racheté,
je t'ai appelé par ton nom : tu es à moi.
Si tu traverses les eaux je serai avec toi,
et les rivières, elles ne te submergeront pas.
Si tu passes par le feu, tu ne souffriras pas
et la flamme ne te brûlera pas.
Car je suis l'Éternel, ton Dieu,
le Saint d'Israël, ton sauveur.
(Is 43, 1-3)

Cela ne signifie évidemment pas que l'on n'a pas à prier pour sa propre guérison ou la guérison des malades, mais c'est un domaine où l'on frôle souvent la tentation de toute-puissance. C'est bien compréhensible, l'appel vers la vie est si fort ! Mais il importe d'être vigilant et prudent.

Il n'a pas été possible au peuple hébreu d'éviter la traversée du désert ni à Jésus d'échapper à l'extrême violence qui s'est concentrée sur lui.

Dans quels impossibles humains vont se situer les possibles de Dieu [1] ? Ils vont probablement toucher tout ce qui se rapporte à l'incrédulité, au sentiment d'impuissance, au découragement, au désir de mourir plutôt que de faire front. Il devient possible, par la grâce de Dieu, de se mettre en route courageusement sur le chemin de la Pâque, de découvrir une issue de vie là où tout semblait fermé, verrouillé, de recouvrer la vue, d'entendre ce que dit la Parole, de renoncer à ce qui fait mourir, d'avoir l'audace de vivre, de renouveler la relation, de sortir de la frustration, de retrouver la paix, la joie.

Le possible va se vivre dans la mise en route et les étapes traversées. Nous n'avons certainement aucune idée de l'amplitude des « possibles » de Dieu, mais nous ne pouvons nous

1. Pasteur André DUMAS, *Cent prières possibles*, Paris, Cana, 1988, p. 56.

tromper en les attendant dans les passages intérieurs auxquels chacun, chacune, est invité selon son rythme, à son temps.

La manipulation de la Parole.

Une autre forme de toute-puissance dans la relation à Dieu, et non des moindres, est de manipuler sa Parole, de l'isoler de son contexte, de l'interpréter à sa guise, pour servir sa propre pensée, sa démonstration, ses intérêts.

Un exemple très éclairant de manipulation de la Parole de Dieu se trouve dans le dialogue du serpent avec Ève (Gn 3, 1-3). Le serpent laisse entendre à Ève qu'il est interdit de manger de tous les arbres du jardin, alors que l'interdit ne porte que sur un seul arbre. Ève lui répond qu'il se trompe mais à son tour elle déforme la parole : il est interdit non seulement de manger l'arbre mais de « le toucher », ce qui n'a jamais été dit ; elle rend l'interdit plus fort qu'il n'est. Le serpent exprime clairement ce qui se passe probablement dans la pensée d'Ève : « ne pas manger d'un arbre c'est en vérité ne manger d'aucun arbre [1] ».

La Parole de Dieu sera aussi présentée à Jésus par Satan de façon déformée lors des tentations dans le désert. Jésus ne se laisse pas prendre au piège ; il lui redonne son véritable sens.

Fabien est dans une grande détresse. Sa femme vient de le quitter. Il exprime sa douleur dans son groupe de prière. Lise le rassure : « L'Esprit me donne une parole pour toi : crois seulement, ta femme reviendra. » Fabien fonde son espérance sur cette parole. Il attend toujours le retour de son épouse bien qu'elle ait un nouveau compagnon. Quelques années plus tard, le divorce est prononcé, la femme de Fabien se remarie. « Le Seigneur m'a trompé », dit Fabien.

Lise a confondu son désir de réconforter Fabien avec un mouvement de l'Esprit. Pour elle, il ne faisait aucun doute que la volonté de Dieu était que ce couple se reconstitue et elle a très

1. Josy EISENBERG et Armand ABÉCASSIS, *Et Dieu créa Ève*, p. 211-223.

imprudemment entraîné Fabien dans l'illusion, sans se douter qu'elle était entrée dans un mouvement de toute-puissance.

L'enfouissement des émotions.

Les principales émotions négatives sont la souffrance, la violence, l'angoisse, la honte. Les émotions positives sont la joie, le plaisir, la tendresse…

Une conséquence inattendue du non-respect de la loi d'acceptation de la condition humaine est l'enfouissement de ses émotions. On vit alors comme si elles n'existaient pas [1]. Ce n'est pas pour rien que l'on enfouit ses émotions négatives par l'impossibilité d'affronter une souffrance, par peur d'être submergé, par volonté de se tenir debout, de ne pas s'effondrer, de ne pas juger l'autre… Certains sont littéralement « sidérés », anesthésiés, devant un choc, une forme d'agression psychique ou physique.

Il n'en reste pas moins que le fait d'enfouir ses émotions au fond de soi, de les verrouiller, est une forme tout à fait involontaire du refus des limites. Elle traduit une méconnaissance de la vulnérabilité normale de tout être humain. C'est un comportement contraire au mouvement de vie ; il va entraîner des dégâts considérables dans tout l'organisme.

La non-acceptation de son histoire.

Il arrive que les émotions soient clairement nommées, mises au jour, mais que l'on ne parvienne pas à les apaiser. On vit alors « sous occupation », avec l'impression d'être inondé, submergé par une souffrance, une violence, une angoisse profondément destructrices : une toxine, un poison se répandent dans l'être entier. Beaucoup tournent douloureusement en

1. Il arrive bien souvent que l'on enfouisse aussi bien les émotions positives que les émotions négatives.

rond dans ce problème, cherchent en vain une issue de vie. On retrouve là une racine très cachée de toute-puissance ; elle traduit la non-acceptation de son histoire, donc, en fait, des limites de la condition humaine. L'acceptation profonde et active de son histoire ne peut se vivre qu'après un long travail de deuil.

Il importe donc de regarder de près comment on a vécu le processus de deuil, et peut-être quel renoncement serait nécessaire étant d'ores et déjà précisé que l'on ne saurait renoncer à ses émotions. Il ne convient pas de les agir. Le trajet est autre.

Tous ces comportements sont contraires à l'ordonnancement de Dieu, les grands repères de vie sont perdus, l'être humain ne sait plus comment remettre de l'ordre, il a perdu la loi fondamentale ; il est devenu la source de sa propre loi.

QUAND, COMMENT, POURQUOI ENTRE-T-ON DANS LA TOUTE-PUISSANCE ?

La tentation de toute-puissance vient avant tout du monde de chute qui est le nôtre, de cette coupure fondamentale entre l'être humain et Dieu. Mais il y a aussi des causes personnelles. Quand, comment, pourquoi la toute-puissance s'est-elle installée en soi ? Dans quelle blessure la fausse route a-t-elle fait son nid ?

La reconnaissance de la blessure.

Les directions erronées, les fausses routes empruntées, ont leur origine dans les blessures subies, donc dans une souffrance. Il est indispensable de mettre en mots ce qui a fait mal, les conséquences qu'ont pu avoir ces blessures, ce qu'elles ont abîmé en soi, les dégâts qui en ont résulté.

Beaucoup minimisent l'impact sur leur vie d'une blessure subie dans le contexte familial, de peur de juger leurs parents. Il ne saurait en être question. Nul ne peut s'ériger en juge de la responsabilité ou de la culpabilité d'autrui. En revanche, choisir de se responsabiliser face aux conséquences de sa propre histoire va obligatoirement conduire à un discernement du comportement de l'autre, devant lequel il faudra bien se situer de façon juste.

Toutes les blessures ne viennent pas des parents. De toute façon, il importe de les mettre au jour. Ce trajet est pour la plupart un temps de douleur, c'est la raison pour laquelle la première démarche de l'évangélisation des profondeurs est d'apprendre à ouvrir sa terre à la présence du Dieu de compassion, à la visitation du Christ, à la lumière de l'Esprit qui œuvre avec douceur.

Je frappe à la porte, dit le Seigneur, à la porte de ton histoire, de ta douleur, de ta révolte, de ton humiliation. *Si quelqu'un entend ma voix et ouvre la porte, j'entrerai chez lui pour souper, moi près de lui et lui près de moi* (Ap 3, 20).

Reconnaître la blessure subie, les conséquences qu'elle a entraînées sur sa vie est une étape qui peut être longue et qu'il ne faut certainement pas raccourcir. C'est en effet un moment essentiel où l'on prendra notamment conscience des émotions que l'on a pu enfouir au fond de soi, de la façon dont on a pu s'anesthésier.

Ce n'est qu'après cette première étape que se pose le questionnement si important : comment as-tu réagi à la blessure ? qu'as-tu fait de ce que l'on t'a fait ? de ce qui t'est arrivé ?

Pour retrouver le chemin de mort qui a été pris, il est nécessaire de repartir de la blessure, à l'endroit, au lieu, au temps, où le nœud s'est constitué, où la déviance a commencé à s'installer. On va ainsi mettre au jour le comportement adopté qui, s'il a pu aider à surmonter la souffrance de la blessure, s'est révélé, d'année en année, destructeur.

Trajets.

Quelques exemples vont permettre d'y voir un peu plus clair.

Mireille a, très jeune, été considérée comme l'élément sage de la famille : « Tu es toujours de bon conseil ; avec toi on est tranquille, tu trouves à coup sûr la bonne solution, on peut compter sur toi », lui disent ses parents. Son père et sa mère la prennent, chacun de leur côté, pour confidente de leurs problèmes les plus intimes. Mireille grandit dans ce climat, ne se permet ni chute, ni fragilité, ni tâtonnement. Plus tard, dans son couple, dans les groupes dont elle fait partie, elle continue à remplir sa fonction de « sage ». On lui demande sans arrêt conseil car elle ne peut se tromper. Elle finit par être en grand malaise.

Elle ne comprend absolument pas ce qui se passe en elle. Elle décide de se taire, de ne plus rien exprimer mais se rend compte que ce n'est pas bon, elle recommence à intervenir ; le processus se répète : elle est immédiatement au centre de tout, la meilleure… C'est alors qu'elle découvre la notion de toute-puissance qu'elle ignorait totalement. Elle se rend compte qu'on l'a mise sur un piédestal et qu'elle y est toujours : en fait on l'a mise en place de Dieu : elle a laissé faire, par ignorance de ce qui lui arrivait.

Elle dépose vigoureusement cette racine d'idolâtrie qui s'est plantée en elle, se donne droit à l'erreur, à la reconnaissance de ses fragilités, découvre ce qu'elle est réellement et rejoint avec bonheur la cohorte de ceux et de celles qui font ce qu'ils peuvent sur la route en sachant qu'ils sont fils et filles du Dieu d'amour et que c'est dans leur réalité qu'ils sont aimés.

Damien se rend indispensable partout où il passe. Il trouve cela tout à fait normal, sa vie est bien remplie. Jusqu'au jour où il est alerté à l'écoute d'un enseignement sur la toute-puissance : « Je sens qu'il y a quelque chose qui ne va pas ; partout où je passe, je prends tout en main ; si je ne suis pas là les autres sont perdus, mais surtout, j'ai découvert que je me crois indispensable à Dieu : est-ce que cela est juste ? » Sans le nommer, Damien exprime là un comportement de toute-puissance.

Comment y est-il entré ? Ses parents se disputaient sans arrêt et vivaient une profonde mésentente. Pendant toute son enfance, il a entendu sa mère lui dire : « Si tu n'étais pas là il y a longtemps que j'aurais quitté ton père. » Il se considère indispensable au maintien du couple. Il a pris sur ses épaules une fonction qui n'est pas la sienne, il a été chargé de responsabilités dans une relation que deux adultes auraient dû régler entre eux. Damien n'a été aimé et reconnu que dans cette fonction.

En ouvrant à la lumière de l'Esprit la façon dont il se croit indispensable, il comprend qu'il est aimé de Dieu tel qu'il est, gratuitement, sans fonction, qu'il « a du prix à ses yeux ». Il se nourrit de la Parole de Dieu, du pain de vie et peu à peu, sans avoir peur de perdre l'amour, d'être rejeté, il va pouvoir déposer cette façon de se croire et de se rendre indispensable partout où il passe ; il retrouvera ainsi sa juste place.

Pierre est né après trois autres enfants morts à la naissance. Il est le seul enfant vivant de la famille. « Voilà le sauveur de la famille », s'écrie sa mère à sa naissance. Pierre intègre cette phrase, dite et redite de mille manières pendant son enfance. Il endosse cette fonction sans se rendre compte qu'il est en train de prendre une fausse route. Il vient nous voir pour un entretien en disant qu'il vit dans un état de perpétuel épuisement.

« Comment es-tu perçu par ton entourage ? – On compte sur moi. De tous côtés je rencontre des personnes qui me disent qu'elles comptent sur moi. Je réponds volontiers ; à vrai dire, je ne refuse jamais d'aider. Et cependant je suis comme accablé perpétuellement. Le mot qui revient toujours en moi est : je n'y arriverai jamais. »

Effectivement Pierre n'arrivera jamais à être le sauveur ni de sa famille ni de quiconque. Il est écrasé sous un fardeau qui ne lui appartient pas. Quel soulagement quand il découvre que c'est le Christ qui sauve, que lui-même est sauvé et non sauveur. Il est appelé, comme tout disciple à participer au salut, mais en gardant sa place de serviteur. Sans s'en rendre compte, il se situait à la source du salut, il avait pris la place de Dieu. Dès qu'il a mis au jour la fausse route qu'il a prise, il peut renoncer à la fonction dont on l'a chargé et reprendre sa place de fils.

Julien arrive en entretien en exprimant qu'il est totalement déstabilisé et ne parvient pas à remonter la pente. « Je suis révolté, je n'ai plus envie de vivre. » Il retrouve facilement l'événement qui est à l'origine de sa révolte : il a vingt ans et a toute sa vie désiré être pilote de chasse. Il a réussi tous ses concours mais ne peut être admis du fait d'une légère déficience visuelle. Du coup, plus rien ne lui paraît digne d'intérêt.

Il remonte alors dans son histoire. Son père a été gravement marqué dans son enfance par des promesses non tenues. Il a vécu une série de déceptions très profondes pour un enfant au point que, par la suite, il s'est interdit d'exprimer ses propres désirs de peur d'être déçu une fois de plus. À l'opposé, à peine Julien exprime-t-il un souhait, que son père le satisfait immédiatement. Il devance même toute envie de l'enfant, dont le désir est devenu le roi, une véritable idole ; Julien est ainsi entré, à son insu, dans un comportement de toute-puissance : le monde doit plier devant lui.

Pour la première fois, il se heurte gravement, fondamentalement, à un de ses désirs les plus chers, au problème des limites que la vie peut imposer. Il va entrer dans un long trajet de compréhension de la loi fondamentale, du principe constitutif de l'être humain, et peu à peu, accepter la réalité et découvrir d'autres routes.

Benoît vit une dépression larvée et n'arrive pas à se remettre. Il est marié, sa femme attendait un enfant mais l'enfant est mort à la naissance. Cet événement date de deux ans. Benoît prend conscience qu'il n'accepte pas les limites que la vie peut imposer, la maladie, la mort. Il est profondément croyant mais il se heurte à une angoisse de fond, un barrage insurmontable. L'accompagnement est difficile, rien ne s'éclaire.

Il raconte tout à coup, mais sans donner aucune importance à cet événement, qu'à l'âge de sept ans il a pris l'habitude de falsifier ses notes « n'importe comment », dit-il, avec un crayon rouge alors qu'elles étaient écrites à l'encre noire. Ses parents – certes pas illettrés, des intellectuels – signent son carnet de notes sans faire aucune observation. Il continue donc sans problème à s'attribuer de bonnes notes. Qu'as-tu pensé à ce moment ? Comment as-tu réagi, t'en souviens-tu ? « Très bien. J'ai pensé : quoi que je fasse, il ne peut rien m'arriver ! » Voilà la fausse route. Il aurait pu ajouter : « Je suis invulnérable. » Il est alors entré dans le refus de la condition humaine ; il prend alors conscience qu'il n'est pas Dieu, qu'il est humain, essentiellement fragile et vulnérable, et que la mort fait partie des limites auxquelles l'être humain doit se soumettre. En plus du très grand chagrin ressenti lors de la mort de son enfant, Benoît a vécu une « sidération », une totale incrédulité devant cet événement. « Il m'arrive un malheur, alors que jusqu'à maintenant je pensais qu'il ne pouvait rien m'arriver. » Il n'a pas analysé ce trajet au moment du choc, c'est pourquoi il ne peut sortir de la dépression. Vivre une dépression est normal après un traumatisme mais c'est un passage qui va ramener à la vie. On ne peut occulter les étapes d'un deuil, mais le deuil a une fin. Et chez Benoît quelque chose ne va pas, il le sent bien. Tout son système s'est écroulé. Il lui faudra comprendre ce qui lui est arrivé, après avoir éclairé la fausse route prise dans l'enfance ; il saura alors comment et quand il a pris cette direction. Il entrera peu à peu dans une autre notion de la vie, de Dieu, de lui-même, enfant de Dieu, fragile, vulnérable, aimé et accompagné dans les difficultés de l'existence. Il pourra renoncer à la racine de sa toute-puissance et entrer dans l'humble acceptation de sa condition humaine.

LA RENCONTRE DE DIEU AU CŒUR DE L'ERRANCE

L'être humain s'est égaré mais Dieu vient à sa rencontre au cœur de son errance. Il vient comme toujours le chercher à l'intérieur même de ses torsions. Il reprend le dialogue avec celui qui s'est coupé de la source en posant une question : *L'Éternel Dieu appela l'homme : « Où es-tu ? » dit-il. J'ai entendu ton pas dans le jardin, répondit l'homme ; « j'ai eu peur parce que je suis nu et je me suis caché »* (Gn 3, 7-11).

Où es-tu ? Où en es-tu ?

Dieu aurait pu [1] exprimer sa colère, condamner sans délai, rompre la relation. Au lieu de cela, il appelle l'homme par une question : Où es-tu ? Dieu sait bien où est Adam, mais par cette question il l'invite à prendre conscience qu'il n'est plus là où il devrait être, et cela concerne son être entier ; il a perdu sa place, sa route, il a quitté le « lieu » où il devait vivre en harmonie, celui qui lui avait été donné pour son bonheur. Il a pris une place qui n'est pas la sienne, celle de Dieu.

Où en es-tu à l'intérieur de toi-même ? Comment en es-tu arrivé là ? Quelle route as-tu prise ? Comment une telle chose a-t-elle été possible ? Où en es-tu sur le chemin de retour, de la repentance ? Comprends-tu comment, pourquoi tu as dévié de ta route ?

Cette question – qui n'est certes pas neutre – est sans aucun doute une manifestation de l'amour de Dieu, une ten-

1. Josy EISENBERG et Armand ABÉCASSIS ont longuement approfondi dans leur livre *Et Dieu créa Ève* le sens du questionnement de Dieu à Adam : Où es-tu ? (p. 310-331), ainsi que les conséquences de la transgression (p. 333-357). Les quelques pistes données ici doivent beaucoup à leur analyse.

tative de restaurer la relation. Adam fuit, se fuit lui-même, comme il fuit Dieu et l'autre. Au lieu de reconnaître sa responsabilité sans ambiguïté, il se lance dans des explications sur sa nudité, sa peur.

Il lui était donné une magnifique occasion de retour : il la manque, il aurait pu entrer dans la repentance, recevoir le pardon toujours donné à celui ou à celle qui revient, repartir dans la joie d'une expérience douloureuse, mais pleine d'enseignement, rebondir dans la vie, dans une alliance retrouvée, fortifiée par l'événement. Il passe à côté de ce qui lui est offert. Il instaure une relation de peur, d'angoisse, de solitude, au lieu d'une relation d'amour, de confiance.

Où es-tu ? Cette question est posée à chaque humain. Celui ou celle qui vient à Dieu, au Christ, dans la vérité de son histoire, est d'abord accueilli inconditionnellement, par le courant maternel de l'amour de Dieu, dans sa souffrance, sa violence, les conséquences et les séquelles de son passé. Puis il entend l'invite à grandir : où en es-tu ? Qu'as-tu fait de ce qu'on t'a fait ? Reviens à ta place, ne te trompe plus de route, ne reste pas dans le chemin de mort. Va vers la vie [1].

LA FIN DU MOUVEMENT DE DESCENTE LA PRISE DE CONSCIENCE DE LA TRANSGRESSION [2]

C'est à ce moment, après la mise au jour en mots de la loi d'acceptation de la condition humaine, à la fin de la descente dans les racines de la toute-puissance et ses manifestations, que vient le temps de la prise de conscience de la transgression : la découverte que l'on est passé à côté d'une loi fondamentale, une loi de Dieu ; elle a été oubliée, non respectée ; on

1. On trouve ici l'expression paternelle de l'amour de Dieu, car le but de la question est d'amener l'être humain à grandir dans sa responsabilité, sa vérité.

2. Voir p. 255 : Repères simples sur le chemin de l'évangélisation des profondeurs.

comprend soudainement comment on a pu perdre sa juste place de créature, de fils et de fille de Dieu, comment on s'est coupé de sa source.

Découvrir que l'on est établi dans une forme de toute-puissance alors que l'on s'est immobilisé dans la dépréciation de soi, ou au contraire que l'on croyait vivre une grande générosité est un choc très rude. Comment aurait-on pu se douter que l'on vit alors ce que l'on nomme le péché des origines ?

Dans le trajet d'évangélisation des profondeurs, la plupart sont stupéfaits de découvrir en eux un paquet de violence qui n'a jamais été mis au jour, une haine soigneusement camouflée, un chagrin intense qui ne s'est jamais exprimé, une terreur enfouie dans les mémoires du corps. Ils sont encore plus stupéfaits de prendre conscience qu'enfouir tous ces grands remous est un manquement à la grande loi des limites qui établit que tout humain devrait aller au bout de son humanité et que tout croyant devrait apprendre à le faire dans la présence vivante du Christ.

LE CHEMIN DE REMONTÉE

Après la descente dans les racines de la toute-puissance en soi et ses manifestations, vient le temps de la remontée, qui passe par la *repentance*, l'*adhésion à la loi de vie*, le *renoncement*, le *deuil* et le *choix du chemin de vie*.

LA REPENTANCE

La remontée commence par *la repentance*, celle d'être passé à côté d'une loi aussi fondamentale que celle de l'acceptation de la condition humaine : elle a été oubliée, non respectée ; on comprend soudainement comment on a pu perdre sa juste place de créature, de fils et de fille de Dieu, comment on s'est coupé de sa source.

Comprendre que l'on est établi dans une forme de toute-puissance alors que l'on s'est immobilisé dans la dépréciation de soi, ou au contraire que l'on croyait vivre une grande générosité, est un choc très rude. Comment aurait-on pu se douter que l'on vit ce que l'on nomme « le péché des origines » ?

La repentance est le pôle spirituel de la prise de conscience. C'est un retournement, un mouvement du cœur profond qui se vit dans une relation personnelle au Dieu vivant.

Elle va s'exprimer ici par le regret très profond de s'être construit selon sa propre loi et sagesse et non selon l'ordonnancement de Dieu, d'avoir mangé de tous les arbres du jardin en tenant pour inexistant le grand interdit structurant qui protège les humains de l'errance, de s'être pris pour un petit dieu ou de se passer de Dieu en négligeant la recherche d'une véritable collaboration avec l'Esprit du Dieu vivant…

On se repent de la racine de la toute-puissance qui s'est plantée en soi et de la façon dont elle se manifeste dans sa vie. Beaucoup en restent au simple constat de la transgression à la loi de vie. La dimension spirituelle est alors occultée.

La repentance précède, prépare, la conversion qui, elle, est un changement de direction, une nouvelle orientation, une volte-face. C'est souvent un temps douloureux mais cependant paisible, car on sait qu'il prépare la joie de la conversion annoncée tout au long du message du Christ ; c'est également un temps lumineux car on découvre sa réalité. La repentance est un don de Dieu, une grâce qui n'est pas toujours reconnue, saisie, un passage béni.

La plupart du temps, la transgresion a été involontaire. Elle a cependant entraîné une erreur d'orientation qui a eu des conséquences importantes dans sa propre vie et son entourage.

Ceux et celles qui font partie d'une communauté de croyants où se vit le sacrement de réconciliation – tradition catholique et orthodoxe – ou la confession du péché – dans certaines Églises protestantes – seront puissamment purifiés et fortifiés en présentant au pardon du Seigneur leurs années de vie dans la toute-puissance.

L'ADHÉSION À LA LOI DE VIE

Sortir du flou, du flottement, mettre en mots, sont un pas important. Il devient maintenant possible de poser un acte intérieur précis : l'adhésion à la loi d'acceptation de la condition humaine. C'est un véritable engagement : on reconnaît, on se proclame à soi-même que cette loi est une loi de Dieu, qu'elle est vraie et bonne ; on décide d'en approfondir le sens et de la mettre en œuvre dans sa vie.

L'ACTE DE RENONCEMENT. LE TRAVAIL DE DEUIL PASSAGES DE VIES.

On trouve ici les notions de renoncement et de deuil si essentiels dans le trajet d'évangélisation des profondeurs. Ce sont des passages qui conditionnent la vie.

Le renoncement jalonne l'existence de tout humain. On ne peut véritablement entrer dans la vie que si les renoncements nécessaires ont été vécus. Si l'enfant est bien accompagné, les renoncements vont se vivre au fur et à mesure de son existence. Mais il arrive que le mouvement de vie soit contrecarré : c'est à ce moment que l'on peut s'installer dans la transgression à la loi de vie, prendre une fausse route, un chemin de mort. Or, on ne peut retrouver la vie que si l'on quitte le chemin de mort qui a été pris. Le renoncement à la transgression est alors posé dans le cœur profond par un acte vigoureux, déterminé, précis. C'est en général au moment de la prise de conscience de la transgression qu'il peut être vécu.

Il faut savoir que le renoncement est toujours suivi d'un travail de deuil ; il ouvre un trajet qui peut être long. Le piège serait de croire qu'à partir du moment où l'acte de renoncement est posé, tout est fait. Or, c'est à ce moment que commence le travail en profondeur. C'est le même processus que lorsque l'on s'engage par une promesse solennelle ou par vœu dans une orientation de vie, ou lorsque l'on pose un acte de pardon : la détermination est claire, précise, mais elle va se vivre dans la durée, au travers des limites, régressions, refus, tâtonnements de chacun, de chacune. Il arrive que le renoncement ne puisse se vivre qu'à la fin du travail de deuil.

Le deuil est le processus qui permet à une personne de s'adapter à la perte, quelle qu'en soit la nature : mort d'un proche, perte d'un travail, de sa réputation, d'une amitié, de la santé, ou au manque.

Le travail de deuil comporte des étapes : la sidération, le déni, le refus, la colère, la révolte, le chagrin, le marchandage, la dépression.

Le premier fruit du travail de deuil est l'acceptation définitive et profonde de son histoire, de soi-même, de l'autre, de l'événement. Mais le travail de deuil n'est pas complet s'il s'arrête à la seule acceptation de la réalité ; il doit se poursuivre par un travail de résurrection, d'accueil de la vie renouvelée, de la vie du ressuscité, de la découverte de l'inattendu qui vient de Dieu, d'une « trouvaille » selon l'expression de Xavier Thévenot.

Ce sera alors la redécouverte de sa condition de fils ou de fille de Dieu en même temps que sa juste place dans la génération qu'elle soit ou non réussie, la joie de collaborer avec l'Esprit et, tout naturellement, on va pouvoir poser des pas sur le chemin de la vie pour ajuster ses comportements à la direction nouvelle.

Là encore, la grâce précède l'effort de l'être humain : ce n'est pas le deuil qui mène à la Pâque, au passage de la mort à la vie, c'est l'invitation à la Pâque qui nous amène à faire un travail de deuil pour retrouver la vie.

À quoi renoncer lorsqu'on a découvert une racine de toute-puissance ?

Il va s'agir de renoncer à la racine même de la toute-puissance ainsi qu'à sa forme spécifique, qu'il est indispensable de préciser.

Le renoncement va être différent selon la forme qu'a prise la toute-puissance. Pour certains, le renoncement va se faire tout seul – ce qui n'exclut pas une extrême vigilance par la suite et un processus de deuil car les habitudes sont tenaces et la toute-puissance peut se manifester à nouveau sous d'autres formes. Apprendre qu'il n'est plus impératif de s'épuiser à atteindre une perfection sans faille, se donner le droit de vivre une dépression après un choc, entrer dans le travail de deuil sans se culpabiliser, accepter l'éventualité d'une erreur, déposer le fardeau de se croire un petit dieu, chacun de ces renoncements peut être un soulagement considérable.

Pour ceux qui se sont véritablement construits sur un fondement de maîtrise, de contrôle excessif, cela va être beaucoup plus difficile. Ils se croyaient justes et généreux et sont abasourdis de découvrir qu'ils ont pris la place d'un Autre. Ils croyaient avoir construit leur maison sur le roc alors que le terrain était miné.

La peur de l'inconnu, du rien peut alors surgir : « Si je dépose la toute-puissance, devant quoi vais-je me trouver ? dit Pierre. Je passais ma vie à abreuver les autres de conseils, j'ai choisi d'entreprendre un "jeûne de conseils" pendant un mois. Que vais-je vivre ? »

Il est normal alors de ne plus savoir comment se situer. Il n'est pas rare que, dans ce cas, le renoncement à la toute-puissance soit suivi d'une période d'état dépressif, et c'est bon, cela prouve que la prise de conscience est faite, que l'on s'est mis en route dans le travail de deuil. C'est le moment de se souvenir que, si l'on meurt à ce qui doit mourir, c'est pour naître à autre chose, pour vivre quelque chose de meilleur que ce que l'on quitte. Tout croyant devrait apprendre à la faire dans la présence vivante du Christ.

Où situer le renoncement, le travail de deuil, face à ses émotions ?

On ne renonce pas de façon volontariste à ses émotions, à la souffrance, la violence, la peur, la honte... Ce serait totalement inefficace et faux, contraire au mouvement de vie qui est de traverser l'émotion jusqu'au bout, jusqu'à son centre, sa cause, pour la transformer. Lorsque les émotions ont été enfouies ou mises au jour et non apaisées, elles focalisent autour d'elles toutes les forces d'une personne : l'énergie est alors entièrement accaparée, mobilisée, stérile ; le trajet consiste à réorienter ses forces vives vers la vie.

C'est là une étape essentielle du trajet d'évangélisation des profondeurs ; elle concerne chaque personne, prend du temps. Certains ont besoin d'aller beaucoup plus lentement que d'autres. Ce serait une erreur grave de passer trop vite sur cette rencontre avec ses émotions. L'expérience montre que beaucoup ne parviennent à mettre en mots leurs émotions qu'à partir du moment où ils ont véritablement compris le sens des lois de vie ; ils comprennent alors pourquoi et comment d'intenses émotions ont pu se planter en eux à la suite de transgressions aux lois de vie dont ils ont été victimes ou dans lesquelles ils sont eux-mêmes entrés à la suite de leurs blessures.

Le premier pas est d'apprendre à libérer la plainte : ce temps va se vivre au cours d'un accompagnement attentif et dans le cœur du Christ, dans l'accueil de Sa Présence vivante, très personnelle au centre même de chacune de ses émotions. Il s'agit d'abord de reconnaître la blessure et ensuite les conséquences qu'elle a eues sur sa vie, de mettre au jour quelles émotions auraient légitimement dû être vécues et ont été anesthésiées ou, au contraire, ont submergé toute la personne.

Le renoncement et le processus de deuil sont présents dans ce trajet sous des formes diverses. Ceux et celles qui ont enfoui leurs émotions vont renoncer à ce verrouillage. Ils vont les apprivoiser doucement, vivre une approche progressive de leur histoire et de leurs réactions dans la consolation du Père, dans la douceur de la lumière de l'Esprit, dans la grâce du Christ qui les fortifie. Beaucoup ont alors besoin d'une étape de consolation. Ils vont avoir aussi à vivre le processus de deuil en toutes ses étapes pour accepter profondément la perte ou le manque d'amour.

Ceux ou celles qui ont mis au jour leurs émotions mais ne parviennent pas à les apaiser sont souvent totalement découragés de ne pouvoir sortir de cet état. Il s'agit alors de s'ancrer dans l'assurance que le Christ va véritablement les libérer de cette oppression. L'Esprit est là non pour les condamner mais pour les aider comme on aide un ami dans la peine. Ils peuvent compter sur Lui. Il importe alors de lui donner toute liberté d'éclairer ce qui les empêche de retrouver la vie, d'avoir le cœur disponible, de se désagripper de leurs certitudes pour Lui laisser une chance de s'exprimer.

Ils ont probablement manqué un passage. Lequel ? Il est possible qu'un extrême besoin de consolation cherche en vain à se dire, à se vivre. Leur plainte a-t-elle été exprimée, entendue ? Par qui ? Le processus de deuil a-t-il été véritablement vécu jusqu'au bout ? Quel obstacle a pu en arrêter le cours, le faire avorter ? Comment a-t-il été vécu, avec quelles références ? Dans le désert et la solitude intérieure, comme un orphelin ou dans la Présence vivante du Compatissant ?

Mais peut-être aussi que la poursuite d'un but très précis empêche l'acceptation de l'histoire, de la réalité : besoin de réparation, de justice, volonté de régler ses comptes, d'être entendu, compris par celui ou celle qui a fait du mal, de le faire payer… On s'aperçoit fréquemment qu'en fait l'attachement farouche à ce but est la cause du blocage. Le simple fait de le nommer va être une aide puissante pour accepter de mettre en route le processus du deuil et parvenir au renoncement, quitter, abandonner cet objectif précis qui barre le retour à la vie.

Le Christ est venu délivrer ceux et celles qui se sont eux-mêmes emprisonnés, qui ne parviennent pas à sortir d'un chemin de mort. Sa grâce est là au cœur de ce passage. Son invite est pressante : *Avance en eau profonde* (Lc 5, 4).

La fin de la plainte demande un discernement très sûr. Il ne s'agit pas d'arrêter le mouvement trop tôt ; on ne peut non plus rester indéfiniment dans la plainte. En fait, la personne concernée perçoit très bien où elle en est, si toutefois elle n'a pas sous-estimé l'importance de cette étape, si elle a appris à aller au bout de ses émotions dans la Présence vivifiante du Christ en laissant féconder sa terre par l'Esprit.

Les étapes du chemin de descente et de remontée vont se retrouver dans l'exploration et la mise en œuvre de chacune des lois de vie. Elles seront détaillées de façon plus précise dans le tome III de l'*Évangélisation des profondeurs*[1].

Les réticences face à la notion de renoncement, de limites à accepter.

Il semble qu'actuellement il y ait beaucoup de réticences à approfondir la question des limites ontologiques, constitutives de tout ce qui est créé, à dégager le sens vital des renoncements qui s'imposent à tout humain, s'il veut entrer dans la fécondité de la vie, renouveler la relation. Le courant actuel semble orienté uniquement sur le développement des potentialités. Par là même, on oublie le sens de l'interdit fondateur et on risque de se déstructurer.

Par ailleurs on ne peut se réduire sous prétexte que l'on a des limites : il va être indispensable de trouver l'équilibre entre ces deux pôles.

1. Voir également, p. 255 : Repères simples sur le chemin de l'évangélisation des profondeurs.

Développer ses potentialités est un magnifique chemin qui nous est rappelé par la parabole des talents [1] : le serviteur qui enterre ses talents est sévèrement condamné. La parabole explique bien qu'il est nécessaire de déployer ses talents dans la connaissance et le respect de l'interdit fondateur sous peine de se détruire. Si on méconnaît le sens vital de la Parole de Dieu, il est très facile de se retrouver sur un chemin de mort, alors que l'on pensait être reparti vers la vie.

LE CHOIX DU CHEMIN DE VIE

L'acceptation profonde et active de la réalité : elle permet d'accueillir un avenir qui vient de Dieu.

On est véritablement guéri de la toute-puissance à partir du moment où l'on accepte la réalité dans son « entièreté », dans l'ombre et dans la lumière, sa propre réalité, la réalité de son histoire, la réalité de l'autre, d'une situation mais pour être complet, le mouvement de l'acceptation de la réalité doit se poursuivre par l'adhésion à la vie du ressuscité, l'accueil de l'inattendu, du nouveau, du don surabondant de Dieu, le travail de résurrection.

Acceptation active et non-résignation.

Il s'agit de bien comprendre le sens de cette acceptation : elle n'est pas résignation. La résignation est le contraire de la révolte, mais elle n'est pas un mouvement de vie : elle mène à une forme de mort, à la tristesse, à l'impuissance.

Pour être moteur de vie, l'acceptation doit être active et non passive : il s'agit de dire « oui » d'une façon claire et définitive à ce qui est arrivé, à ce que la vie a apporté : c'est un acte intérieur vital. Ce n'est pas : c'est la vie, c'est ainsi,

1. Mt 25, 14-30.

qu'y puis-je ? mais : j'adhère à ce qui est, et à partir de là que puis-je en faire ? L'enjeu est de faire de l'événement, de l'histoire, de ce qui m'est arrivé ou m'arrive aujourd'hui, un tremplin vers la vie et non un tombeau, un lieu de fixation. L'acceptation de la réalité ne nous conduit pas à la croyance illusoire qu'on est arrivé, ou au laxisme. Elle est la condition essentielle de la remise en route de la vie.

C'est un temps d'éveil, la sortie de l'aveuglement, probablement la condition essentielle, première, inévitable d'une véritable conversion. Dire oui, dire non, ne dire ni oui ni non à la réalité, ces trois comportements vont avoir des conséquences radicalement différentes. On ne peut devenir qu'à partir de ce que l'on accepte d'être. Si on refuse ce que l'on est, on s'immobilise dans l'état où l'on se juge, ou l'on s'illusionne ; on s'empêche de devenir.

Le fruit du passage.

L'acceptation de la réalité est le premier fruit d'un véritable et parfois très long travail de deuil [1] car c'est le moment où l'on accepte de perdre, de se « désagripper », de sortir de l'illusion, du rêve. On arrête de se battre, de se hisser vers le haut ou de s'engloutir dans la dépréciation de soi ou la revendication ; on laisse aller l'autre dans le respect de son chemin.

On remonte, on se met en marche vers la vie, la tâche est grande mais elle ne pèse plus, car elle n'est plus portée dans la solitude et on a retrouvé « l'orient », la direction, les repères essentiels.

C'est à ce moment que l'on va pouvoir accueillir le don de Dieu, entrer dans le travail de résurrection, adhérer à la nouveauté de vie offerte.

1. Le travail de deuil sera présenté et développé dans le tome III de *L'Évangélisation des profondeurs*.

Toute-puissance et impuissance. Ombre et lumière.

En découvrant et en acceptant les limites de la condition humaine, on guérit de la toute-puissance. Si on se met véritablement en route, on va également guérir du sentiment d'impuissance.

On découvre que l'on ne mourra pas de la négativité, que dans la lumière et la force de l'Esprit on pourra la traverser en artisans de vie, en serviteurs de la vie. On ne vit plus sous la menace. On expérimente que la vérité rend libre, on apprend à affronter le mal avec le Christ qui l'a traversé dans toute son épaisseur et qui en a été vainqueur, on est peu à peu libéré de ses peurs, on devient acteur de sa vie. Quiconque habite avec liberté ce qu'il est obligé de subir va découvrir et laisser émerger toutes ses potentialités qui demeuraient cachées et stériles, mettre au jour ses ressources profondes. Il peut alors se mettre en marche pour faire quelque chose de ce qui est arrivé, faire produire de la vie à son histoire, à toute situation.

Accepter la réalité est une guérison très profonde, c'est elle qui permet l'accueil de la vie nouvelle : la paix s'installe, les forces vives se centrent sur le présent et sont mobilisées pour devenir fécondes. La joie arrive : celle que personne ne pourra nous ravir (Jn 16, 22) parce qu'elle a pour fondement la vérité qui permet de découvrir sa véritable tâche, sa vraie place.

L'acceptation de soi-même.

L'acceptation de soi-même dans sa réalité, dans ses ombres et sa lumière, sa vérité, est la source d'une paix très profonde, d'une détente de l'organisme en son entier : on est pacifié, c'est bien là que l'on devait atterrir. Elle marque le renoncement à la toute-puissance, l'entrée dans une maturité psychologique et spirituelle. On va enfin pouvoir accueillir la grâce, le don de Dieu, être renouvelé à partir de sa réalité.

Le retour à la source. La prise de conscience de son identité de fils, de fille de Dieu. – Pour pouvoir s'accepter dans sa vérité, il est essentiel d'accueillir la révélation de la paternité de Dieu et donc de sa véritable identité de fils, de fille de Dieu, de se découvrir aimé de Dieu tel que l'on est, dans ses limites, ses fragilités, sa nudité, au travers les séquelles de son histoire.

Le chemin de vie va consister à *suivre l'Agneau qui mène aux sources d'eaux vives* (Ap 7, 17), à s'abreuver à cette source au lieu de chercher à être soi-même la source.

Ce retour à la source va se vivre en contemplant la relation spécifique, très personnelle de Jésus et de celui qu'il n'invoque que sous le nom de Père, sa façon de se situer comme fils, lui qui est éminemment adulte et libre. Comprendre le cœur de ce message va être le pain de vie dans la direction nouvelle. C'est en Christ et par Lui qu'il va être possible de remplir sa condition de fils et de fille de Dieu, d'approcher cette réalité de la paternité de Dieu en la dégageant de toutes les projections que l'on peut y apporter à partir de ses blessures.

Il n'est alors plus besoin de ne présenter à Dieu que le meilleur de soi, en verrouillant le reste. Il devient possible de dépasser ses propres condamnations, de renoncer à l'illusion que l'on entretenait pour se tenir sous un autre regard.

Croire de tout son être que Dieu est Père ne va pas de soi. On retrouve là toutes les dérives, les dérapages de la relation à la mère, au père, les fausses routes qui en découlent, ainsi que les fausses notions de Dieu plantées en nous à partir de cette première relation.

Beaucoup ont besoin d'une véritable guérison dans leur relation à Dieu Père. Mais nous n'avons pas d'autres mots que celui de « Père » pour exprimer la relation de Dieu à chacun de ses enfants.

Dans un très beau livre, le pasteur Daniel Bourguet[1] nous achemine vers cette approche de la notion de Père. Il écrit par

1. *Approches du Notre Père*, Réveil Publications, 2000, p. 11-35.

exemple qu'« au monastère des Dombes, à certaines heures, celui qui conduit la liturgie dit simplement "Notre Père" puis s'arrête là, entraînant toute la communauté dans un profond silence. C'est très beau, car cela montre que nous sommes bien incapables d'aller au-delà de ces deux mots qui nous plongent en Dieu… À ce moment de la prière, Dieu lui-même est silencieux et nous reçoit dans son silence… ».

Nous pourrions nous aussi nous arrêter à ce mot, Père, et en accueillir paisiblement la révélation.

Daniel Bourguet développe le passage qui se trouve en Luc 11, 1-4. Un jour, Jésus priait, ses disciples le regardaient ; *quand il eut cessé, un de ses disciples lui dit : « Seigneur, apprends-nous à prier, comme Jean l'a appris à ses disciples. » Il leur dit : « Lorsque vous priez, dites : Père, que ton Nom soit sanctifié ; que ton Règne vienne ; donne-nous chaque jour notre pain quotidien ; et remets-nous nos péchés, car nous-mêmes remettons à quiconque nous doit ; et ne nous soumets pas à la tentation. »*

Ce disciple était juif pratiquant, il était donc fidèle à ses prières. Mais en regardant le visage de Jésus en prière, il a pressenti qu'Il vivait quelque chose que lui ne vivait pas, qu'Il était en relation avec une présence que lui-même n'avait pas découverte.

« Seigneur, apprends-nous ce que tu vis là. Ce qu'est ta relation à Dieu, ce que tu vis avec lui à l'intérieur de toi ; apprends-nous ce que c'est, comment y parvenir. » Jésus répond : « Vous direz : Père… »

Daniel Bourguet fait remarquer que les Hébreux avaient différentes façons de s'adresser à Dieu. Ils l'appelaient Seigneur, Dieu d'Abraham, d'Isaac, de Jacob, Dieu Très-Haut. Ils connaissaient bien Dieu comme Père, disant avec Isaïe : *et cependant, YHVH, tu es notre Père* (Is 64, 7), mais ils l'invoquaient rarement ainsi. Cependant, c'est ce nom de Père que Jésus retient pour évoquer sa relation à Dieu, et nous parler de lui. Jésus dit même *Abba*, qui est le diminutif affectueux du mot « Père », ce qui induit une relation incroyablement intime, pleine d'amour confiant. Et il nous fait don de ce nom comme le premier mot de la première prière ; il nous recommande de réserver ce nom de Père à Dieu seul (Mt 23, 9) pour nous signifier que « la seule vraie paternité est celle de Dieu et c'est elle qui donne sens à toute autre paternité [1] ». Il ouvre nos yeux à l'existence possible de cette relation très spécifique. Il prépare nos cœurs à ce bonheur, cette potentialité, ce déploiement.

Qui m'a vu a vu le Père (Jn 14, 9). Si tu me vois, si tu me regardes avec les yeux du cœur, tu comprendras la relation que tu peux avoir avec le Père ; si tu entends ce que je dis, tu sauras ce qu'est l'amour du Père pour chacun de ses enfants, et d'abord les plus blessés, les plus perdus.

Si quelqu'un m'aime, il gardera ma parole et mon Père l'aimera, et nous viendrons à lui, et nous ferons chez lui notre demeure (Jn 14, 23). Si nous voulons découvrir Dieu Père, nous pouvons commencer par contempler silencieusement la relation de Jésus avec celui qu'il appelle *Abba*. Il est sûr que nous ne pouvons découvrir par nous-mêmes que Dieu est Père. L'Esprit nous conduit au Christ, le Christ nous conduit au Père. Certains reçoivent tout d'un coup cette révélation, ils sont envahis de présence, de certitude. Mais pour la plupart c'est un véritable enfantement, une naissance. Un enfant met neuf mois à se construire dans le ventre de sa mère, il ne faut donc pas s'étonner du temps nécessaire pour intégrer cette réalité de Dieu Père. Mais il nous appartient de nous y préparer, d'en demander la grâce, de ne pas fermer la porte en pensant que c'est pour les autres et pas pour nous, ou en nous attendant à une illumination extraordinaire. Il convient d'accueillir ce qui est donné au jour le jour.

Il n'est pas de plus grande grâce, de plus beau don fait à un être humain que celui de la découverte vitale que Dieu est Père : ce moment où l'on sort d'une croyance intellectuelle pour entrer dans la certitude de sa propre identité de fils et filles de Dieu ; on sait que c'est vrai, on le vit dans sa chair.

1. D. BOURGUET, p. 31.

Nous pouvons faire confiance et nous mettre en route pour recevoir cette révélation.

La découverte de son centre, du cœur profond.

Pour pouvoir s'accepter dans ses ombres, sa négativité, il est nécessaire d'avoir découvert son centre intérieur, le noyau de son être, d'être relié au cœur du cœur, au cœur profond, d'y demeurer et de vivre à partir de là. On est alors rassuré, les murs de la forteresse deviennent peu à peu inutiles, ils vont finir par tomber, la cuirasse va pouvoir être déposée, on est établi dans sa sécurité la plus essentielle car on sait de certitude que le cœur prend sa source en Dieu.

L'acceptation de soi dans ses zones de lumière.

Mettre au jour et accepter ses ressources profondes, sa qualité essentielle, ses talents, sont souvent plus difficiles que d'accepter ses zones d'ombre. Beaucoup entretiennent une fausse humilité, demeurent très frileux face à leurs potentialités et n'osent pas aller au bout de ce qu'ils sont, de ce qu'ils pourraient être. La dépréciation de soi, le manque de confiance dans ses capacités, l'inertie qui en résulte sont un poison qui bloque l'élan créatif de vie. Prendre conscience de ses potentialités, de sa qualité essentielle, de ses dons, prendre le temps de découvrir sa mesure spécifique, la déployer, ne se situer ni en deçà, ni au-delà, aller au bout de ce que l'on est capable de vivre, tout cela fait partie intégrante du choix de vie.

L'acceptation active de la réalité de son histoire.

C'est un passage essentiel qui est en fait l'aboutissement du travail sur les émotions ; il est signe d'une véritable guérison. Ce parcours sera approfondi dans le tome III de *L'Évangélisation des profondeurs*.

L'acceptation de la réalité de l'autre.

Accepter la réalité de l'autre n'est évidemment pas simple, c'est un rude combat qui est aussi le fruit d'un travail de deuil, car accepter la réalité de l'autre c'est reconnaître son altérité, respecter la différence d'autrui et la sienne propre, découvrir la bonne et juste distance, condition d'un amour vrai. Pour être complet, ce travail de deuil va se poursuivre par le renouvellement de la relation que l'on pourrait nommer la Pentecôte de la relation. L'amour est réellement à la base de toute relation. Mais quel amour [1] ?

L'acceptation de la réalité de l'événement.

Comment accepter la réalité du mal et de la souffrance ? Comment accepter l'inacceptable ? Comment survivre au chagrin, remettre la vie en route après un effondrement ?

Il s'agit de tous ces événements qui jalonnent l'existence de tant d'êtres humains. On est alors confronté à toutes les fausses notions de Dieu qui sont d'autant plus profondément ancrées qu'on ignore qu'on les entretient, aux fausses interprétations de la volonté de Dieu qui pèsent lourdement sur beaucoup.

Choisir de vivre l'événement comme un enfant de Dieu.

C'est ce qu'a vécu Jésus. Il sait qu'il a une mission à remplir. Il a été condamné à mort parce qu'il a décidé de ne pas céder [2]. Il ne recherche pas la mort mais il ne fait rien pour fuir. Il aurait pu édulcorer la densité de ce qu'il avait à annoncer ou se mettre à l'écart pendant un temps jusqu'à ce que les choses se calment, mais il a affronté l'opposition à Jérusalem même,

1. Voir la section « Le renouvellement. La Pentecôte de la relation », p. 156-153.

2. Sur le sens de la croix, voir Bernard SESBOÜÉ, *Croire*, Paris, Droguet-Ardant, 1999, p. 271-297. – François VARILLON, *Joie de croire, joie de vivre*, Paris, Éd. du Centurion, 1990, p. 68-79. – Xavier THÉVENOT, *Souffrance, bonheur, éthique*, Mulhouse, Salvator, 1992, p. 25-59. – ID., *Compter sur Dieu*, Paris, Éd. du Cerf, 1992, p. 137 et 140.

le lieu de tous les dangers. La violence qui se déchaîne impose un brutal coup d'arrêt. Jésus subit le mal, en est victime, mais il habite dans la liberté ce qu'il subit. Il choisit à l'intérieur de l'enfermement qui est le sien à ce moment, de déployer le cœur même de sa mission. Ce ne sont plus les signes éclatants, ruisselants de l'amour du Père qui se vivaient en terre de Galilée, ni les précieux enseignements donnés au cours de sa marche dans les villes et les villages, c'est l'essence même de sa mission, de ce qu'il vit, qu'il choisit de continuer à transmettre. Le Jeudi saint, il prend les devants et, face à l'échéance inéluctable, il fait don de sa vie (Mt 26, 26-29). À travers l'angoisse de la nuit de Gethsémani, de son besoin d'aide, de ses questionnements, il vit jusqu'au bout ce qu'un homme peut ressentir à l'approche d'une mort violente, mais il garde le cœur ouvert, pardonne à ses bourreaux et reste avant tout relié au Père dans le désert intérieur qu'il traverse.

Jésus le Christ nous apprend à vivre, en fils et filles de Dieu, des événements dramatiques, des situations fermées, à demeurer, par sa grâce, artisan de vie dans ce qui est lieu de mort, à permettre à la graine de résurrection de s'y planter.

La vie dans l'Esprit.

Le renoncement à la toute-puissance va faire émerger le désir d'une véritable vie dans l'Esprit. Elle est proposée à tous et va permettre d'éviter une forme de foi parfois desséchée et uniquement intellectuelle. Celui qui vit dans l'Esprit a en lui une vie, une chaleur, quelque chose de la vie de Dieu qui transparaît dans le moindre de ses actes. Il rend Dieu présent partout où il passe ; il témoigne d'un nouveau mode d'être sans même ouvrir la bouche.

Ceux et celles qui souhaitent vivre dans l'Esprit Saint peuvent, avec audace, et sans aucune crainte ni doute, lui demander de leur apprendre comment collaborer de façon juste avec lui. Le premier pas est ensuite de lui permettre d'œuvrer dans l'intégralité de leur être, et particulièrement dans les parts d'eux-mêmes qui ont besoin d'être éclairées, fortifiées. Être prêt à apprendre à se laisser inspirer, guider, insuffler de son souffle, écouter avec l'oreille du disciple, c'est cela, libérer l'Esprit.

La vie dans l'Esprit est un véritable apprentissage qui demande du discernement : il ne s'agit pas de confondre ses désirs non purifiés avec des mouvements de l'Esprit, ce qui signifierait un mélange des plans psychologique et spirituel. Discerner les mouvements de l'Esprit s'apprend au cours de ce que l'on nomme la « formation au discernement ».

Beaucoup ne savent pas comment situer l'intelligence, la volonté dans la vie dans l'Esprit : les facultés de l'être humain doivent remplir pleinement leur fonction mais en étant éclairées du dedans par la sagesse de l'Esprit qui se vit dans le cœur profond. Il peut y avoir une idolâtrie de l'intelligence, mais aussi une frilosité, une forme de paresse.

Certains éteignent l'intelligence sous prétexte de vivre dans l'Esprit : ils oublient d'avoir du bon sens, foncent imprudemment, ne se donnent pas le droit de faire l'analyse objective d'une situation, obéissent aveuglément à ce qu'ils croient être une directive de l'Esprit qui serait tout à fait indépendante d'eux-mêmes. Beaucoup n'osent ni se questionner sur leur foi, ni aller au bout de leurs interrogations de peur de faire montre d'incrédulité : la vie de foi risque alors de s'étioler faute de nourriture saine et solide, et c'est également ainsi que persistent beaucoup de fausses notions de Dieu. Nul ne peut se résigner à laisser en suspens ses questionnements sous peine d'entrer dans un possible conflit intérieur, mais c'est en Dieu, dans la lumière de l'Esprit, que le cheminement va se faire.

La connaissance est parfois donnée directement dans le cœur profond, elle est alors comme enracinée dans l'être : le Verbe s'est fait chair, la Parole est entrée dans la chair. Le plus souvent elle est d'abord reçue dans l'intelligence : elle doit alors descendre dans le cœur pour devenir vivante.

La vie dans l'Esprit ne saurait bien sûr supprimer l'étude, la réflexion, l'approfondissement de sa foi. Il appartient à tout chrétien de connaître, aimer, approfondir ce que l'on appelle la tradition, en retrouver la sève. De nombreux livres théologiques sont maintenant simples et abordables. Dans la quête de l'unité de l'être, l'approfondissement théologique n'est pas qu'intellectuel, il ne saurait être coupé, séparé de la vie dans l'Esprit qui nous mène à la vérité tout entière.

De même, en ce qui concerne la volonté, être docile aux indications de l'Esprit ne veut pas dire que l'Esprit va nous éviter de désirer, de choisir, de mettre la volonté en mouvement. Certains n'osent pas faire un pas de peur de désobéir à l'Esprit, ils attendent en quelque sorte que les choses leur soient apportées sur un plateau. L'être humain doit se mettre en mouvement, avoir des initiatives, prendre des décisions, mais en apprenant à consulter l'Esprit, en lui donnant une chance de s'exprimer, en ne demandant pas simplement la confirmation d'une décision prise, mais en laissant une plage, un espace, un des plateaux de la balance vide, de façon à demeurer ouvert à une remise en question, à une éventualité nouvelle.

La place de l'être humain. Sa tâche.

Quiconque a exploré le sens de la loi d'acceptation de la condition humaine sait que ces deux pôles, la chair et l'esprit, font partie de sa réalité. Dans la mesure où il prend conscience que les limites sont constitutives de sa structure, il se pacifie, cesse de s'en culpabiliser. En même temps, il intègre cette magnifique réalité spirituelle : il est le temple du Dieu vivant, habité par l'Esprit (1 Co 3, 16). S'il a vraiment compris ce que cela signifie, il sort alors du simple savoir pour entrer dans une autre dimension : la présence de Dieu en lui. Il découvre que l'Esprit ne peut entrer dans l'expérience humaine, toucher terre que s'il a un socle, une terre où se poser. Ce socle, c'est l'être humain planté dans la terre, l'être de chair, entouré de limites et en même temps habité par l'infini. Alors sa vision s'élargit : vivre pleinement son humanité, en sachant qu'il est le temple du Dieu vivant et cela à travers des limites que la vie impose, n'est pas un malheur mais une tâche sacrée. Au lieu de subir, il s'y engage.

Le Christ a vécu les limites de la condition humaine mais avec une autre référence que nous : sa façon d'être relié au Père.

Trouver sa véritable place, et d'abord sa place intérieure de créature, de fils et fille de Dieu, est une joie, un acte porteur de vie, une merveilleuse source de paix. Et quiconque se situe à sa juste place intérieure est amené à découvrir sa tâche spécifique, à déployer sa mesure.

Découvrir et déployer sa mesure spécifique, aller au bout des limites, de ses propres limites, pas en deçà ni au-delà, sans laxisme ni paresse, ni frilosité, mais sans gonflement de soi non plus, sans déni de sa réalité humaine, est un chemin débordant de créativité, de bonheur.

Adam et Ève convoitent la toute-puissance de Dieu mais ils entretiennent une fausse notion de sa « surpuissance ».

« Dieu refuse de tout remplir[1]. » « Il a réalisé la part qui lui revient en propre : créer, et quelque chose reste à faire, et cela c'est l'humain qui s'en chargera[2] », dans une étroite et juste collaboration avec l'Esprit qui lui permettra de grandir dans la ressemblance à son Créateur, de construire à son tour une relation qui fera vivre.

Accueillir en soi la vie même du Christ, apprendre comment laisser le souffle de l'Esprit vivifier son humanité en demeurant dans sa condition de créature, produira un fruit plein de sève. L'être humain va aimer sa condition. Il devient paisible, heureux, parce qu'il a retrouvé le sens le plus essentiel de sa vie, sa tâche fondamentale. On retrouve ici le chemin de la Pâque, l'invite à renoncer au chemin de mort pour découvrir le nouveau, quitter le rêve et l'illusion pour affronter courageusement et librement le réel, le présent, la juste condition de créature, la tâche qui l'attend.

1. André WÉNIN, p. 34.
2. *Ibid.*, p. 27.

LES RÉPONSES DU CHRIST FACE AUX LIMITES HUMAINES
LES TENTATIONS DE JÉSUS AU DÉSERT

« Pas seulement de pain [1]. »

Après trente ans de préparation silencieuse à Nazareth, avant de commencer sa mission publique, Jésus se retire dans le désert en jeûnant pendant quarante jours. À la fin de ce jeûne, il a faim, il est sans aucun doute épuisé. Survient alors la tentation.

Jésus va être confronté à la même épreuve que celle qu'ont vécu les premiers humains : la limite de la condition humaine, la loi de réalité. Adam et Ève n'ont pas su affronter cette loi essentielle : ils ont perdu le sens de la Parole de Dieu, les directions fondamentales qui leur ont été données ; ils ne savent plus comment se situer.

Jésus demeure parfaitement positionné et déjoue la ruse du Satan (le serpent, le Trompeur) qui use à son égard du même subterfuge qui a trompé Adam et Ève : il utilise la Parole de Dieu en la détournant de son sens véritable. Jésus ne fait pas de discours, ne se lance pas dans de grandes explications, il redonne sens à la Parole, la remet au centre ; sa réponse est brève, parfaitement claire.

Il n'est pas étonnant que Jésus ait à vivre lui-même ce qui a été occasion de transgression pour les premiers humains. Il va traverser les mêmes événements en les vivant autrement, avec une autre référence, nous manifestant comment par lui, tout homme, toute femme a la potentialité de remplir sa condition de fils et fille de Dieu dans la réalité de sa condition humaine.

1. Luc 4, 4, et titre du livre d'André Wénin.

L'objet de la convoitise d'Adam et Ève était la toute-puissance : ils voulaient devenir la source de leur propre loi, n'acceptaient pas d'avoir des limites, de ne pas pouvoir tout manger. C'est donc cette même tentation de toute-puissance qui va assaillir Jésus, sous trois formes.

Alors Jésus fut emmené au désert par l'Esprit, pour être tenté par le diable. Il jeûna durant quarante jours et quarante nuits, après quoi il eut faim. Et, s'approchant, le tentateur lui dit : « Si tu es Fils de Dieu, dis que ces pierres deviennent des pains. » Mais il répondit : « Il est écrit : "Ce n'est pas de pain seul que vivra l'homme, mais de toute parole qui sort de la bouche de Dieu." »

Alors le diable le prend avec lui dans la Ville Sainte, et il le plaça sur le pinacle du Temple et lui dit : « Si tu es Fils de Dieu, jette-toi en bas ; car il est écrit : "Il donnera pour toi des ordres à ses anges, et sur leurs mains ils te porteront, de peur que tu ne heurtes du pied quelque pierre." »

Jésus lui dit : « Il est encore écrit : "Tu ne tenteras pas le Seigneur, ton Dieu." »

De nouveau le diable le prend avec lui sur une très haute montagne, lui montre tous les royaumes du monde avec leur gloire et lui dit : « Tout cela, je te le donnerai, si, te prosternant, tu me rends hommage. » Alors Jésus lui dit : « Retire-toi, Satan ! Car il est écrit : C'est le Seigneur ton Dieu que tu adoreras, et à Lui seul tu rendras un culte. »

Alors le diable le quitte. Et voici que des anges s'approchèrent, et ils le servaient [Mt 4, 1-11].

Si tu es Fils de Dieu, ordonne que ces pierres se changent en pains. Comble le manque, ne vis aucun manque, lui dit en substance le Trompeur. Tu as faim, mange. Jésus est à ce moment taraudé par la faim, comme les Hébreux dans le désert. Mais il va vivre ce problème de nourriture tout à fait autrement qu'eux.

L'homme ne vit pas seulement de pain, dit Jésus, *mais de toute parole qui sort de la bouche de Dieu.* Ce qui revient à dire : Pour vivre, il est nécessaire de manger, mais il ne suffit pas de manger[1], l'être humain a besoin d'une autre nourriture.

La Parole de Dieu va réellement nourrir l'être humain, sa vie, ses choix les plus authentiques, sa quête, son désir de partage, son devenir. Elle est l'antidote de la parole de mensonge sur laquelle il s'est souvent construit ; elle va restructurer ce qui a été abîmé en lui.

La première tentation touche cette grande question du manque, de la peur de manquer, de mourir du manque, quelle qu'en soit la forme (manque affectif, manque de reconnaissance, solitude, dépréciation de soi, etc.). Le manque fera toujours partie de la vie : apprendre à ne plus craindre le manque est le fruit d'une véritable alliance avec Dieu, un plongeon dans la foi, la confiance, un choix de vie. Le Christ nous assure que nous ne serons jamais plus orphelins (Jn 14, 18), qu'il sera toujours avec nous et en nous (Jos 1, 5.9), quoi qu'il arrive, pour nous fortifier dans les difficultés de la vie : dès lors, plus rien ne sera vécu de la même façon. Il est donc possible de ne pas demeurer enfermé dans les manques du passé. Cependant, très souvent, bien qu'ils soient du passé, les manques nous empêchent d'entrer dans la vie. L'Esprit nous guide dans le trajet qui va nous permettre de les affronter, d'en accepter la réalité, et d'être pacifiés, prêts à entrer dans un renouveau de la vie : les dons de Dieu ne manqueront jamais dans tous ces passages.

Est-ce que nous nous situons devant Dieu uniquement en consommateurs cherchant à être comblés ? Sommes-nous à la recherche d'une véritable rencontre, d'une possible alliance, d'autre chose que de manger, de consommer ?

Une des principales difficultés des Hébreux dans le désert se situait sur le plan de la consommation de la nourriture, du regret lancinant des plats variés et juteux qu'ils avaient du temps de l'Égypte, de l'esclavage. La tentation d'accaparement reviendra à plusieurs reprises dans leur histoire[2],

1. André WÉNIN, p. 91.
2. *Ibid.*, p. 247-268.

notamment lorsqu'ils iront chercher une profusion de biens chez d'autres dieux, les Baals : *S'ils cherchent d'autres dieux*, dit l'Éternel au prophète Osée, *c'est parce qu'ils aiment les gâteaux de raisin* (Os 3, 1). Nous sommes tous confrontés à ce problème.

Cependant il convient de ne pas oublier que Jésus n'a jamais renvoyé personne, tous ont été accueillis quelle que soit la nature de leur demande. Nous partons de là où nous en sommes et nous sommes sûrs d'être reçus, entendus dans notre besoin, notre souffrance. Mais l'essentiel est de ne pas s'arrêter en route, de ne pas s'agripper au fruit espéré : Dieu répond toujours, mais pas toujours comme nous l'attendons. Si le seul but est d'obtenir un fruit très précis, nous risquons de manquer le passage de l'Esprit. Le Père a sa façon à lui de ramener ses enfants à la maison, nous pouvons lui faire confiance.

Il s'agit de continuer à marcher une fois que l'on s'est mis en route, et s'il arrive que l'on se trouve dans un désert, de ne pas oublier qu'il peut se passer beaucoup de choses dans un désert, à condition d'avoir un cœur attentif, souple, non rigide.

Le jeûne consiste à arrêter de manger. C'est la mise à distance de la nourriture. Il ouvre donc un espace, introduit une manière de faire place à autre chose, à un Autre. Jeûner c'est, de façon symbolique, renoncer à faire violence, à tuer pour vivre soi-même, donc renoncer à priver l'autre de sa vie, de sa liberté, de sa différence en le détruisant, l'absorbant. C'est renoncer à manger l'autre et veiller à ce qu'il ait lui-même à manger [1].

Dans le trajet d'évangélisation des profondeurs, beaucoup font des jeûnes d'une nature particulière : non un jeûne de nourriture, mais une autre forme de jeûne que l'on pourrait appeler un jeûne mental : pendant une période déterminée d'un jour ou de quelques jours, ils vont, par exemple, s'interdire de se déprécier systématiquement, s'abstenir de conseils qu'ils ne cessent de prodiguer s'ils ont en eux une racine de toute-puissance, remplacer les pensées négatives par des pensées qui mènent à la vie ; ils arrêtent de « manger » ce qui les

1. André WÉNIN, p. 247-268.

détruit, le poison qui les a nourris. Ce jeûne ne se situe pas à n'importe quel moment du trajet ; il fait partie du combat spirituel qui se joue une fois que sont franchies les différentes étapes qui précèdent le choix du chemin de vie.

L'acceptation de la vulnérabilité humaine.

Si tu es Fils de Dieu, du haut du Temple jette-toi en bas car il est écrit : Il donnera pour toi des ordres à ses anges et sur leurs mains ils te porteront, de peur que tu ne heurtes du pied quelque pierre. « Il ne peut rien t'arriver, tu es dispensé de toute limite, tu n'as pas à en tenir compte. » Jésus répond : *Tu ne tenteras pas le Seigneur, ton Dieu.*

Nous sommes là au cœur de la toute-puissance, de la tentation du refus de la vulnérabilité de tout humain. Dans son entière solidarité avec les humains, Jésus accepte les limites de la réalité de la condition humaine. Il refuse ici de donner une preuve irréfutable, éclatante, de sa divinité : il se situe dans le respect absolu de la liberté d'autrui, laissant chacun, chacune, devant son choix, face à une adhésion qui part de sa quête la plus authentique, dans le risque de la foi.

La Parole de Dieu réaffirmée par Jésus nous rappelle en outre que la vie est confiée aux humains, qu'ils ont la tâche sacrée de la protéger, d'en prendre soin. S'exposer imprudemment au danger, de quelque ordre qu'il soit, en pensant qu'il ne peut rien arriver ou que Dieu nous protégera quoi qu'il arrive, est une façon de vouloir « lier » Dieu en quelque sorte, une forme de pouvoir que l'on décide de prendre sur lui, un déni de sa condition d'homme, de femme.

Sur un autre plan, les grandes émotions – qui sont des manifestations de la vulnérabilité – peuvent être anesthésiées, enfouies au fond de soi, comme si elles n'existaient pas ; elles risquent alors d'entraîner des dégâts considérables dans tout l'organisme. Il appartient à chacun, à chacune, d'assumer jusqu'au bout ses émotions, donc sa vulnérabilité, de les traverser dans la présence vivante du Christ, en s'appuyant sur ses forces vives, ses ressources profondes, vivifiées par la grâce. Alors la vie reviendra en plénitude.

La relation au pouvoir.

Je te donnerai tous les royaumes du monde avec leur gloire si tu tombes à mes pieds et si tu m'adores. Alors Jésus dit : *Retire-toi, Satan : c'est le Seigneur ton Dieu que tu adoreras. C'est à Lui seul que tu rendras un culte.*

On retrouve ici une question essentielle : comment utiliser les dons de Dieu ? Jésus refuse expressément la volonté de puissance, la violence, le pouvoir totalitaire qui asservit les hommes, les prive de leur liberté fondamentale. Il remet très clairement Dieu à sa place de Créateur : l'être humain n'est ni le centre, ni la source ; mettre un humain ou une chose à la place de Dieu est de l'idolâtrie.

Par la suite, Jésus sera très clair sur sa relation au Père :

> *Ne crois-tu pas que je suis dans le Père et que le Père est en moi ?*
> *Les paroles que je vous dis, je ne les dis pas de moi-même : mais le Père demeurant en moi fait ses œuvres.*
> *Croyez-m'en !*
> *Je suis dans le Père et le Père est en moi.*
> *Croyez du moins à cause des œuvres mêmes.*
> *En vérité, en vérité, je vous le dis,*
> *Celui qui croit en moi fera, lui aussi, les œuvres que je fais ; et il en fera même de plus grandes, parce que je vais vers le Père.*
> *Et tout ce que vous demanderez en mon nom,*
> *Je le ferai,*
> *Afin que le Père soit glorifié dans le Fils.*
> [...]
> *Vous avez entendu que je vous ai dit :*

Je m'en vais et je reviendrai vers vous.
Si vous m'aimiez, vous vous réjouiriez
De ce que je vais vers le Père,
Parce que le Père est plus grand que moi.

[Jn 14, 10-13.28.]

La veille de la mort de Jésus, les disciples en sont encore à se quereller en se demandant quel est le plus grand parmi eux (Lc 22, 24.27). Jésus les reprend inlassablement pour les éclairer une fois de plus sur la nature du véritable service, le comportement intérieur du serviteur.

À l'encontre d'Adam et Ève, Jésus refuse avec la plus grande détermination la tentation de toute-puissance. Il le paiera de sa vie en refusant d'en employer les armes au moment de sa condamnation à mort. Saint Luc nous rapporte, dans la relation de ce même épisode de la vie de Jésus, qu'« ayant ainsi épuisé toutes les formes de la tentation, le diable s'éloigna de lui, pour revenir au temps marqué » (Lc 4, 13), ce qui signifie que dans ces trois tentations se trouve la racine de toutes les tentations fondamentales des êtres humains. Ce n'est pas pour rien que ce problème de toute-puissance, de refus des limites, est abordé dès le début des deux Testaments. Son extrême importance nous est ainsi signifiée.

PRENEZ ET MANGEZ

« Prenez et mangez », dit le Serpent à la femme ; elle prend et mange, ainsi qu'Adam, pour être comme Dieu, pour tout maîtriser.

Prenez et mangez, dit Jésus lors du dernier repas avec ses disciples :

Tandis qu'ils mangeaient, Jésus prit du pain, le bénit, le rompit et le donna aux disciples en disant : « Prenez et mangez, ceci est mon corps » (Mt 26, 26).

« Prenez et mangez » ma chair et mon sang, le pain et le vin donnés, ma vie même.

Une fois encore, il s'agit de manger [1].

Le Christ a parlé à la foule de ce pain vivant qu'il était lui-même, le pain qui donne la vie qui ne meurt pas, à la différence de la manne qui n'empêche pas de mourir. Il les a prévenus : ses paroles sont réalité et en même temps, elles sont *esprit et vie car c'est l'Esprit qui vivifie, la chair ne sert de rien* (Jn 6, 63).

Adam et Ève prennent pour eux-mêmes ce qui n'est pas à eux, ce qui ne leur est pas destiné [2]. Jésus donne ce qu'il pourrait garder.

Les violents vont s'emparer de lui, le mettre à mort. Par avance, il remet, rend sa vie au Père et fait don au monde de sa propre vie, de cette chair, de ce sang qui vont être broyés. Ce don est fait sous forme du pain et du vin : « Que signifie ce passage de la chair et du sang au pain et au vin sinon l'invitation à délaisser la violence pour vivre de douceur, une douceur qui est une véritable force intérieure [3]. »

Lui qui est Maître et Seigneur (Jn 13, 12-15) rejette vigoureusement toute forme de maîtrise mal située. Il se présente aux siens comme celui qui sert (Lc 22, 27). Il apprend ainsi à ses disciples comment redécouvrir le sens de ce mot magnifique « servir », comment devenir les serviteurs du Très-Haut, de la vie.

L'Eucharistie est la nouvelle alliance. Elle est le sommet du don, de l'Amour qui se donne jusqu'au bout ; le serviteur reconnaît le sens profond de l'acte du Christ, le reçoit avec

1. À la fin de chacune des trois parties de son livre, André Wénin approfondit le sens de cette nourriture qu'est l'Eucharistie.

2. Ils accaparent, ingurgitent.

3. André WÉNIN, p. 174.

gratitude, communie à cette vie qui se donne à lui et va entrer à son tour dans le même mouvement de retour au Père et de don aux hommes. L'Eucharistie permet au croyant d'entrer en contact réel avec le Christ ressuscité, spirituel [1]. Il était plongé dans « l'ancien », il va pouvoir entrer dans ce grand courant de vie renouvelée, cette large circulation d'une vie vivante.

C'est à l'Esprit que nous pouvons demander la compréhension vitale de ce mouvement de réciprocité entre Dieu et ses fils et filles. Il appartient à chacun, à chacune, de vivre de façon tout à fait quotidienne cette nouvelle alliance qui se construit dans la communion d'un cœur qui reçoit le don et se donne à son tour, d'entrer ainsi dans la pleine fécondité d'une vie nourrie à sa source : c'est alors que Jésus ne nous appellera plus serviteurs, mais amis (Jn 15, 15).

1. *Vocabulaire de théologie biblique*, p. 411.

III

TROISIÈME LOI DE VIE

LE DÉPLOIEMENT DE L'IDENTITÉ SPÉCIFIQUE DE CHAQUE PERSONNE EN DIEU ET DANS UNE JUSTE RELATION À L'AUTRE

L'Éternel dit à Abram : Va pour toi [ou, va vers toi] *de ta terre, de ton enfantement de la maison de ton père, vers la terre que je te ferai voir* (Gn 12, 1).

On ne t'appellera plus Abram, mais ton nom sera Abraham (Gn 17, 5).

Je lui donnerai un caillou blanc, un caillou portant gravé un nom nouveau que nul ne connaît, hormis celui qui le reçoit (Ap 2, 17).

Tu es créé et aimé unique, deviens toi-même en Dieu, suis ton chemin personnel dans une juste relation à l'autre. Il t'est interdit de te mélanger à l'identité d'une autre personne, de la posséder ou de te laisser posséder, d'entretenir de la confusion dans la relation, de te courber devant un pouvoir abusif, de convoiter ce qu'a ou est l'autre.

EXPLORATION. REPÈRES

Cette loi est constitutive de l'identité, de la liberté de l'être humain. Elle pose les conditions d'un amour vrai, d'une qualité de relation : comment devenir soi-même en Dieu, dans le respect de sa propre liberté, son identité, ainsi que celles de l'autre. Elle donne les repères qui vont permettre d'établir une juste distance à l'autre sans tomber dans l'indifférence, la division ou l'exclusion. Elle enseigne les bases d'une relation nouvelle, la relation du Royaume.

Les implications en sont vitales car elle touche directement l'identité et la relation. Elle énonce les conditions d'une véritable communion.

L'ordre de vie.

Il est premier : deviens toi-même en Dieu, suis ton propre chemin, découvre et déploie ta différence, ta tâche spécifique.

L'interdit.

La première transgression consistait à vouloir supprimer la différence entre le Créateur et sa créature : nous voulons être comme des dieux. La conséquence directe de cette première transgression va se répercuter sur la relation des êtres humains entre eux : là encore, ils sont tentés de dénier leur différenciation, ce qui va entraîner de graves conséquences sur le développement de leur liberté, de leur identité. Un interdit structurant est donné à l'être humain, mais il vient en second comme toujours. Il donne les repères qui vont permettre de respecter la différence, l'altérité, d'éviter les dérapages relationnels, les fausses routes, les chemins de mort. On va le trouver explicité dans toute la Bible : Il t'est interdit de te mélanger à l'identité de l'autre, d'entrer en confusion avec lui ; de « manger » l'autre, de le « consommer », de le posséder, de te l'approprier, de voler, de tuer sa liberté, son identité. De même, il t'est interdit de te laisser manger, posséder par un ou une autre, de devenir complice de qui veut voler, tuer ta propre liberté, ton identité, te priver de ta différence. En ne respectant pas les différences réciproques, l'altérité essentielle au développement d'une véritable relation, en n'acceptant pas les courageuses séparations intérieures qui vont permettre à chacun, à chacune, de développer sa façon d'être unique, on se mélange à un ou une autre, on l'assimile comme dans la nourriture. On dévore l'autre, on l'avale en cherchant à le posséder, à le confisquer à son profit, à le dominer, à supprimer sa liberté, à exiger qu'il comble ses propres trous affectifs, qu'il devienne sa source de vie. Se laisser dévorer par l'autre est aussi grave que le dévorer.

Il t'est interdit de convoiter, de vouloir avoir ce qu'a l'autre ou désirer devenir ce qu'il est (Dt 5, 21), de chercher à être comme lui, de te déporter de ta propre place. Tu manges l'autre quand tu veux avoir ce qu'il a ou être ce qu'il est et, dans ce même mouvement, tu ne manges pas ce que tu devrais manger, tu n'accueilles pas tes propres talents, le don de Dieu. Si tu transgresses cet interdit, *tu mourras certainement*, tu iras vers une forme de mort, de destruction de toi, de l'autre, de la relation, ta vie ne sera plus féconde.

Une autre conséquence de cette volonté d'être comme des dieux, de se situer à la source du bien et du mal, va consister à chercher à tout savoir, tout connaître de l'autre, décortiquer ce qui est bien et mal en lui, décider à sa place quel va être le bon chemin de vie qu'il devrait prendre, vouloir qu'il change selon ses souhaits, sa propre connaissance du bien et du mal.

Ne pas accepter une forme d'inconnaissance de l'autre revient en fait à ne lui laisser aucun espace de vie qui pourrait ouvrir un chemin de confiance et de liberté intérieure.

On comprend alors véritablement comment l'interdit de « manger » l'autre et de « se laisser manger » est essentiel pour le développement d'une véritable relation et de sa propre identité. La limite apparaît alors pour ce qu'elle est véritablement : source de vie. C'est elle qui va maintenir le respect de l'autre et de soi-même, la juste distance, condition d'un amour vrai, qui va fonder la confiance, empêcher toute emprise de quelque ordre qu'elle soit sur un être humain [1].

L'interdit est structurant : il apprend à l'être humain ce qu'est une connaissance justement située.

LA JOIE DE LA DÉCOUVERTE

Quel est le sens vital de cette loi ? Que signifie-t-elle pour soi, dans sa propre vie ?

Tu es créé unique.

C'est le fondement de la loi d'unicité : la prise de conscience de son identité spécifique. Découvrir que l'*on est créé unique*, adhérer à cette réalité est un temps de très grande joie.

C'est toi qui m'as formé les reins, qui m'as tissé au ventre de ma mère [...] *mon âme tu la connaissais bien, mes os n'étaient point cachés de toi quand je fus façonné dans le secret, brodé au profond de la terre* (Ps 138, 13-15).

Tu es aimé unique.

Se savoir *aimé unique*, comme on est, dans sa vulnérabilité, son histoire, son environnement, ses difficultés, tâtonnements et erreurs, ses limites et aussi ses désirs les plus authentiques, son désir d'aimer, ses dons, est un des fondements de la sécurité la plus essentielle de chacun. C'est là une réalité spirituelle que l'on ne peut recevoir simplement

1. André WÉNIN, p. 92.

dans l'intellect. Demeurer un long temps dans le bonheur de cette découverte, tranquillement, paisiblement, dans le silence du cœur, sans se hâter, mène à une certitude qui va s'enraciner au cœur de l'être, s'inscrire jusque dans la chair. L'Esprit nous guide dans cette prise de conscience vitale, nous pouvons lui faire confiance. C'est lui qui nous conduit à notre vérité la plus essentielle, à la compréhension des choses du Royaume.

Tu comptes beaucoup à mes yeux, tu as du prix et moi je t'aime (Is 43, 4). *Vois donc, je t'ai gravé sur la paume de mes mains* (Is 49, 16). *Comme le Père m'a aimé, moi aussi je vous ai aimés* (Jn 15, 9). *Le Père lui-même vous aime* (Jn 16, 27). *Mes brebis* [...] *ne périront jamais, nul ne les arrachera de ma main. Mon Père, quant à ce qu'il m'a donné, est plus grand que tous. Nul ne peut rien arracher de la main du Père* (Jn 10, 28-29). *Dans un bon pâturage je les ferai paître, et sur les plus hautes montagnes d'Israël sera leur pacage. C'est là qu'elles se reposeront dans un bon pacage ; elles brouteront de gras pâturages sur les montagnes d'Israël. C'est moi qui ferai paître mes brebis et c'est moi qui les ferai reposer, oracle du Seigneur* (Ez 34, 14-15).

Tu es appelé par ton nom.

S'entendre appeler personnellement par son nom est sans aucun doute un passage intérieur essentiel, une étape fondamentale dans la construction de son identité : *Je t'ai appelé par ton nom et tu es à moi* (Is 43, 1). *L'Éternel m'a appelé dès le sein maternel, dès les entrailles de ma mère il a prononcé mon nom* (Is 49, 1). *On t'appellera d'un nom nouveau que la bouche du Seigneur désignera* (Is 62, 2). [...] *à ses serviteurs il donnera un autre nom* (Is 65, 15). *Tous les matins il éveille mon oreille pour que j'écoute comme les disciples, l'Éternel m'a ouvert l'oreille* (Is 50, 4-5).

Le premier pas pourrait être de demander la grâce d'une oreille guérie de sa surdité, de demeurer dans l'écoute sans tension, sans vouloir saisir aucun fruit, simplement en s'approchant du fond de son être, en s'établissant dans le cœur profond ; et là peu à peu, il va devenir possible d'entendre son nom prononcé dans la tendresse d'un amour infini, dans la confiance aussi : car être appelé par son nom c'est être reconnu pour ce que l'on est et aussi être invité à se mettre en marche.

Le nom d'un être humain désigne sa place, son rôle dans le monde, exprime sa destinée ; chacun, chacune sort alors de l'anonymat, de l'oubli, et sait désormais qu'il compte pour Quelqu'un, qu'il est une pierre vivante dans la construction du monde.

Ses brebis à lui, il les appelle une à une et il les mène dehors (Jn 10, 3).

Je suis le bon pasteur ; je connais mes brebis et mes brebis me connaissent (Jn 10, 14).

Suis ton chemin personnel.

Tu as à assumer ta propre différence, à renoncer courageusement à copier l'autre, à l'exclure ou t'exclure. Tu accepteras la nécessaire complémentarité, mais tu ne te laisseras pas entraîner sur une route qui n'est pas la tienne par frilosité, paresse, dépréciation ou méconnaissance de tes propres ressources.

Tu es créé à l'image et à la ressemblance de Dieu, personne ne sera jamais « toi ». Dans la lumière de l'Esprit, mets au jour et déploie les forces vives insoupçonnées qui sont en toi, tes qualités personnelles, tes ressources profondes. Garde-toi de sombrer dans le piège de la dévalorisation de toi-même ; c'est un chemin de mort, un refus de vivre.

Tu es invité à vivre un renouvellement de la relation.

Tu es unique, l'autre l'est également. Tu es appelé à développer ton identité, ta liberté, l'autre aussi reçoit le même appel fondamental. Découvrir le fondement de son identité, les repères que donne la Loi, adhérer à l'interdit essentiel de possessivité, de confusion, respecter la différenciation, l'espace vital de chaque être humain en commençant par soi-même, découvrir la juste distance, est une prise de conscience qui va permettre de sortir des désordres de la relation, la renouveler : amour et vérité vont pouvoir se rencontrer, se relier ; il va être possible d'aimer en vérité et d'être vrai en demeurant dans l'amour.

TRANSGRESSIONS. FAUSSES ROUTES

La quête de sa propre identité est un des fondements de la vie de tout être humain. Elle est inscrite en lui dans la pulsion même de sa vie. Si tout se passe bien, son « je » va peu à peu émerger, se construire, s'assurer. Mais l'environnement premier, les blessures subies par l'enfant peuvent brouiller la route.

Chacun, chacune se trouve dans la nécessité vitale de construire sa propre identité, d'acquérir sa véritable liberté intérieure dans le respect de celle de l'autre. Il affronte des rapports de force où il risque d'être le dominant ou le dominé. Sa propre terre peut être envahie ou au contraire verrouillée.

Au cours du trajet d'évangélisation des profondeurs, il est proposé d'approfondir *quatre transgressions possibles de la loi d'identité*, quatre fausses routes, qui mènent à une forme de destruction de soi-même, de la relation. Ce sont : la fusion, les confusions de places dans la famille, l'emprise et la convoitise.

Tout homme, toute femme les rencontre à des degrés divers, en est victime ou les impose aux autres. S'il y a oubli, non-respect des repères fondamentaux que donne la loi d'identité de la personne, le risque est grand de se perdre dans des chemins de mort : la confusion, le rapport de force, l'aliénation de soi, de son identité, de sa liberté, de celles de l'autre.

Ces quatre transgressions ont été étudiées dans le tome I de *L'Évangélisation des profondeurs*, à partir du thème des blessures infectées, de la façon dont une blessure a pu s'envenimer[1]. Je reviens ici sur ces thèmes, mais ils sont maintenant abordés essentiellement à partir des conséquences que la transgression de la loi d'identité de la personne va avoir sur la relation. La transgression première de l'interdit, le déni de la différenciation de la créature et du Créateur, le refus de la limite de la condition humaine (Gn 2, 16-17) vont gravement perturber la relation à l'autre.

L'exploration de cette loi, l'approfondissement de la Parole de Dieu permettent de comprendre comment parvenir à se différencier, sur quels terrains travailler. Elles montrent des chemins de vie précis et des chemins de mort tout aussi précis. Elles ouvrent des pistes, permettent des prises de conscience, détaillent en fait en quoi peut consister l'acte de « manger » et de « ne pas manger ».

La fusion.

La fusion est caractérisée par le mélange de deux identités[2].

1. Voir p. 79-110 et 125-134 du tome I.
2. Xavier THÉVENOT, *Les péchés, que peut-on en dire ?*, Mulhouse, Salvator, 1983, p. 29-43.

Si tout se passe bien pour le nourrisson, il commence par être enveloppé par la présence de la mère ; il vit dans l'illusion « du même », dans une forme de non-séparation, dans un monde clos et protégé. Mais si l'enfant reste trop longtemps emprisonné dans la matrice, s'il demeure trop longtemps le tout de la mère, il ne pourra se développer en liberté dans son identité propre.

La fusion est l'illusion qu'il est possible de constituer, entre deux personnes, un être unique, à l'abri des séparations, des deuils, d'être « un » alors que l'on est deux. Le but en est la recherche du même, de l'identification à l'autre, le désir de l'intégrer en soi, de l'assimiler. Le destin de la fusion est de disparaître, elle exige un travail de renoncement, de désillusion. Elle a des conséquences désastreuses quand elle se prolonge au-delà des premiers mois de la vie, surtout si elle se veut exclusive de toute autre relation : la logique de deux personnes en situation de fusion est d'exclure le tiers, le père, la loi d'identité, d'autonomie de chacun, de chacune.

La fusion commence dans la séduction mutuelle mais elle peut déboucher sur l'emprise. Il arrive fréquemment dans un couple qu'au fil des années un des deux « partenaires » se trouve totalement emprisonné. Il éprouve que son autonomie, sa liberté sont réduites sur tous les plans de vie, de même que son identité, son désir propre. Qui cherche à sortir de cet encerclement risque fort de se heurter à une violente résistance : chantage affectif, larmes, menace de maladie, parfois même de suicide. C'est alors que l'on peut être submergé par la culpabilité, sombrer dans l'impuissance, la violence intérieure. Une grande aide va être apportée par la mise au jour de la loi d'identité spécifique de la personne ; l'ordre de Dieu est là : deviens toi-même, ne te mélange pas à l'autre si tu veux entrer dans ta fécondité, renaître. Lumière et force sont alors données pour se mettre en marche sur la route qui mène à la liberté intérieure et au renouvellement de la relation.

La fusion est l'exact contraire d'une relation bien située, de la bonne et nécessaire séparation intérieure, de la juste distance qui va permettre à tout être humain d'aller vers son propre devenir, dans le respect de ce qu'il est, de son altérité, de sa façon d'être unique. Elle n'a rien à voir avec un véritable amour qui aide l'autre à grandir, à découvrir ce qu'il est et peut devenir ; c'est la forme d'amour la plus désordonnée qui soit, et peut-on encore parler d'amour ? Dans l'état fusionnel, on s'est trompé de route : on chemine vers l'indifférenciation au lieu de s'atteler à l'exigence d'une différenciation bien située.

La confusion dans les places, les chemins de chacun.

Il arrive souvent que les repères familiaux soient perdus, que la confusion se soit installée dans les places de chacun, chacune, en tant que fils, fille, père, mère… On ne sait alors plus comment se situer ; on ne peut déployer son identité si l'on est enraciné dans un lieu qui n'est pas le sien.

Beaucoup prennent sur eux le chemin d'un autre. Ils se chargent d'un fardeau qui ne leur appartient pas et sous lequel ils risquent de s'écrouler, à force de vouloir sauver l'autre, réparer à sa place, se laisser envahir par un problème qui n'est pas le leur, s'engager dans des promesses qui les déportent de leur propre route et sont souvent de véritables pactes avec la mort et non avec le Dieu des vivants.

C'est la plupart du temps au nom de l'amour que l'on prend ces chemins destructeurs, mais c'est un amour mal situé ; la loi d'identité nous invite précisément à découvrir, dans l'Esprit, comment aimer de façon juste, sans se détruire, sans aller soi-même vers une forme de mort. Beaucoup de ceux et de celles qui ont perdu les justes repères dans ce domaine de places, de chemins, se trouvent en difficulté dans la construction de leur propre identité, et bien souvent ils n'en voient pas la cause réelle.

Qui vit dans la confusion des places, des chemins, est enfermé dans une forme d'aliénation de soi ; il est infidèle à sa trajectoire spécifique, il « avale » la différence, marche sur une route, exerce une fonction qui n'est pas la sienne. Il n'est demandé à personne de réussir la vie d'un autre.

La meilleure aide que l'on puisse apporter à ceux et à celles qui ne sont pas bien ancrés dans leur identité est d'être soi-même bien situé, dans son axe, à sa juste place : la relation va alors pouvoir se remettre en ordre.

Les fausses notions de la réparation : une source fréquente de confusion de chemins.

Beaucoup d'hommes, de femmes, passent leur vie à réparer. La plupart du temps, ils ne savent pas qu'ils sont dans un processus de réparation et ignorent ce qu'ils réparent. Les racines de ce comportement sont inconscientes et c'est pour cela qu'il est si ambigu. Qui passe sa vie à réparer ce qu'il n'a pas à prendre sur soi va forcément être à côté de sa propre trajectoire. C'est comme s'il enfilait un vêtement qui n'est pas le sien.

Que de dégâts, de chemins de destruction en sont la conséquence ! La question vaut la peine d'être posée : est-ce que dans ma vie je cherche à réparer quelque chose ? Quoi ? Pourquoi ?

Le choix d'une orientation de vie, d'un métier est très souvent induit par ce besoin inconscient de réparation : la prise de conscience de cette motivation va apporter un « plus » de vie. Elle ne va pas obligatoirement entraîner un changement de direction, mais elle est certainement l'occasion de rechoisir librement la première direction prise. On pourra alors poursuivre sa route en clarté, tout à fait autrement, libéré de ce besoin de réparation, en découvrant la sève de sa tâche, et en acceptant que rien chez l'être humain n'est absolument pur, que tout choix porte en lui-même de multiples soubassements.

Il importe d'ouvrir tout ce terrain à la lumière de l'Esprit.

Il s'agit donc de mettre au jour tout ce que l'on répare et que l'on n'a pas à réparer.

Réparer pour l'autre.

Il arrive que l'un des parents, sans que rien ne soit dit, ni même que cela soit conscient, charge l'enfant de réparer ce que lui-même n'a pas réussi : son orientation professionnelle, ses études, son couple, sa relation avec ses propres parents. L'enfant ne sait pas exactement ce qu'on lui demande, il se charge néanmoins de ce fardeau et va passer sa vie à remplir une tâche qui n'est pas la sienne.

Un enfant peut décider de lui-même d'être le sauveur d'un père alcoolique, d'une mère dépressive, d'un frère drogué, de parents qui divorcent, comme s'il en était responsable. Il est accablé, n'y arrive pas, vit à côté de lui-même. Assumer cette dure réalité-là, découvrir la meilleure façon d'aider l'autre en prenant soin de sa propre vie, sur tous les plans, est un trajet qui va se vivre avec courage dans le cœur du Christ ; c'est lui qui nous apprend à porter notre croix, c'est-à-dire à traverser les difficultés de la vie en restant debout, bien plantés sur la terre et reliés à lui.

Dans les familles qui cachent des secrets, il est très fréquent que des enfants réparent, même en l'ignorant, la faute d'un aïeul par exemple. Il est clair qu'en aucun cas on ne saurait prendre sur soi le désordre, le tourment, le mal de l'autre car le mal ne vient pas de Dieu. Nous n'avons pas à rajouter un mal à un mal. On ne peut prendre sur soi une culpabilité qui appartient à l'autre. On n'a pas à réparer la faille, l'échec de l'autre. La seule façon de réparer est d'entrer dans sa propre libération, de casser la chaîne du désordre. L'expérience montre que bien souvent, qui se libère, libère l'autre, sans même ouvrir la bouche. Nous oublions parfois que la libération promise par le Christ n'est pas de la poésie ni un vain mot, c'est une réalité. Il a été au bout de l'amour, au cœur de la condition des humains. Il l'a assumée totalement jusque dans un procès inique et une mort violente, mais en lui on ne trouve jamais ce que l'on pourrait appeler une « dérive sacrificielle ». Tout est toujours parfaitement juste et situé dans le sens de la vie à vivre pleinement quoi qu'il arrive, et de l'amour qui remet en vie ce qui est mort. Après sa Résurrection, il revient le cœur ouvert vers ceux qui l'ont jugé, tué, trahi et les invite encore et toujours à faire route avec lui. C'est ainsi qu'il répare le mal en choisissant la vie.

Réparer les conséquences d'une situation dont on se croit à tort responsable.

Il arrive souvent que l'on cherche à réparer les conséquences dommageables d'une situation, d'un événement dans lesquels on n'a aucune responsabilité : on touche là le domaine des fausses culpabilités, causes de tant de tourments. Il va être essentiel de discerner si la culpabilité est fondée ou non, de réajuster les valeurs.

Jacqueline a un frère beaucoup moins brillant qu'elle. Elle-même réussit facilement à tous ses examens, a une intelligence très vive. Elle en est très culpabilisée d'autant que la famille lui reproche tacitement d'écraser son frère par sa réussite. À quarante ans elle a d'importantes responsabilités professionnelles qu'elle remplit avec une grande efficacité, mais dans la confusion intérieure, dans le tourment permanent d'écraser les autres, d'usurper une place qui n'est pas la sienne. Le trajet de Jacqueline va consister à différencier sa propre route de celle de son frère, à recevoir consciemment les talents qui lui sont remis personnellement, qu'elle a pour mission de déployer, à se ré-approprier sa tâche spécifique, à devenir pleinement elle-même. Il appartient à son frère de développer ses propres talents qui ne sont pas ceux de sa sœur.

Mathilde a eu une dépression à la naissance de son bébé, elle a passé plusieurs mois dans une espèce de léthargie, un non-goût de vivre. Elle se rend bien compte que son enfant n'a pas été accueilli comme il aurait dû l'être. Son fils est maintenant adolescent ; elle passe son temps à se tourmenter et à se reprocher de n'avoir pu surmonter sa dépression. Finalement, elle le met au courant de ce qui lui est arrivé à sa naissance, tous les deux assument l'événement et font confiance à la vie qui reprend.

L'emprise.

L'emprise est le pouvoir abusif exercé par un être humain sur un autre. Dans l'emprise il n'y a pas de mélange d'identité mais une relation de dominant à dominé. On y trouve fréquemment les trois caractéristiques de ce qui constitue l'idole : séduction, confusion, manipulation. L'emprise se révèle dans des formes très diversifiées : autoritarisme, séduction, emprise spirituelle, intellectuelle, fausse culpabilisation, emprise d'une parole, d'un regard, d'un mauvais interdit qui ne vient pas de Dieu, de ce que l'on appelle les injonctions familiales[1]...

Imposer à autrui ses vues personnelles, sa propre conception du bonheur, de la vie, prétendre tout savoir de lui, revient en quelque sorte à pénétrer son intimité, dans le non-respect de ses désirs les plus authentiques, de la recherche de son propre devenir, de sa spécificité. C'est chercher à le priver de son espace, de son autonomie, de sa potentialité de vie.

On peut exercer une emprise sur l'autre ou demeurer courbé sous l'emprise, ce qui est aussi grave car alors on perd sa propre trajectoire, on n'est plus fidèle à soi-même.

Qui ne consent pas à la limite, est sûr d'avoir raison, n'accepte pas cette « zone d'ombre » qui garantit, protège l'intimité de l'autre[2], impose de fait ses propres connais-

1. Ce ne sont pas des interdits mais des sortes de croyances qui pèsent lourdement sur la liberté si on les adopte sans s'en rendre compte, par exemple, l'injonction suivante : « Il est toujours dangereux de s'associer à d'autres, chacun pour soi. »

2. André WÉNIN, p. 46-47.

sances, ses certitudes, et maintient un fils, une fille de Dieu en esclavage, en Égypte. Il envahit son territoire et s'empare de ce qui ne lui appartient pas.

L'emprise perverse.

Il y a des degrés dans l'emprise, elle est plus ou moins contraignante ; mais dans cette forme de relation extrêmement destructrice que l'on appelle « emprise perverse », la victime est réduite à l'état d'objet et devient la proie de l'autre en quelque sorte.

Une personne peut gravement en déstabiliser une autre par un processus de « harcèlement moral[1] », une forme de destruction psychologique, très insidieuse. En règle générale les victimes ne se rendent pas compte de ce qu'elles vivent réellement.

La personne qui a un comportement pervers a l'art de culpabiliser sa victime. Elle lui fait constamment porter la responsabilité de ce qui ne va pas, elle ne se remet en question à aucun moment et se fait passer elle-même pour victime. Elle est avide de pouvoir, cherche à être admirée, approuvée. La victime est très souvent séduite par l'intelligence, le brio de la personne qui l'agresse, qui sait admirablement la manipuler. La violence est extrême et cachée. Mais elle éclate si la victime cherche à se défendre. Celle-ci perd totalement ses repères, elle n'ose même pas imaginer qu'elle est agressée en permanence, elle doute constamment d'elle-même.

Il ne s'agit pas de définir trop rapidement une relation comme étant perverse, mais il est essentiel de prendre conscience de la réalité, de « démonter » le processus qui lie l'agresseur et l'agressé pour pouvoir sortir ce dernier des filets de l'agresseur. Il importe avant tout de prendre conscience de la façon dont de victime on devient coupable et de l'extrême confu-

1. Voir Marie-France HIRIGOYEN, *Le Harcèlement moral*, Paris, Syros, 1998.

sion que cela peut entraîner dans sa vie. Les victimes d'une emprise perverse ont besoin de se faire aider. Elle doivent avoir le courage de sortir de la culpabilité et d'aller se confier à quelqu'un qui va leur permettre de voir clair. Elles ont la responsabilité d'acquérir un œil sain. Un fils, une fille de Dieu ne saurait se laisser manipuler par un pouvoir abusif destructeur, ni adhérer au mensonge de l'autre. Le Christ ne s'est jamais laissé manipuler par des adversaires qui refusaient la vérité, leur propre remise en question, et passaient leur temps à le piéger et à tenter de le culpabiliser.

L'identification au désordre des aïeux.

Beaucoup vivent sous l'emprise du désordre qui a pu exister chez certains de leurs aïeux mais cela demeure la plupart du temps tout à fait inconscient[1]. Il est bien connu que la culpabilité, la honte, qu'elles soient ou non exprimées, se transmettent de génération en génération. Il semble également que certains vivent une sorte de déterminisme qui pèse sur eux.

Éric arrive en entretien et se dit en danger : « Je suis dépressif, je sais que je vais me suicider, je ne pourrai pas l'éviter. » En faisant avec lui la relecture de son histoire, il apparaît que son grand-père, son père et deux de ses oncles se sont donné la mort. Éric est persuadé qu'il ne pourra éviter d'en faire autant.

Muriel est mère célibataire. Elle vit très mal cet état bien qu'elle exprime qu'elle l'ait désiré. En remontant dans son histoire, elle découvre que trois générations de femmes, depuis son arrière-grand-mère, ont élevé seules leurs enfants, sans la présence d'un homme.

1. Anne ANCELIN-SCHUTZENBERGER, *Aïe mes aïeux*, Éd. Épi-La Méridienne, mai 1993.

Il est fréquent de s'identifier au désordre de ses aïeux sans en avoir conscience. C'est une réelle oppression qui a pour conséquence que l'on n'est plus acteur de sa vie, ni libre de choisir sa route spécifique. On est accablé par un fardeau, un poids, aucune issue n'apparaît tant que l'origine du mal reste cachée.

Il importe de mettre au jour, en mots, l'éventuel désordre de ses aïeux, le malheur qui les a atteints, la façon dont ils l'ont vécu et les conséquences que cela a eu sur sa propre vie, la façon dont on s'identifie à leur histoire. Quand on tourne en rond dans sa propre histoire sans pouvoir l'éclairer, il est utile d'aller regarder du côté des ancêtres, des liens transgénérationnels pour voir ce qui est arrivé.

Il convient cependant de veiller à ce que cette recherche ne soit pas un alibi pour ne pas mettre au jour sa propre responsabilité.

Le désordre se transmet avec d'autant plus de virulence que des secrets sont véhiculés dans l'inconscient familial. Si l'on pressent qu'il y a dans la famille un secret qui est source de perturbation, il est bon d'essayer de le mettre au jour, si toutefois c'est possible. On n'a pas systématiquement à faire connaître à ses enfants tous les secrets de famille. Une prudence s'impose, mais si l'enfant est véritablement en recherche, en questionnement, alors il peut être utile d'en parler.

« Ma grand-mère a eu un enfant hors mariage, elle a été obligée de se cacher, de faire élever l'enfant loin de son village », dit Sébastien qui a une maladie de peau persistante que rien n'a pu atténuer, comme si la honte se dévoilait sur tout son corps.

« Mon père faisait partie d'une équipe sportive, il a commis une énorme faute au cours du jeu et à cause de lui l'équipe a perdu. Il ne s'en est jamais remis, il a vécu dans la honte et n'a plus jamais voulu faire partie d'un groupe. » Michel souffre beaucoup d'être dans une sorte d'incapacité à intégrer une équipe et découvre tout à coup la blessure de son père qu'il a totalement intégrée.

« On m'a dit que mon grand-père était mort d'une crise cardiaque, explique Jean-Pierre, mais en fait il a commis des malversations financières et s'est suicidé. » Jean-Pierre, qui est d'une honnêteté scrupuleuse, a une terreur maladive d'un contrôle fiscal. Il cherche en vain à se libérer de cette véritable angoisse, totalement irraisonnée. Il comprend maintenant comment elle s'est plantée en lui.

La convoitise.

Tu ne convoiteras pas la femme de ton prochain, tu ne désireras ni sa maison, ni son champ, ni son bœuf ou son âne : rien de ce qui est à ton prochain (Dt 5, 21). La convoitise consiste à vouloir avoir ou être ce qu'a ou est l'autre, au lieu de se construire à partir de ses propres ressources. C'est une forme d'aliénation dont les conséquences mènent soit à la rivalité meurtrière, soit à la dépréciation de soi, donc sur deux chemins de destruction et d'autodestruction. La dépréciation de soi peut avoir d'autres racines que la convoitise.

Lorsqu'on s'est établi dans la convoitise, on est déporté vers une identité, une place qui n'est pas la sienne : son propre désir ne peut se déployer puisqu'il est orienté vers un objectif illusoire : être comme l'autre, ou avoir ce qu'il a. On « louche » sur les dons et talents de l'autre en tenant pour méprisables les siens propres. C'est une offense à la création, aux dons de Dieu, c'est une façon d'enterrer ses talents.

Dans la convoitise se trouve l'illusion que l'on va pouvoir se construire à partir des richesses supposées de l'autre : on se « nourrit » alors de ce qui n'est pas à soi, pour soi, qui appartient à autrui, au lieu de se construire à partir de son propre fonds, de ses ressources spécifiques.

Il convient de distinguer la convoitise de ce que l'on pourrait appeler l'« éveil », c'est-à-dire la découverte chez l'autre d'un mode d'être, d'une façon d'appréhender la vie, d'une qualité, une forme de don, qui ouvrent la porte à des potentialités nouvelles : on pressent qu'il y a là une piste de vie que l'on aimerait prendre, qui s'ouvre à soi ; on ne cherche pas à en priver l'autre, ni à le dépasser. Qui a découvert une bonne chose dans sa vie la transmet ainsi à d'autres, sans même le savoir. Cela fait partie de la fraternité humaine, du partage, d'une façon de se donner, de donner le meilleur de soi.

On retrouve ici les différentes fonctions de la Parole de Dieu. Elle donne les grandes directions de vie, mais elle est aussi pain vivant donné à chacun sur la route.

Les grandes directions de vie.

Tout homme, toute femme, porte en lui-même, gravée au cœur de son être, la loi d'identité spécifique de la personne. Il la retrouve explicitée dans la Bible ; la Parole de Dieu va l'aider à mettre en œuvre, à saisir toutes les implications de sa façon de gérer la relation, de demeurer lui-même en respectant la liberté et l'identité de l'autre.

Elle lui permet de découvrir le chemin qui mène à la différenciation, à la fécondité de la relation : il s'agit là d'un enseignement universel.

Dès sa création, l'être humain est enseigné sur les chemins qui vont lui permettre de se différencier. La Parole de Dieu va toucher d'emblée son rapport à la génération, à la première relation qu'il connaît, là où tout commence : la relation au père et à la mère.

Deux directions essentielles lui sont données : *C'est pourquoi l'homme quitte son père et sa mère et s'attache à sa femme, et ils deviennent une seule chair* (Gn 2, 24). *Honore ton père et ta mère, comme te l'a commandé l'Éternel ton*

Dieu, afin que se prolongent tes jours et que tu sois heureux sur la terre que l'Éternel ton Dieu te donne (Dt 5, 16).

Jésus est extrêmement clair sur la question des rapports avec la famille. Ses paroles sont percutantes et souvent très mal comprises : *Qui aime son père ou sa mère plus que moi n'est pas digne de moi. Qui aime son fils ou sa fille plus que moi n'est pas digne de moi* (Mt 10, 36).

Marie Balmary nous donne la signification de ces paroles [1] : qui préfère demeurer dans l'indifférenciation, le mélange, plutôt que de vivre la juste séparation intérieure qui permettra à chacun de suivre sa propre route en se laissant insuffler par l'Esprit, celui ou celle-là n'est pas digne de moi.

Dans un beau commentaire du Décalogue, Daniel Sibony explique qu'honorer son père et sa mère consiste à leur rendre leur poids d'histoire, de blessures, sans pour cela se soumettre à leurs désirs peut-être désordonnés : chacun suivra sa propre trajectoire en respectant celle de l'autre ; nous les honorons essentiellement comme nos passeurs de vie [2].

La Bible entière nous conte l'histoire d'un peuple appelé à découvrir courageusement son identité, à quitter l'Égypte, l'emprise de Pharaon, pour entrer dans sa liberté et répondre à l'alliance proposée. L'épisode de la tour de Babel est là pour nous signifier que l'Éternel disperse ceux et celles qui sont tentés de vivre « le même », qui refusent la différenciation. Jésus remet dans son axe, sa verticale, une femme courbée depuis dix-huit ans et invite ainsi chacun, chacune à se redresser, à ne pas demeurer courbé devant le pouvoir abusif (Lc 13, 10-18). *À ton fils, à ta femme, à ton frère, à ton ami, ne donne pas pouvoir sur toi pendant ta vie* [...] *Tant que tu vis et qu'il te reste un souffle, ne te livre pas au pouvoir de qui que ce soit...* (Si 33, 20-21).

1. *Le Sacrifice interdit*, Paris, Grasset, 1986, p. 96.
2. Daniel Sibony, *Les Trois Monothéismes*, Paris, Éd. du Seuil, 1992, p. 329-334.

Le pain donné à chacun sur la route.

Dieu est le Créateur ; c'est lui qui va confirmer l'identité de chacun de ses enfants. Ceux et celles qui ont perdu leurs repères peuvent demander à Dieu de les « ré-engendrer » en quelque sorte dans leur identité spécifique. L'Esprit les guidera vers les passages intérieurs qui leur permettront de s'enraciner dans leur « nom ».

La Parole de Dieu les assure qu'ils ne sont pas perdus dans l'anonymat, qu'ils sont invités à entrer dans une relation personnelle avec le Dieu vivant. Elle les nourrit, les fortifie, leur fait découvrir la possibilité d'une relation qui respecte leur liberté et celle de l'autre : la relation du Royaume.

À la piscine de Bethasda (Jn 5, 1-18), Jésus entre en dialogue avec un infirme couché sur son grabat depuis trente-huit ans. Cet homme n'a pas de nom, il est un numéro parmi d'autres, totalement isolé, sans aide aucune. Jésus le regarde comme nul ne l'a jamais regardé, comme une personne vivante, spécifique, avec son histoire particulière, son devenir. Un dialogue s'établit, comme si le Christ n'avait que cela à faire. Il l'estime capable d'adhérer à l'étonnante invite qu'il lui fait : *Lève-toi, prends ton grabat et marche*. Et de fait, *« il prit son grabat, il marchait »*, son élan vital a certainement commencé à se remettre en route dès qu'il a senti qu'il comptait pour quelqu'un.

Zachée (Lc 19, 1-10) est un collecteur d'impôts, chef des publicains, honni de ses compatriotes ; petit de taille, il est empêché par la foule de voir Jésus qui passe par là ; il grimpe alors sur un arbre. Jésus lève les yeux, le voit et s'invite à dîner chez lui. Il le rencontre au cœur de sa vie, de son métier, et pose un geste de confiance et d'amitié en réponse à son désir. Pas de discours, pas de remarques moralisatrices. Zachée est touché au plus profond de lui-même ; lui, qui est catalogué comme voleur, fraudeur, au service de l'occupant, est considéré, honoré par quelqu'un comme Jésus. Il retrouve alors ce qui est resté pur et droit au fond de lui-même, ce qu'il est réellement, ce qu'il doit devenir. Il se « retourne » complètement alors qu'aucune exigence ne lui a été présentée : *« Seigneur je vais donner la moitié de mes biens aux pauvres et si j'ai fait du tort à quelqu'un je lui rendrai le quadruple. »* Zachée va probablement continuer son métier, mais autrement.

Jésus s'adresse toujours à son interlocuteur dans ce qu'il a d'unique, d'irremplaçable, c'est alors un bouleversement de tout l'être. Il ramène ainsi l'homme ou la femme qu'il rencontre à leur « je », leur autonomie, pour les renvoyer ensuite au monde, au service, au don.

À LA RENCONTRE DE LA LOI D'IDENTITÉ DANS L'HISTOIRE DE LA PERSONNE DANS SON PRÉSENT

LA DESCENTE

Tous ces états de fusion, confusion, emprise, convoitise, entraînent angoisse, insécurité profonde, peur, révolte, fausse culpabilité et souvent désespérance et sentiments d'impuissance : beaucoup ont l'impression qu'ils n'en sortiront jamais. Mais, dans la grâce de Dieu, la liberté peut être retrouvée. Il ne s'agit pas de désespérer à partir du constat mais de commencer à se mettre en marche en sortant du vague, du flou, en « mettant des mots » sur la réalité de ce que l'on vit.

La reconnaissance de la blessure.

C'est le moment de se poser les questions très simples qui jalonnent le trajet d'évangélisation des profondeurs : qu'ai-je vécu, que m'est-il arrivé ? qu'est-ce qui m'a profondément marqué ? quelles blessures m'ont atteint ? quelles conséquences ont-elles eues sur moi ?

La mise en mots de sa réaction à la blessure. La fin de la descente.

Comment ai-je réagi face à une fusion dévorante, un chantage affectif qui me culpabilisait en permanence, une emprise insupportable, la préférence d'un parent pour mon frère ou ma sœur, la comparaison avec une sœur plus belle ou plus intelligente que moi, l'absence du père… ? Quelle direction ai-je prise alors pour surmonter la blessure ? L'ai-je traversée, contournée, aurais-je, sans le savoir, transgressé la loi de l'identité spécifique de chaque être humain ?

L'affrontement de ses émotions.

Un état de fusion, de confusion, d'emprise, de convoitise, entraîne forcément, chez celui ou celle qui en est victime, des émotions très fortes. La révolte, la colère, la haine, couvent ou explosent selon les cas, contre celui ou celle qui empêche de vivre.

Ces émotions sont souvent très profondément enfouies. Celui ou celle qui s'est trouvé encerclé par la fusion ou l'emprise, n'ose pas les laisser émerger à la lumière. L'habitude est prise de tout garder pour soi, puisque l'expression des sentiments est quasi interdite. Bien souvent ils n'affleurent même pas à la conscience. « J'ai l'impression d'avoir un chat sauvage endormi et roulé en boule au fond de moi », dit André qui a vécu une insupportable emprise de son père et qui est atteint d'une grave maladie. « Jusqu'à maintenant je ne m'en rendais absolument pas compte. Je ne sais pas encore quoi en faire, mais au moins je sais qu'il est là. »

Une grande souffrance qui ne dit pas son nom se cache souvent derrière la révolte : ainsi en est-il d'un enfant qui a été victime de la fusion ou de l'emprise, qui a été injustement méconnu pour ce qu'il est, n'a pas été aimé pour lui-même. Il ne sait pas ce que c'est qu'un véritable amour qui mène à la liberté, qui laisse émerger le désir de l'autre. Il vit sous la menace constante d'être dévoré, écrasé ou rejeté : il pense que l'amour est dangereux. Il s'entoure d'une sorte de barrière défensive, il se protège de l'envahissement, ou il se replie sur lui-même.

La revendication légitime – la plainte –, ne peuvent s'exprimer. Si elle l'est, elle est niée ou pas entendue, répercutée en amers reproches. Il est fréquent de vivre l'angoisse de n'être pas vraiment soi-même, de ne pouvoir devenir ce que l'on est, avec l'insécurité profonde qui en résulte, surtout dans la fusion ou la confusion de places.

Si les émotions sont enfouies, il va être nécessaire de les regarder en face et de les mettre en mots, car ces grands remous sont là comme un volcan qui sommeille, mais peut exploser à tout moment. Il répand sa lave dans tout l'organisme et jusque dans le corps qui peut être gravement atteint.

Mais il est également possible d'avoir en soi une extrême violence qui peut aller jusqu'à la haine, qui est tout à fait reconnue, mise au jour, mais dont on ne sait que faire parce qu'on est enfermé dans l'impuissance : on ne voit pas d'issue à sa situation.

C'est ainsi que les émotions enfouies ou les émotions mises au jour que l'on ne parvient pas à gérer, à apaiser, peuvent empêcher la personne d'accéder à sa véritable identité.

Elles focalisent l'attention sur une blessure et sur sa cause. Il arrive alors que l'on se construise une pseudo-identité : on s'identifie à sa blessure, à sa souffrance, ou encore à la personne dont le comportement a déclenché l'émotion.

À l'inverse, pour éviter d'être à nouveau confrontés à la souffrance, certains se construisent en « réaction », en opposition à l'autre ou à l'événement, et non à partir de leurs propres ressources.

Éric se définit comme un intellectuel et ne fait plus de sport parce qu'il a vécu une profonde humiliation dans une activité physique.

Élisabeth cherche par tous les moyens à ne pas ressembler à sa mère et adopte systématiquement l'inverse de ses comportements.

On prend ainsi conscience de l'importance d'aller à la rencontre de ses émotions pour retrouver l'accès au désir profond. Elles peuvent constituer autant de pierres qui barrent l'accès à l'identité.

Dès que l'ordre de devenir soi-même, de grandir dans sa liberté, son identité, est entendu, accueilli et reçu comme un appel à la vie qui concerne de façon précise et exigeante tout fils et fille de Dieu, on reprend force. On a retrouvé la direction, la vérité, on comprend que l'on a pris un chemin de mort, on voit clairement le chemin de vie. On a la certitude que l'issue est proche, qu'elle est à sa portée, qu'on aura la potentialité d'adhérer à l'ordre de vie car Dieu est là pour aider à vivre cette Pâque.

Alors les forces de vie se concentrent sur ce but, elles obéissent à la dynamique de l'Esprit et non plus à celle de l'idole, l'énergie qui se perdait dans les émotions enfouies ou la révolte stérile va pouvoir être récupérée, réorientée vers la vie.

LA REMONTÉE

L'adhésion à la loi de vie : elle est maintenant possible.

La repentance.

La repentance va se vivre dans le cœur profond, dans un cœur à cœur avec le Christ. Dieu nous appelle à la liberté et nous ne le savions pas. Il nous invite à développer notre identité et nous avons réduit notre vie. La découverte de l'idolâtrie vécue en demeurant dans la fusion, la confusion, l'emprise, la convoitise, et la prise de conscience que les repères de vie ont été perdus, est souvent un moment très douloureux et en même temps plein de joie.

N'oublions jamais, que si le temps de repentance inclut la douleur de tant d'années d'ignorance, d'errance, il est simultanément un temps de grande joie. La repentance est baignée de la joie du retour (Lc 15, 4-7 ; 15, 24).

Par ailleurs, si l'on peut se repentir c'est parce que l'on commence à se mettre debout : le chemin de mort a été mis au jour, l'assurance d'une issue possible redonne courage. À partir de là, on sort de l'impuissance désespérante, de la fausse croyance, des culpabilités mal situées, on sait où se trouve la vie. C'est ainsi que la repentance est source d'une véritable force de vie.

De quoi se repentir ?

Il est essentiel que le mouvement de repentance soit juste, précis. Il implique que soient mis en mots la faille, le désordre qui s'établissent en soi quand la loi d'identité est méconnue.

La repentance ne porte donc pas seulement sur le symptôme : la perte de la liberté, de l'identité, mais en premier lieu et essentiellement sur l'idolâtrie. Nous ne savions pas que nous étions idolâtres. Mais maintenant nous le savons et nous ne pouvons demeurer dans cet état : c'est pourquoi nous allons nous en repentir pour pouvoir ensuite y renoncer.

Nous ignorions que nous étions en grand désordre intérieur. Le Christ qui connaît le fond de nos cœurs sait que nous avons souffert et que nous avons fait ce que nous avons pu pour vivre, cherchant en vain la route qui mène à la vie. Nous n'avions pas conscience des conséquences destructrices de la convoitise, nous ne pensions pas que se comparer sans cesse à l'autre, se déprécier, pouvait être une désobéissance à une loi de vie. C'est quand on a assimilé, intégré, la beauté de cette loi d'identité, l'appel magnifique à la vie qu'elle représente, que l'on peut se repentir de l'avoir méconnue.

Le renoncement.

L'obéissance à un ordre de Dieu, source de force et de vie.

Ceux et celles qui ont vécu le mélange d'identité, la confusion des chemins, l'écrasement, l'aliénation de soi dans la comparaison, ont perdu leurs repères. Dans une famille bien ordonnée, c'est le père de famille – ou en tout cas la fonction paternelle de l'amour de la mère si le père est absent du foyer – qui doit remettre de l'ordre, un ordre véritable dans l'ordonnancement de Dieu. Il lui appartient de signifier à l'enfant ce que l'on appelle l'interdit de l'inceste : le couple doit se former entre le père et la mère et non entre un enfant et un parent ; de confirmer l'identité sexuée du garçon ou de la fille ; d'empêcher la confusion des places, des chemins ; d'exercer une autorité qui mène à la véritable liberté ; de déjouer les pièges des préférences et comparaisons.

Bien des pères sont blessés comme tous les humains et les repères ne sont pas en place. C'est Dieu qui va remettre les choses en ordre. Qui a perdu ses repères va donc avant tout « obéir » à l'ordre de Dieu. L'enfant a souffert de ne pas avoir connu un amour véritable. L'amour est pour lui menaçant. Mais dorénavant et avant tout, il va avoir à retrouver le juste « ordonnancement » de la vie, à obéir à ce qui lui est demandé de vivre pour devenir lui-même.

Pour beaucoup, obéir à un ordre de Dieu, situé sur un autre plan que la parole d'un être humain blessé, va être une aide d'une grande puissance pour leur permettre de prendre position. La prise de conscience qu'ils sont dans l'idolâtrie est un choc, mais un choc bénéfique. Ils connaissent la nature de leur mal, ils vont pouvoir en atteindre la racine, l'ouvrir à la grâce.

Quand les repères de vie sont retrouvés, vient la bonne nouvelle que l'on n'est pas condamné toute sa vie à subir un désordre. Être appelé vigoureusement, quelle que soit la pression dont on a été ou est victime, à choisir un chemin de liberté, de maturité, de différenciation, à trouver une issue de vie dans l'environnement qui est le sien, induit que ce passage est à la portée de chacun, de chacune. La grâce ne saurait manquer (Dt 30, 11-14).

Dans ce domaine de l'invite à adhérer à la loi de vie, ce qui est impossible aux hommes est possible à Dieu. Tout être humain a la potentialité de renoncer au chemin de mort s'il demande et accueille cette grâce.

À quoi renonce-t-on ?

À la racine du désordre, à l'idolâtrie, à la forme de transgression de la loi de vie qui a été mise en mots et aussi à la possible, secrète, complicité. Mais cela ne suffit pas. Pour que le renoncement porte tout son fruit, il doit porter sur un objet très précis : les personnes qui vivent un état de fusion ou qui sont soumises à une emprise sont comme encerclées dans les mailles d'un filet ; il importe qu'elles les aient clairement nommées pour savoir à quoi renoncer exactement. Par exemple, dans le cas de la fusion, on va renoncer à la séduction, ou à la peur d'être la cause de la souffrance de l'autre... Dans l'emprise, le renoncement peut porter sur la croyance erronée que l'on est incapable de pensée personnelle, de parole libre...

Le renoncement à la transgression, à la fausse route, est indispensable, inévitable. Il doit être vigoureux et clair. Il se vit dans le cœur profond. C'est le moment de demander et de recevoir le don de force. Au moment du renoncement, il est bon de se rappeler qu'il est inutile de se demander comment on va mettre en œuvre le nouveau comportement. C'est d'abord le choix, la profondeur de la détermination qui importent : « Je veux, je ne sais pas si je peux, mais j'obéis, je fais confiance. »

L'acte de renoncement va avoir des répercussions sur l'entourage, notamment les proches, qui vont se trouver face à un comportement inattendu. Il importe alors de tenir bon dans la direction prise, sans rupture de relation. C'est en vivant dans l'Esprit, et avec l'aide d'un accompagnement régulier, que l'équilibre se restaurera.

Le renoncement est à reprendre chaque jour car le trajet de retour demande une grande vigilance ; chacun, chacune va avoir un piège personnel à déjouer. Les rechutes inévitables sont des occasions d'approfondissement et non de découragement.

Les obstacles.

Leur mise au jour va aider à préciser l'objet du renoncement. Le premier obstacle que l'on rencontre dans l'acte de renoncement est probablement *la peur.* Pour pouvoir affronter la peur, il est nécessaire de la préciser.

La peur de sa propre impuissance : « Je n'aurai jamais le courage de poser un acte, je n'arriverai jamais à m'en sortir, dit Olivier, de toute façon ma mère finira par l'emporter comme toujours. » C'est le moment de se souvenir que le Christ est vainqueur de la mort, qu'il est venu *annoncer aux captifs la délivrance et aux aveugles le retour à la vue, rendre la liberté aux opprimés* (Lc 4, 18). *Courage, j'ai vaincu le monde*, dit Jésus, l'esprit du monde, le sentiment d'impuissance qui est en vous. *Ce que je dis est dit et se réalisera*, dit le Seigneur (Ez 12, 28). Si nous sommes fidèles et vigilants, nul doute que nous aurons la grâce d'entrer dans la liberté du cœur.

La peur de la violence : Choisir d'adhérer à la Parole de vie, de laisser émerger ses désirs les plus authentiques, de chercher comment les réaliser, au moins en partie, de ne plus éteindre la source de son désir, risque d'entraîner des bousculades, des conflits, des réajustements de la relation, expose à affronter une possible violence : la sienne que l'on ne pourra peut-être pas contrôler, celle de l'autre qu'il va falloir apprendre à assumer. Mais, dans la mesure où l'on entrevoit une issue possible, la potentialité de se mettre debout, la violence va se transformer peu à peu en force créative qui va rendre capable d'affronter plus paisiblement la possibilité d'un conflit.

La peur de décevoir l'autre : Celui ou celle qui ne répond plus inconditionnellement à l'attente de l'autre risque de tomber de son piédestal, ne sera plus l'épouse ou l'époux idéal, le bon fils, la fille modèle et aimante. Accepter de décevoir l'autre parce que l'on prend un chemin de vie essentiel est un acte de courage, d'obéissance à l'Esprit, un deuil très réel. Vouloir à tout prix être approuvé est un obstacle à la liberté intérieure et mène à une forme d'emprise.

La peur de découvrir que les parents n'avaient pas toujours raison, qu'ils ont été dans l'erreur. Ils ont cependant droit à leurs propres blessures.

La peur d'être coupable : La culpabilité mal située pèse souvent lourdement sur l'acte de renoncement. La fusion, la soumission à l'emprise sont la plupart du temps présentées à l'enfant comme un devoir. C'est ainsi qu'il perd ses repères : si je choisis d'entrer dans ma liberté intérieure, je vais me retrouver responsable des larmes, de la souffrance de l'autre, de sa dépression, de sa maladie, de sa mort peut-être. Beaucoup sont pris dans les rets d'un habile chantage affectif. Certains se considèrent comme de véritables meurtriers en puissance : l'autre tombera gravement malade, ou mourra si je prends ma liberté, cela je ne puis le supporter, je préfère ne pas bouger.

La fausse culpabilité est mise au jour dès que l'on comprend le sens vital de la loi d'identité. Les Paroles de la Bible, le message et la vie du Christ qui la fondent sont très clairs. Il est alors facile de comprendre que l'on est en grand désordre intérieur. Se nourrir de la Parole de vérité, repérer la croyance mensongère sur laquelle on s'est construit ou laissé construire, s'établir dans la certitude que l'on obéit à l'ordre de vie apaise, rassure, donne force et courage pour la route. Il est vrai qu'il y a des cas où la situation demeure inchangée, mais le juste mouvement à vivre est de toute façon en premier lieu de retrouver pour soi-même le chemin de vie.

Pour certains, cela va être le lieu d'un véritable combat spirituel, le sentiment de culpabilité est souvent profondément inscrit dans la psyché, c'est un piège redoutable, de victime on devient coupable. Se dégager de la fausse culpabilité est un juste et bon combat, un combat pour la vie.

La peur de perdre ce que l'on appelle les bénéfices secondaires : Qu'est-ce que je perdrais si j'entrais dans ma liberté ? À quoi est-ce que je m'exposerais ? Suis-je prêt(e) à perdre la paix apparente, l'absence trompeuse de conflits ? Quel nouveau comportement aurai-je à assumer en entrant dans ma liberté ?

C'est en cédant à la peur, sous quelque forme qu'elle se présente, que l'on devient *complice* du désordre de l'autre.

Il faut rappeler ici que le renoncement est suivi d'un travail de deuil qui va être vécu dans la présence vivante du Christ et dont l'objet doit être tout à fait déterminé : le deuil de la fausse sécurité, de la paix trompeuse, de l'idolâtrie dont on était l'objet, de l'illusion, la séduction… Le deuil va conduire à l'acceptation profonde de toutes ces sortes de pertes et se poursuivre par l'adhésion à la résurrection, à la vie renouvelée.

Chemins de vie.

Comment situer justement l'acte de déliance.

Le mort sortit, les pieds et les mains liés de bandelettes, et le visage enveloppé d'un suaire. Jésus leur dit : Déliez-le et laissez-le aller (Jn 11, 44).

L'acte de déliance est proposé au cours du trajet de libération de la fusion, de l'emprise, des confusions de toutes sortes dans la relation. C'est une façon de se remettre en ordre, de retrouver son identité. Il a été étudié dans le tome I de *L'Évangélisation des profondeurs*[1], mais l'expérience des accompagnements a montré qu'il était nécessaire de le reprendre, de rappeler à nouveau son véritable sens, d'apprendre à le poser de façon juste en précisant clairement de quoi on se délie, en le revivant autant de fois qu'il est nécessaire. L'acte de déliance est simple et porte un fruit abondant. Il peut s'exprimer ainsi : « Aujourd'hui, je me délie des ombres et de l'emprise que l'autre, quel qu'il soit, parents, conjoint, enfants, relation, patron, peut (ou a pu) exercer sur moi et je le laisse aller son chemin dans la bénédiction de Dieu. » On se délie ainsi de l'impact que le comportement de l'autre peut (ou a pu) avoir sur soi. « De même je délie l'autre des ombres et de l'emprise que j'ai pu exercer sur lui, sur elle (en devenant complice, en demeurant dans le non-dit, en le ou la laissant faire…) et je me donne le droit d'aller librement mon chemin dans la main de Dieu. »

Mais il importe de bien situer cet acte. L'acte de déliance est un acte de séparation intérieure, qui n'entraîne ni exclusion, ni division, ni rupture de relation, ni abandon de l'autre (encore que parfois une séparation géographique s'impose). L'acte de déliance permet de quitter ce qu'il faut impérativement quitter si l'on veut entrer dans sa liberté intérieure : la

1. Simone PACOT, p. 90.

soumission au désir de l'autre, le fait d'être possédé par l'autre ou courbé devant lui, le désir d'identification, d'indifférenciation.

Il est posé dans le cœur profond et n'a évidemment pas à être exprimé à celui ou à celle qui est concerné. C'est un choix intérieur qui marque un passage important. Il se vit dans la prière et la grâce du Christ : c'est le moment où l'on quitte l'asservissement, où l'on choisit de reprendre sa liberté intérieure, où l'on obéit à un ordre de Dieu, où l'on se remet en ordre.

On le pose à un jour et à une heure précis, d'une façon déterminée. Mais il est bon de le reprendre ensuite chaque jour si l'on sent que c'est nécessaire – sous forme d'action de grâces par exemple – ou quand on se trouve en difficulté. On ne se délie pas à tout bout de champ, de n'importe qui et n'importe comment. Ce mouvement est longuement préparé dans la prière.

L'acte de déliance, comme tout acte intérieur posé dans le trajet d'évangélisation des profondeurs, n'est pas une recette. Il demande à être approfondi chaque fois qu'il est posé. La fusion, l'emprise, la confusion, l'identification à l'autre peuvent avoir des causes différentes, se manifester dans des formes particulières : il est indispensable de mettre en mots de façon précise de quoi on se délie, sinon on risque de rester en périphérie et de laisser subsister le nœud, l'enfermement.

Lorsqu'on a posé un acte de déliance et que l'on reste cependant enfermé dans son problème, il est nécessaire d'aller regarder de près comment il a été vécu : a-t-il été bien compris, n'a-t-il pas été trop général, de quoi s'est-on délié ? Ce n'est pas très difficile, il suffit d'être ouvert à ce questionnement. Jésus le Christ est venu rendre la vue aux aveugles (Lc 4, 18). Sa grâce va peu à peu nous ouvrir les yeux, nous permettre de voir ce qui reste caché dans la relation.

Agnès pose un acte de déliance par rapport à une fusion vécue avec sa mère. Quelques mois après, sa mère tombe gravement malade. Agnès rentre alors dans une angoisse qui la paralyse littéralement : elle exprime qu'elle ne peut supporter l'idée que cet acte de déliance va la contraindre à abandonner sa mère à un moment crucial de sa vie. Elle n'a pas saisi que l'acte de déliance n'entraîne pas une rupture mais un renouvellement de la relation. Agnès est évidemment dépendante de circonstances nouvelles : elle va d'abord avoir à se resituer de façon juste dans son choix de quitter la fusion ; elle va ensuite découvrir, dans la lumière de l'Esprit, comment établir les bases d'une nouvelle relation avec sa mère dans la situation telle qu'elle se présente. Cette situation qui est apparemment un obstacle sur le chemin de liberté d'Agnès va être en fait l'occasion d'un approfondissement. *Tu quitteras ton père et ta mère* (Gn 2, 24) *et tu les honoreras, afin d'avoir longue vie et bonheur sur la terre que l'Éternel te donne* (Dt 5, 16).

Michèle vit une très forte fusion avec sa mère. Elle dit être littéralement possédée par elle, encerclée. Elle pose un acte de déliance, qui la met sur un chemin de véritable liberté intérieure. Elle a fait un pas considérable, mais dit ressentir autre chose en elle qu'elle n'arrive pas à clarifier et qui la retient en arrière, « c'est comme un lien qui m'attacherait encore, mais je ne sais pas à quoi cela correspond ».

La mère de Michèle n'a pu sauver sa propre mère qui s'est donné la mort devant elle, alors qu'elle était adolescente. À partir de cet événement dramatique, elle est entrée dans une culpabilité totalement destructrice. Elle n'a pu sauver sa mère ; inconsciemment, elle charge Michèle d'être la fille qu'elle aurait voulu être, de réaliser ce qu'elle-même n'a pu réussir : sauver sa mère, donc la sauver, elle. Michèle se retrouve, sans que rien ne soit dit, avec cette fonction de « sauveur » qui la lie et l'empêche de suivre sa propre route. Elle entre elle-même dans une culpabilité permanente, sa mère sombrant d'année en année dans un état dépressif de plus en plus aigu sans qu'elle puisse rien faire pour améliorer son état.

Dans un cas comme celui-ci, une déliance générale ne suffit pas, il faut aller plus loin. Michèle va devoir se délier de cette attente de sa mère sur elle-même, renoncer à cette fonction de sauveur qu'elle a prise et qui ne saurait être la sienne, car Dieu seul sauve. Elle va décevoir sa mère – même si l'acte posé est purement intérieur. Accepter de décevoir celui ou celle qui compte sur soi est un renoncement très profond, un véritable travail de deuil. Elle va aider sa mère autant qu'elle le peut, dans ses propres limites qui sont celles de tout humain, à assumer une situation difficile en veillant à ne pas se laisser détruire. Elle n'est pas Dieu : *Tu n'auras pas d'autres dieux que moi* (Dt 5, 7) et elle va reprendre sa place de fille de Dieu qui accueille le salut du Christ comme sa mère a à le faire. Elle découvre que vouloir être le sauveur d'un (ou d'une) autre est une des formes de la toute-puissance, c'est une transgression de la loi d'acceptation de la condition humaine.

Lors d'une démarche de fin de session, Michel jette une bague que sa grand-mère aimait beaucoup et qu'elle lui a laissé en héritage. « Tu ne peux jeter de cette façon un bijou qui a été longtemps porté par quelqu'un et qui a une forte valeur symbolique, c'est comme si tu jetais ta grand-mère dans le néant. – Mais elle a eu une telle emprise sur moi que je tiens à poser un acte très fort. – Alors cherche un autre symbole. Ce n'est pas pour rien que dans l'acte de déliance on se délie de l'emprise que l'autre a pu avoir sur soi, mais on remet la personne dans la bénédiction de Dieu, et pas n'importe où. – C'est une formule que je ne peux pas prononcer. – Trouve la formule qui te convient. – Je remets ma grand-mère dans la sagesse de Dieu. Cela, je peux le dire. » Michel prend alors un cordon qu'il coupe en deux : il met une partie du cordon dans la corbeille et l'autre partie à côté de la Bible... il coupe le mauvais lien et va avoir peu à peu à découvrir, dans la grâce du Christ, la relation qu'il peut instaurer avec sa grand-mère qui est, elle aussi, enfant de Dieu.

Michel a enfoui en lui une très grande révolte qu'il n'a pas traversée, ni probablement mise au clair. S'il se délie du comportement de sa grand-mère en demeurant dans la haine, il va rester dans une forme de fusion car on peut vivre un état fusionnel, lié à l'autre par la haine qu'on lui porte. Il ne peut certainement pas entrer dans le pardon tout de suite – et ce n'est pas le moment – mais il va prendre le temps d'aller à la rencontre de ce qui se vit au fond de lui-même, de laisser le Christ visiter ce sentiment de haine et y accomplir son œuvre de vie. Alors les forces vives qui sont utilisées à entretenir ce sentiment de haine vont pouvoir être réorientées vers un mouvement de vie, pour l'émergence d'une liberté nouvelle.

Jacques a posé un acte de déliance par rapport à l'emprise d'un père extrêmement brutal et violent, sans mettre au jour les émotions vécues pendant son enfance et son adolescence. Il tombe gravement malade et, quelques mois avant sa mort, est submergé par une intense souffrance : « Cela a un rapport avec mon père, dit-il, mais je ne comprends pas ce qui se passe, j'ai vécu une réelle déliance. »

Il a posé cet acte trop tôt. Il a pris conscience de sa révolte et y a brutalement renoncé sans aller à la racine de sa propre violence, sans la traverser dans la présence du Christ, sans la laisser labourer par sa grâce. Ainsi, il a été totalement inconscient de sa souffrance cachée derrière la révolte. Il a la grâce d'être accompagné dans sa maladie par quelqu'un qui l'aide à parcourir cette descente dans sa violence, et aussi dans ce chagrin profond, ce regret poignant de n'avoir jamais pu avoir de relation vraie avec son père. Il apprend à se laisser consoler par le Christ. Il va se trouver alors totalement apaisé, et peut reprendre autrement et naturellement l'acte de déliance qu'il avait posé en brûlant une étape.

Par la grâce de cet acte de déliance, l'Esprit nous prépare à vivre le renouvellement de la relation, une relation vraie et aimante, justement située dans le respect de soi-même et de l'autre. C'est bien cela, le Royaume. Et Il nous invite à nous engager avec bonheur dans la Pentecôte de la relation.

L'histoire de la libération d'une emprise.
Le trajet de Paul.

Il n'est pas rare d'entendre des personnes dire : « J'entends la Parole de Dieu, je voudrais l'intégrer, mais je ne peux pas. »

Ils ont en eux comme un frein, une sorte de lien qui les empêche d'avancer. Peut-être ont-ils manqué une étape. L'histoire de Paul est à ce sujet très éclairante.

Paul a suivi un cycle de sessions. Il dit avoir compris les enseignements qui y sont donnés, mais rester néanmoins lié par son problème : « Je suis nul. » Ce message lui a été transmis par sa mère, avec une force et une constance invraisemblables. Cela a commencé dès sa naissance : sa mère a refusé de montrer son bébé à ses voisins, le trouvant laid. Par la suite, quoi que Paul entreprenne ou essaie de vivre, il lui était signifié que de toute façon il était nul. Son parcours a été jalonné de ruptures comme s'il allait au-devant de l'échec et ne pouvait saisir ce que la vie lui offrait de bon.

Il décide d'exposer son problème à un accompagnateur. Il dit ne pas comprendre ce qui se passe en lui : « Je suis sûr qu'il y a une parole de Dieu pour moi. *Tu comptes beaucoup à mes yeux parce que tu as du prix, et moi, je t'aime* [...] *Ne crains pas, car je suis avec toi* (Is 43, 4.5). J'entends une autre voix, une autre Parole que celle de ma mère et cependant rien n'y fait, je ne peux l'intégrer, parce que je suis réellement nul, c'est du béton. » Cette certitude : « c'est du béton » revient sans arrêt dans l'entretien. Paul est sous l'emprise d'une parole humaine destructrice qui s'est plantée en lui comme une mauvaise graine, solidement enracinée, qui empoisonne toute sa vie.

Pourquoi ne peut-il intégrer la Parole de Dieu ? Comment l'aider ? Quelle démarche lui proposer ? Paul ne peut accueillir la Parole de Dieu qui va le nourrir autrement, retisser le tissu psychique qui a été profondément abîmé, parce qu'il a manqué une étape essentielle que l'on pourrait appeler l'étape de conversion. Il se contente d'exposer son enfermement dans la prière et d'attendre la libération tout en gardant enracinée en lui la certitude que « c'est du béton ». Il ne s'est pas demandé si la façon dont il avait réagi à sa blessure était ou non conforme à la Parole de Dieu, à une loi qui pose les fondements de la vie, il n'a pas cherché à découvrir s'il avait pris une fausse route, s'il avait transgressé des repères fondamentaux ; il n'est pas allé jusqu'à la racine de son lien. N'ayant pas mis en mots la fausse route, il ne peut y renoncer, et c'est ce qui le maintient en prison : il n'a pas pris conscience de la façon dont lui-même s'est enfermé dans sa prison. Il ne s'est pas responsabilisé face à ce qui lui est arrivé.

« Tu dis : c'est du béton, je n'y peux rien. Pourrais-tu exprimer en d'autres termes ce que tu vis réellement en disant cela, dans ta relation à ta mère, à Dieu ? – La parole de ma mère est toute-puissante ; face à elle, la Parole de Dieu ne peut rien... Je crois à la parole de ma mère, je ne peux arriver à croire à la Parole de Dieu. – Autrement dit, la parole de ta mère est un absolu qui te détermine ? Est-ce que tu te rends compte qu'en disant cela, en t'enracinant dans la croyance que "c'est du béton" dans lequel Dieu lui-même ne pourra jamais pénétrer, tu mets ta mère en place de Dieu ! Elle est plus puissante que Dieu ! Cela porte un nom dans la Bible, le sais-tu ? »

Paul découvre qu'il est idolâtre. C'est un mot nouveau pour lui. Il ne l'avait jamais prononcé en l'appliquant à lui-même et ne s'était même jamais demandé ce qu'il signifiait. Il prend conscience qu'il est esclave d'une idole : la parole mensongère, le regard destructeur de sa mère. Cette idolâtrie l'a empêché de devenir lui-même. Au lieu de se laisser insuffler, inspirer, guider par l'Esprit, il s'est identifié à la parole destructrice, il l'a « mangée », s'en est nourri. De plus, sa terre est « occupée », il n'y a pas de place pour la Parole de Dieu qui ne peut se planter. « Je reconnais que je suis idolâtre, mais je ne sais comment faire pour sortir de là. – C'est tout simple : comprendre, connaître, nommer ne suffisent pas. Tu as des actes intérieurs essentiels à poser dans la prière. Tu as d'abord à te repentir de l'idolâtrie que tu entretiens, à y renoncer, à mettre vigoureusement dehors la parole mensongère, et à prendre un chemin de vie. » La prière de Paul est humble et simple, elle exprime sa réalité, et les démarches qu'il est maintenant prêt à vivre.

Seigneur, je me présente à toi avec ce problème d'enfermement dans lequel m'a mis la parole négative de ma mère : « Tu es nul. » Jusqu'à maintenant j'ai vécu dans cette certitude absolue : je suis nul, c'est du béton. Aujourd'hui, pour la première fois, j'entends et je comprends que j'ai donné à ma mère un pouvoir absolu sur moi, alors que c'est à ton amour, à ton appel à la vie, que j'aurais dû donner un pouvoir absolu, car il n'y a que toi qui as puissance d'être et peux me confirmer ce que je suis. Je découvre que j'ai attribué à la parole de ma mère plus de puissance qu'à ta propre parole ; je comprends aujourd'hui que je me suis laissé asservir par un faux dieu, et j'apprends que cela s'appelle l'idolâtrie. Je n'en veux à aucun prix. Je n'aurai pas d'autres dieux que toi. J'ai été aveugle et sourd ; j'ai oublié que tu es venu nous apporter la vie et la vie en abondance (Jn 10, 10), que tu es venu annoncer aux captifs la délivrance, rendre la liberté aux opprimés (Lc 4, 18).

J'ai mis de côté cet appel à la vie que tu lances à tes fils, cet ordre de vie que tu leur donnes, leur recommandant de ne jamais choisir de chemin de mort. J'ai oublié que ce choix-là m'était confié, dans ma liberté, et je me repens de tout mon cœur d'être passé à côté d'un tel message, d'un tel don, d'avoir erré sur la route de perdition, desséché comme un sarment coupé d'un cep (Jn 15, 6). Je renonce de tout mon cœur, de tout mon être à cette idolâtrie, je reconnais que [*tu es*] *l'Éternel, le Dieu d'Israël, qui* [*m'*]*appelles par* [*mon*] *nom.* Je sais que tu es l'Éternel sans égal, que [*toi*] *excepté, il n'y a pas de Dieu* (Is 45, 3.5).

J'enlève définitivement à ma mère le pouvoir qu'elle a sur moi ; désormais son pouvoir ne me détruira plus. J'arrache de moi la parole destructrice, le regard qui apporte la mort et je les mets hors de moi, dans la croix du Christ qui fait mourir tout ce qui doit mourir en moi.

Je peux maintenant accueillir la Parole que tu m'as déjà fait connaître : *Tu comptes beaucoup à mes yeux parce que tu as du prix, et moi je t'aime* [...] *Ne crains pas, car je suis avec toi* (Is 43, 4-5). Désormais cette parole sera ma nourriture quotidienne, elle va me faire renaître dans ma véritable identité, ma liberté.

Chaque jour je prendrai le temps de découvrir trois comportements de mon quotidien, par lesquels tu me signifieras que je vaux quelque chose ; je te les offrirai comme fruits de la journée, j'entendrai ta Parole qui m'assure que je peux être un serviteur bon et fidèle, entrer dans la joie de son Seigneur (Mt 25, 21).

Je remets tout cela sous ta garde, Seigneur, cet engagement, ce passage de l'ancien au nouveau, de ma mort à ma résurrection. Je demande que la force, la douceur et la lumière de l'Esprit m'accompagnent chaque jour sur la route et je m'engage aussi à me le rappeler sans cesse. Je reçois comme ma tâche d'enraciner très profondément cette graine nouvelle que tu viens de planter en moi, de l'entourer, de la soigner. Je crois que je peux dire comme Job : *Je ne te connaissais que par ouï-dire, mais maintenant mes yeux t'ont vu* (Job 42, 5). Oui, dans ma chair j'ai véritablement touché mon Rédempteur, et cela je sais que c'est une joie que personne ne pourra jamais m'enlever. Chaque jour de ma vie je te rendrai grâce de m'avoir ramené à la vie.

Paul a vécu cette démarche jour après jour, avec beaucoup de vigilance jusqu'à ce que le béton se fissure : à sa grande surprise, il a rapidement fondu comme neige au soleil.

Paul était quelqu'un d'éclairé sur le plan psychologique, il avait fait une analyse précise de la lente destruction qu'il avait vécue au cours de son histoire. Il connaissait et aimait la Parole de Dieu, et cependant il restait en suspension entre ces deux dimensions, sans trouver le pont qui lui permettrait de passer de l'une à l'autre ; ce pont était la prise de conscience qu'en se laissant déterminer par le regard négatif de sa mère, il transgressait une loi de Dieu, celle qui lui enjoint de devenir lui-même ; il se détruisait dans une idolâtrie non reconnue. Paul était en Égypte, dans l'esclavage et l'enfermement. Il a bien fallu qu'il quitte l'Égypte pour traverser ensuite le désert et découvrir sa propre terre. Il était indispensable qu'il lâche ses filets, qu'il meure à ses fausses croyances. Encore fallait-il les connaître, les nommer, sortir de la périphérie pour laisser la Parole, la vie de Dieu pénétrer jusqu'à la racine de son mal.

Le renouvellement. La Pentecôte de la relation.

Voici, je fais toutes choses nouvelles (Ap 21, 5). Un des premiers fruits du trajet d'évangélisation des profondeurs est le renouvellement de la relation, c'est-à-dire la construction du Royaume. Il ne saurait en être autrement. La relation est essentielle, elle est au cœur de la vie de l'être humain.

Il apparaît donc important de consacrer quelques pages à l'approfondissement de ce thème.

LA PENTECÔTE DE LA RELATION

La Pentecôte de la relation signifie que l'Esprit s'établit au cœur d'une relation : nous lui en ouvrons la porte et nous sommes dociles à ses indications. C'est alors qu'il va la vivifier, la renouveler.

Tu aimeras ton prochain comme toi-même (Lv 19, 18 ; Mt 19, 19).

La transformation de soi-même mène à la transformation du monde. Il convient de commencer par soi mais non finir par soi, de se prendre pour point de départ mais non pour but[1].

Le réajustement de la relation.

Quiconque engage tout son être dans le choix de la vie va avoir pour fonction de devenir passeur de vie, artisan de vie : la relation est alors revitalisée, la graine de vie peut être semée : l'être humain devient réellement le sel de la terre… (Mt 5, 13). Mais en même temps que le travail de vérité sur soi-même se poursuit, la vie commence à se déployer, les désirs jusque-là éteints émergent, les fausses culpabilités sont repérées, mises au jour, l'impérieuse nécessité de devenir soi-même, de développer son identité, de découvrir sa place s'impose, et il devient indispensable de réajuster la relation.

1. Martin BUBER, *Le Chemin de l'homme*, Monaco, Éd. du Rocher, 1991, p. 42.

Si on n'y prend garde, un regard uniquement psychologique risque parfois d'entraîner une lucidité impitoyable, une façon d'épingler l'autre avec assurance, de l'enfermer dans sa difficulté : l'essentiel peut être de sauver sa peau à tout prix surtout si l'on sort d'un lourd passé d'écrasement.

Les mêmes questions essentielles se retrouvent en toute relation : Comment aimer en demeurant libre et en respectant la liberté de l'autre ? Comment laisser l'autre libre sans l'abandonner [1] ? Comment sortir de l'illusion, entrer dans un regard de vérité sans perdre l'amour ? Comment ne pas durcir son cœur quand on commence à voir clair, à dépister le fonctionnement de l'autre, en même temps que ses propres tendances à se laisser écraser ? Comment aimer sans se laisser détruire, sans se perdre ? Comment se protéger sans entrer dans l'indifférence ? En fait, comment aimer dans la difficulté d'une communication blessée ?

On retrouve ici les deux courants paternel et maternel de tout amour : amour et vérité, tendresse, compassion, accueil, ouverture, mais aussi repère, loi de vie, sens, cohérence, remise en ordre [2].

Il va être essentiel de tenir tous les fils, d'être attentif à ne pas exclure l'autre mais aussi à ne pas se laisser détruire, à trouver les issues de vie qui vont prendre en compte son propre développement sans aliénation, mais aussi sans illusion, sans déni de la réalité.

La relation à l'autre confronte l'être humain : à ses désirs (ceux d'une communication non blessée, heureuse, totale, épanouie, sans conflit grave, où l'on se sent compris, aimé, reconnu) ; à ses limites (les siennes, celles de l'autre) ; à ses dépendances (les dépendances font partie de la vie, il est tota-

1. Catherine BOÉ, « Comment laisser l'autre libre sans l'abandonner », document de travail de Bethasda, « La vie renouvelée », Bethasda Documentation, 22, route du Tertre, 41150 Chouzy-sur-Cisse.

2. Marie-Madeleine LAURENT et Dominique DE BETTIGNIES (psychologues), *Je me lèverai donc et j'irai vers mon père*, (document de travail n° 2, Bethasda Documentation, 22, route du Tertre, 41150 Chouzy-sur-Cisse), 4e éd., 1999.

lement illusoire de penser que la liberté ne peut se vivre qu'en dehors de tout lien de dépendance) ; à ses peurs (la menace d'écrasement, la peur d'être exclu, rejeté, abandonné, de ne pas savoir aimer).

Plusieurs routes vont donc s'ouvrir face à une relation : aller au bout de la relation ; la fuir, éviter les difficultés ; se durcir ; vivre une dépendance mal située ; vouloir échapper à toute dépendance ; se résigner ou se désespérer.

La transformation, le changement de cap, de vision.

C'est à ce moment que peut se vivre un changement de cap, de vision qui ouvre la porte à une Pentecôte de la relation.

Lorsqu'on est uniquement préoccupé d'échapper à la frustration, au manque, une relation difficile apparaît comme un obstacle à la vie. Entrer dans une vision plus large, prendre conscience de la tâche de transmetteur de vie, d'artisan de vie confiée à l'être humain, permet d'entrer dans une autre dimension. Il s'agit de sauver ce qui peut être sauvé, de remettre la vie en route là où c'est encore possible, de ne pas éteindre la mèche qui fume encore (Is 42, 3). On découvre alors un nouveau sens à son existence : on va aborder la relation autrement, avec un cœur pacifié. Se situer uniquement à l'horizontale dans la relation amène à se trouver face à toutes sortes de déceptions et de vaines attentes. Se situer à la verticale, être relié à sa source, recevoir sa tâche des mains de Dieu, change le regard. La relation n'est plus considérée comme un obstacle, mais comme une occasion de faire grandir la vie. On passe du souci exclusif de ses intérêts personnels au service de la vie. Mais il ne s'agit pas de retourner dans les errements du passé, de reprendre les fausses routes, de se gommer complètement pour sauver la relation. En vivant les différentes étapes du trajet de l'évangélisation de ses profondeurs, on apprend à se situer de façon plus juste, plus saine, et c'est précisément la première chose qu'il va falloir faire dans cette Pentecôte de la relation : expérimenter comment vivre une relation consciente, justement située, dans l'amour et dans la vérité.

C'est en vivant dans l'Esprit que ce renouvellement va pouvoir survenir : l'Esprit est le levain dans la pâte humaine, le grand travailleur [1]. Sa fonction est de rajeunir, renouveler, remettre en route ; il va nous aider à devenir créatifs, à découvrir et à déployer notre propre chemin de liberté (dans les circonstances qui sont données à vivre), à « accomplir » le présent.

La liberté intérieure.

La première condition du renouvellement de la relation est sans aucun doute de pouvoir la vivre en demeurant dans sa liberté intérieure tout en respectant celle de l'autre : c'est parfois aisé, c'est parfois fort difficile si l'on se trouve dans des situations contraignantes, fermées ou enfermantes. Il arrive même que l'on soit en danger de perdre ses repères essentiels.

Le fondement de la liberté intérieure est la vérité : la vérité sur soi, en toute relation ; la Parole du Christ est claire : *Si vous demeurez dans ma parole, vous êtes vraiment mes disciples ; vous connaîtrez la vérité et la vérité vous libérera* (Jn 8, 31-32).

La liberté intérieure est essentielle, vitale, impérative. Elle est le signe de ceux et de celles qui vivent dans l'Esprit : *Où est l'Esprit du Seigneur, là est la liberté* (2 Co 3, 17).

La liberté intérieure se manifeste essentiellement dans le choix.

Un œil sain. – La principale composante de la liberté intérieure est d'avoir un œil sain (Mt 6, 22-23).

L'œil sain c'est le regard juste, d'abord sur soi puis sur l'autre et sur toute situation : c'est la guérison de l'aveuglement. *Jésus dit alors : « C'est pour un discernement que je suis venu en ce monde : pour que ceux qui ne voient pas*

1. Annick DE SOUZENELLE, enseignement oral.

voient et que ceux qui voient deviennent aveugles. » Des Pharisiens, qui se trouvaient avec lui, entendirent ces paroles et lui dirent : « Est-ce que nous aussi, nous sommes aveugles ? » Jésus leur dit : « Si vous étiez aveugles, vous n'auriez pas de péché ; mais vous dites : Nous voyons ! Votre péché demeure » (Jn 9, 39-41).

Les différentes étapes traversées dans l'évangélisation des profondeurs : la rencontre de sa vérité, la remise en ordre intérieure, la prise de conscience des conséquences du passé sur son présent, le renoncement au chemin de mort, le choix d'issues nouvelles, tout cela va permettre à celui ou à celle qui s'y est engagé de ne plus projeter sur l'autre ses propres ombres.

Quiconque commence à voir sa part dans la relation sait sur quel terrain travailler. Tout n'est plus la faute de l'autre. Ses propres fragilités, attentes, dépendances, revendications mal situées, formes de toute-puissance, se découvrent peu à peu et éclairent les brouillages de la relation.

Mais en même temps, le regard porté sur l'autre s'éclaircit également : on voit ce que l'on ne voyait pas, on sort de l'illusion. Il n'est pas question de décortiquer la responsabilité ou la culpabilité d'un autre : cela appartient au Père qui connaît le secret des cœurs. Qui entrerait dans ce mouvement se situerait à la source de la connaissance du bien et du mal [1], « mangerait » ce qu'il ne doit pas manger. En revanche, il est de la responsabilité de chacun de discerner la justesse du comportement de l'autre, de sa demande, ou de son attente, de façon à pouvoir se situer de façon juste.

C'est une prise de conscience courageuse qui peut être extrêmement douloureuse, un temps de vérité qui va se vivre dans la lumière mais aussi dans la consolation du Christ : il fortifie et réconforte en même temps qu'il accueille la souffrance née de la prise de conscience. En effet, cesser d'être dans le déni, prendre conscience de la réalité, renoncer à l'illusion, représente un véritable travail

1. Gn 2, 17.

de deuil dont toutes les étapes vont devoir être traversées. Il n'est pas facile de découvrir que l'on s'est soumis à un pouvoir abusif, mais aussi que l'on est entré dans la séduction, que l'on a placé l'autre sur un piédestal, comme une idole, une fausse sécurité. C'est alors qu'il ne faut pas céder au sentiment d'impuissance et choisir de se lever, de porter son grabat et de se mettre en route (Jn 5, 8).

Il est bon de se souvenir que l'on ne peut pas tout vivre en même temps : le temps de la prise de conscience n'est pas le temps de la compassion ni du pardon, qui arrivera ensuite, en son temps.

Que faire de ce que l'on a vu ? Dire oui, dire non. – L'œil sain va permettre de répondre « oui » si c'est oui, et « non » si c'est non : *Que votre langage soit : « Oui ? oui », « Non ? non » : ce qu'on dit de plus vient du Mauvais* (Mt 5, 37).

La liberté intérieure est à ce prix : savoir dire « non » quand c'est nécessaire et « oui » à ce qui est bon et va dans le sens de la vie. L'œil sain va permettre de repérer les désordres de l'amour, de ne pas confondre réconciliation et fusion, amour et écrasement, de faire la différence entre une compassion bien située et une fausse compassion dans laquelle on pourrait s'engloutir, ou devenir complice d'un désordre. Beaucoup n'osent pas aller au bout de ce qu'ils voient de peur de manquer à la charité. C'est ainsi que le désordre peut s'installer. L'œil sain permet de rétablir les repères de vie indispensables.

C'est en se laissant éclairer par l'Esprit et dans la poursuite vigilante de son propre cheminement que l'on sortira de l'aveuglement, mais il sera également nécessaire d'avoir quelques connaissances psychologiques pour pouvoir avancer.

Mettre peu à peu en place les actes intérieurs et les comportements qui vont mener à une véritable liberté va certes créer des secousses, des bousculades dans la relation, mais cela fait partie des difficultés et du courage de vivre : si cette nouvelle route est véritablement vécue dans l'Esprit, si l'on sait demander et accueillir la grâce, les dons de discernement, de force, de prudence seront donnés, et l'équilibre reviendra peu à peu.

Comment parler avec un cœur pacifié : mettre dehors ce qui ne nous appartient pas.

Il y a des moments où l'on sait que l'on devrait parler et l'on se tait. Et il y a des moments où l'on sait que l'on devrait se taire et on laisse aller une parole qui va abîmer un peu plus la relation.

Avant toute chose, il faut bien sûr être au clair sur son propre trajet, la part qui est la sienne dans la difficulté. Mais il importe également d'apprendre comment mettre hors de soi les ombres de l'autre.

Nous avons à mettre hors de nous ce qui ne nous appartient pas. Beaucoup – certains(nes) plus que d'autres – intègrent en eux-mêmes la violence de l'autre, ses problèmes, son angoisse, son désordre ; ils finissent par être littéralement possédés, par vivre sous occupation : l'autre les habite en quelque sorte. Ils sont irrités, ils ruminent, tournent en rond, ne peuvent se libérer de ce qui ne leur appartient pas. C'est un alourdissement considérable, la vie ne peut plus se développer : la graine est tombée sur les épines, et les épines ont monté et l'ont étouffée (Mt 13, 7).

Jésus le Christ n'a jamais été englouti intérieurement par les ombres de ses adversaires. Il a été victime du mal qui était imposé de l'extérieur, ce n'est pas la même chose. Il a parlé, réagi, dit la vérité tant qu'il a pu le faire : au moment de sa condamnation à mort, c'était devenu inutile, la perversité de ses ennemis était telle que le silence s'imposait. Il a traversé les ténèbres comme un enfant de lumière : *et la lumière luit dans les ténèbres et les ténèbres ne l'ont pas saisie* (Jn 1, 5). Elles n'ont pas atteint le centre de son être, sa liberté intérieure est intacte : *Ma vie, nul ne me la prend, c'est moi qui la donne* (Jn 10, 18). Il ne subit pas, il demeure acteur de sa vie en demeurant libre dans une situation d'enfermement.

Mettre dehors ce qui ne nous appartient pas est un acte que bien souvent nous n'osons pas poser. Mais une des fonctions de la volonté libre consiste précisément à mettre à la porte de sa demeure ce qui n'a pas à être là. La présence de Dieu ne peut s'établir dans une maison encombrée : il n'y a pas de place pour elle. L'enfant ne peut y naître : *Elle enfanta son fils premier-né, l'enveloppa de langes et le coucha dans une crèche, parce qu'il n'y avait pas de place pour eux à l'hôtellerie* (Lc 2, 7).

C'est un problème important car certains sont comme des éponges, ils prennent tout en eux, se rendent ainsi malades, ne sont plus eux-mêmes.

À chacun, à chacune de découvrir dans la vie dans l'Esprit comment mettre hors de soi les ombres de l'autre : cela ne se fait pas tout seul, par la seule compréhension. C'est un acte intérieur, un véritable choix. Il convient d'abord de repérer ce que l'on a intégré et qui n'est pas à soi, puis de découvrir, dans l'Esprit, l'acte intérieur et aussi le geste symbolique qui vont faire participer le corps entier à ce mouvement car les ombres vont très facilement envahir le corps. On ne renvoie pas à l'autre son mal car ce serait le renforcer, ajouter un mal à un mal. On le met simplement hors de soi, ou au pied de la croix du Christ qui fait mourir ce qui doit mourir, ou par tout autre geste qui sera inspiré.

Ce passage se vit par rapport aux miasmes du passé et aussi jour après jour selon l'événement, les rencontres : c'est une façon de se débarrasser des toxines qui nous encombrent, de se dépolluer. Ce mouvement va beaucoup aider à la pacification du cœur.

Il n'y a pas que cela, bien sûr. On retrouve là tout le domaine de l'enfouissement des émotions, des blessures réactivées, mais ce trajet est maintenant assez connu pour que l'on ne le reprenne pas ici.

Libérer la parole.

L'œil sain prépare la libération de la parole. Qui voit clair pense vrai et va pouvoir dire « je », oser exprimer ce qu'il pense et croit vrai.

Que dire ? Quand ? Comment ? – Il est essentiel de libérer la parole : la parole juste, vraie, aimante, qui va aider à remettre les choses en ordre. Dans le Lévitique (19, 17), il est demandé à chacun, à chacune, de reprendre son prochain sous peine de se charger de son péché *(Tu dois réprimander ton compatriote et ainsi tu n'auras pas la charge d'un péché)*, mais à la condition que le cœur soit purifié, sans recherche de vengeance, ni rancune. *Tu n'auras pas dans ton cœur de haine pour ton frère* (Lv 19, 17).

Le Christ nous recommande également de reprendre celui ou celle qui est en désordre : *Si ton frère vient à pécher, réprimande-le et, s'il se repent, remets-lui* (Lc 17, 3), mais de commencer par regarder notre propre part dans la relation : *Qu'as-tu à regarder la paille qui est dans l'œil de ton frère ? Et la poutre qui est dans ton œil à toi, tu ne la remarques pas ! Comment peux-tu dire à ton frère : « Frère, laisse-moi ôter la paille qui est dans ton œil », toi qui ne vois pas la poutre qui est dans ton œil ? Hypocrite, ôte d'abord la poutre de ton œil ; et alors tu verras clair pour ôter la paille qui est dans l'œil de ton frère* (Lc 6, 41-42).

Pour que la parole porte un fruit de vie, elle doit d'abord se concevoir dans le silence d'un cœur pacifié ; on n'a pas à cracher son venin, sa rancune à l'autre, à régler ses comptes, à se venger, à le condamner, le nier ou l'humilier.

Préparer l'échange dans la vie dans l'Esprit. – La libération de la parole va se vivre dans un apprentissage de la vie dans l'Esprit. Le rôle du serviteur est de labourer la terre, de préparer le terrain qui va recevoir la graine de vie. Comme Cyrus (Is 45, 1-7), il est envoyé pour ouvrir les portes à la présence de Dieu, en l'occurrence celle d'une relation très précise. Mais il ne doit pas oublier que c'est Dieu lui-même qui fracassera les battants de bronze et brisera les barres de fer, c'est-à-dire les résistances qui s'opposent à la vie, à la lumière, à la vérité. *Ainsi parle l'Éternel à son oint, à Cyrus qu'il a pris par la main droite pour abattre devant lui les nations et dépouiller les reins des rois, pour forcer devant lui les battants, de sorte que les portes ne soient plus fermées. Moi je marcherai devant toi en nivelant les hauteurs, je fracasserai les battants de bronze, je briserai les barres de fer, je te livrerai les trésors secrets et les richesses cachées, pour que tu saches que Je suis l'Éternel, le Dieu d'Israël qui t'appelle par ton nom* (Is 45, 1-3).

La première tâche est donc d'introduire la présence de Dieu au cœur de la relation, comme on ouvre les fenêtres d'une maison au soleil qui brille et réchauffe la terre. *Voici, je me tiens à la porte et je frappe ; si quelqu'un entend ma voix et ouvre la porte, j'entrerai chez lui pour souper, moi près de lui et lui près de moi* (Ap 3, 20).

Il n'est pas nécessaire de demander quoi que ce soit, il suffit de se fier à la sagesse de Dieu, de s'établir dans la certitude absolue qu'il est entré, qu'il va œuvrer. C'est comme si nous entendions : « Ne t'inquiète pas, Je suis sur le terrain ; crois seulement. » C'est la foi vivante qui nous est demandée. « Dieu demeure où on le fait entrer [1] » et là ou demeure la présence de Dieu la terre se met à bouger.

Le pas suivant pourrait être le fait de se mettre à la disposition de l'Esprit pour savoir quand il faut se taire et quand il faut parler : Je ferai ce que tu me diras (Jn 2, 5). Chacun, chacune a sa pente savonneuse : ceux et celles qui ont pris l'habitude de se taire devront être prêts à affronter la difficulté, ceux qui explosent trop vite devront peut-être se taire, attendre le moment favorable où ils seront eux-mêmes pacifiés. C'est le moment de demander à l'Esprit de nous inspirer : nous n'allons pas recevoir une réponse par téléphone céleste, mais nous ouvrons l'oreille intérieure (Is 50, 4 : pour écouter comme un disciple). Nous sommes prêts à entendre ses indications ; nous pouvons avoir la certitude que d'une

1. Martin BUBER, p. 56.

façon ou d'une autre, si le cœur est totalement disponible, nous saurons comment nous comporter.

Si nous pensons devoir parler, nous demandons à l'Esprit de purifier notre cœur, de nous ouvrir les pistes, de façon à savoir quand parler, de nous inspirer le langage qui touchera le cœur de l'autre, de nous faire don de sagesse, de force, d'amour vrai, de prudence aussi.

L'expérience montre que l'échange est tout autre s'il est longuement préparé dans le silence du cœur, à l'écoute de l'Esprit ; nous ne comptons plus sur notre seule sagesse, nous le pouvons car nous savons que nous ne sommes plus orphelins (Jn 14, 18). Si nous croyons avoir à nous taire, nous demeurons vigilants, attentifs, disponibles.

Trouver des issues de vie dans une situation fermée ou enfermante.

Il est fréquent de se trouver dans une situation fermée ou enfermante. On a l'impression de tourner en rond, rien n'avance, la relation stagne, est immobilisée, fixée. La tentation est grande alors de sombrer dans la résignation, la frustration, l'amertume ou la révolte.

Choisir la vie, non la mort, enracine la certitude qu'une issue de vie est toujours possible, quelle que soit la situation. Comment la découvrir ? La vie peut-elle jaillir au cœur d'un enfermement ?

La première étape, comme toujours, est d'ouvrir cet enfermement au souffle de l'Esprit, à la visitation du Christ. Là se trouve le premier mouvement incarnationnel, la descente du Christ au cœur de notre terre, de nos obscurités. *La lumière luit dans les ténèbres. Il est venu chez lui* (Jn 1, 5 et 11).

Ne jamais se laisser détruire : n'aie aucune complicité avec la mort. C'est un des repères essentiels donnés par la Parole de vie. Quiconque a des oreilles pour entendre entre dans une compréhension vitale du sens de la Parole de Dieu, souvent interprétée de façon mortifère. Combien réduisent ou éteignent leur élan de vie à partir de ce que dit Jésus le Christ sur le grain qui doit mourir pour porter du fruit : *En vérité, en vérité, je vous le dis, si le grain de blé tombé en terre ne meurt pas, il demeure seul ; mais s'il meurt, il porte beaucoup de fruit* (Jn 12, 24). Le grain qui meurt est le grain qui consent à perdre son enveloppe. Il peut être le symbole du comportement qui consiste à ne pas se rigidifier devant l'événement, à se laisser remettre en question, à sortir de l'immobilisme, à accueillir le nouveau, accepter de passer par des chemins inconnus, vivre la Pâque. Quiconque a choisi la vie va devoir accepter la réalité de la situation quelle qu'elle soit, mais refusera d'être détruit.

La connaissance de la vérité s'accompagne toujours de la grâce de la vivre, qui est donnée en surabondance. Accueillir, protéger et développer la vie apparaît maintenant essentiel et possible : c'est devenu une certitude ; dans la grâce du Christ, la force et l'inspiration sont données pour découvrir les possibles issues de vie en toute situation.

Retrouver la vie. Le deuil de la relation rêvée : La meilleure façon de lutter contre le mal est de créer de la vie. Comment créer de la vie si l'autre n'entend pas ce qui lui est dit, peut-être depuis des années ? On s'épuise souvent à expliquer le désordre d'un comportement, la façon dont on pourrait sortir d'une situation difficile, et rien n'est entendu. Il arrive que l'on se trouve en face de quelqu'un qui ne bouge pas, est totalement inconscient de ses difficultés, s'enferme dans ses problèmes, n'est pas prêt à se faire aider. Comment trouver des issues de vie alors que la situation semble bloquée ?

L'approfondissement du sens de la loi d'acceptation de la condition humaine permet de prendre conscience que, la plupart du temps, on poursuit un but irréalisable : on cherche désespérément à atteindre la relation dont on rêve, une communication profonde, la possibilité d'être entendu dans sa plainte, l'espoir d'être accueilli dans sa souffrance, le changement de l'autre.

Il est d'abord nécessaire de faire tout le travail préparatoire, de prendre conscience de sa propre part dans la difficulté, puis de s'assurer que l'on a exprimé ce que l'on avait à dire de la façon la plus juste possible. Si véritablement rien ne change, au lieu de subir, de s'épuiser à se battre contre un mur, on choisira de vivre les étapes d'un deuil, qui se révélera un véritable chemin de Pâque : on consentira à perdre l'illusion que la situation va changer, que l'autre va enfin entendre ce qui lui est dit, qu'il va se mettre en route dans la direction souhaitée. Il importe de mourir à cela pour naître à autre chose ; accepter de se « désagripper » de la relation rêvée, prendre acte de la réalité, dire « oui, c'est ainsi », permettre que soit vécu autre chose. On prend conscience que la qualité de relation, dont la poursuite était le but de sa vie, ne se réalise pas, ne se réalisera peut-être jamais. Si le renoncement est clair, le champ s'ouvre, une autre forme de relation que l'on jugeait peut-être insignifiante, retrouve une valeur : l'inattendu qui vient de Dieu va les renouveler, la vie s'y déployer. Ce n'est pas ce que l'on aurait souhaité mais c'est une forme de vie. L'issue de vie va se découvrir dans les limites mêmes de la situation : je ne choisis pas la vie que j'aimerais vivre si je le pouvais, je cherche l'issue de vie qui va permettre de vivre dans la situation qui est la mienne aujourd'hui et qui devient semence pour les autres.

Accepter activement et profondément la réalité ne signifie pas que la situation est définitivement et irrémédiablement bloquée, que l'autre ne pourra jamais évoluer. Sur le plan spirituel tout reste ouvert, car l'avenir est à Dieu. Cela veut dire que je n'attends pas que la situation change pour me situer. Je pose dès maintenant des actes de vie, en sachant qu'il n'y a pas de meilleur moyen d'aider l'autre à se situer que de se situer soi-même. Je remets l'autre, quelle que soit sa route, dans les mains de Dieu, dans sa bénédiction, tout en veillant à ne pas me soumettre aux formes de toute-puissance qui peuvent se cacher derrière son inertie ou son comportement agressif.

La vraie et la fausse compassion : Un sentiment de culpabilité mal située vient souvent freiner ce mouvement ; c'est comme si, en acceptant la réalité d'une situation, d'un comportement, on abandonnait l'autre, on le trahissait. Si ce trajet de vie est véritablement vécu dans l'Esprit, en adhésion à la Parole de vie, ce risque est annulé. Une compassion mal située, une forme de fusion inconsciente, vont nous remettre dans l'enfermement. Si le Christ nous invite à venir à la lumière, c'est pour que celle-ci mène non à l'exclusion, mais à une forme de vie. On ne peut entrer dans une véritable compassion, dans le pardon, que si on accepte très profondément la réalité, ce qui est le fruit du travail de deuil : on est alors apaisé car on a retrouvé la vérité. L'énergie qui était occupée à poursuivre le but illusoire est libérée, elle va pouvoir se concentrer sur la réalité du présent. On redevient acteur de sa vie, on participe au mouvement de vie : on entre dans le travail de résurrection, l'accueil du nouveau.

Il est bon d'accepter qu'en certains cas une relation ne puisse se poursuivre. Cela fait partie des limites de l'être humain. Mais il est néanmoins nécessaire de faire le tri, de voir sa part et celle de l'autre, de demander pardon ou de pardonner si c'est nécessaire (en sachant que le pardon à donner à l'autre ne peut se vivre rapidement ; il est un véritable deuil et est donc précédé des différentes étapes du deuil) et de respecter la personne de l'autre, de s'abstenir d'en dire du mal.

La vie fraternelle.

Ainsi le trajet d'évangélisation des profondeurs prépare à la vie fraternelle. Dans la mesure où l'on est enraciné dans sa liberté intérieure, son identité de fils ou de fille de Dieu, l'autre n'est plus une menace ; l'hospitalité du cœur va pouvoir s'élargir, dans le respect des différences mutuelles.

Le salut entre dans la génération.

Dans le parcours de la Pentecôte de la relation, nous ne pouvons pas laisser de côté la qualité de relation que nous entretenons avec notre génération. Lorsque nous cherchons à mettre au jour la racine de nos désordres, nous commençons par la relation aux parents, aux frères et sœurs et nous ne pouvons manquer d'arriver aux aïeux.

Nos parents ont été des êtres blessés comme chacun, chacune de nous. Il est toujours très intéressant d'éclairer avec eux, dans la mesure du possible, leur propre histoire et celle de leurs parents : cela explique bien des comportements et permet d'avoir un regard bienveillant. Nous pouvons alors donner à nos parents leur poids d'histoire, commencer à comprendre ce qu'ils ont vécu, comment ils sont devenus ce qu'ils sont, et aussi comment ils ont reçu, gardé, développé et transmis les fruits de l'héritage. Nous sommes solidaires les uns des autres, nous le savons bien. Chacun, chacune est également solidaire de sa génération, montante et descendante. Matthieu l'évangéliste prend soin de détailler la généalogie de Jésus (Mt 1, 1-17) : parmi ses ancêtres se trouvent des hommes et des femmes qui n'ont pas toujours eu une vie édifiante. Cependant la vie s'est frayée un chemin à travers cette suite de générations pour arriver jusqu'à lui.

Devenir soi en Dieu, entrer dans la vie, découvrir la juste distance dans la relation – condition indispensable d'un amour vrai – n'implique pas que l'on se désolidarise d'une génération difficile. Et en même temps, il s'agit de ne pas se laisser engloutir.

L'héritage : le tri.

Chaque être humain reçoit un héritage. Il comprend ou non des biens matériels, mais en tout cas un système de valeurs, de comportements. Prendre le temps de décrypter le passé avec un regard neuf pour redécouvrir les bonnes choses qui nous ont été transmises, les recevoir avec gratitude, vivre un temps précis de prière, d'action de grâces, sont un passage important. Ceux et celles qui ont un passé difficile auraient parfois tendance à tout rejeter en bloc. Il est vrai que certains n'ont reçu d'autre valeur que la vie qui leur a été donnée. Mais cela seul est un sujet de gratitude infinie : les parents transmettent une vie qui ne leur appartient pas mais ils la transmettent. *Malheur à qui dit à un père : « Pourquoi engendres-tu ? » et à une femme : « Pourquoi mets-tu au monde ? »* (Is 45, 10).

Cependant nous avons vu que des ombres passent aussi de génération en génération : elles vont former l'inconscient collectif d'une famille. On peut en être victime si on ne sait pas comment mettre au clair cette partie de l'héritage. Que va-t-on en faire ? Les rejeter, sans plus ?

Les conflits de loyauté [1].

Beaucoup sont freinés par ce que l'on pourrait appeler un « conflit de loyautés » : ils sont liés par des obligations filiales inconscientes, des « loyautés invisibles » qui les paralysent, les établissent dans une culpabilité indéfinissable. Que faire de ce que les parents nous ont transmis comme un système de valeurs, convictions, attitudes ?

L'approfondissement des lois de vie va être une aide puissante pour faire le tri, choisir ce que nous allons garder de l'héritage et ce à quoi nous allons renoncer. Nous avons là des repères qui nous permettent de sortir des conflits de

1. Pierre-Yves BRANDT (pasteur, professeur de psychologie de la religion à la faculté de théologie de Lausanne et Genève), Bethasda Documentation, *Quelle loyauté vis-à-vis des parents ?*, document de travail, « La vie renouvelée ». Quatre thèmes sont regroupés et étudiés dans le document de travail n° 4, Bethasda Documentation, intitulé « La vie renouvelée » :

– *Le deuil* par Marie Ribereau Gayon, psychologue ; – *Quelle loyauté envers les parents* par Pierre-Yves Brandt, pasteur, professeur de psychologie de la religion en Facultés de théologie de Lausanne et Genève ; – *Comment laisser l'autre libre sans l'abandonner* par Catherine Boé, accompagnatrice à Bethasda ; – *La bonne part de Marthe* de Rémy Charpigny.

loyautés. Nous demandons à l'Esprit de nous apprendre comment recevoir l'héritage et comment lui permettre de porter un bon fruit.

Le choix de se désidentifier du désordre des aïeux.

Une fois que l'on a mis au jour la façon dont on s'est laissé envahir par le mal de ses ancêtres ainsi que les dégâts consécutifs dans le corps, la psyché, on sait ce que l'on a à quitter. Il devient alors possible de renoncer à s'identifier au désordre des générations précédentes, aux conséquences de leurs transgressions, des propres blessures qu'ils ont subies.

Il importe de nommer clairement le désordre des parents, des aïeux, sans aucune condamnation de leur personne et, par un acte de renoncement précis, de renoncer à s'identifier à leur désordre, leur histoire, la façon dont ils l'ont gérée, de se délier de leurs ombres, de casser la chaîne : chacun, chacune doit avoir le courage de se savoir créé et aimé unique, et de suivre sa propre voie. On passe ainsi de la mort à la vie, au nouveau, on quitte l'Égypte pour entrer sur une nouvelle terre.

La visitation du Christ dans la génération.

Se dé-s-identifier du comportement des ancêtres ne signifie pas qu'on les exclut ni que l'on s'exclut de cette génération. Au début de ce mouvement de « désidentification » il s'agit avant tout de se protéger de l'infiltration en nous d'un désordre qui ne nous appartient pas. Mais en fait, le mouvement est beaucoup plus large et ouvre la porte à un flux de vie qui va circuler dans toute la génération. On comprend alors que l'on devient maillon de vie, chaînon de libération, et c'est une très belle découverte.

Le Christ frappe à la porte de cette succession d'histoires vivantes pour y accomplir une œuvre de libération. Il va descendre au cœur même de la génération (Ap 3, 20). Comme toujours, il demande qu'un homme, qu'une femme qui le précède lui ouvre la porte. Nous retrouvons ici la magnifique tâche du serviteur, celle de Cyrus et la nôtre, explicitée dans le texte d'Isaïe 45, 1-3. La présence de Dieu va alors œuvrer dans l'ensemble des générations, pénétrer les lieux les plus verrouillés, les plus secrets.

Le serviteur a sa part dans ce mouvement de libération. Il ne se limite pas à ouvrir simplement les portes, il est directement impliqué dans l'histoire de cette lignée dont il fait partie ; il a été touché dans sa chair par les conséquences des transgressions de ses aïeux. C'est la raison pour laquelle il lui est demandé de s'en « désidentifier ».

Il s'agit là encore d'un acte intérieur précis, posé un jour et à un moment bien déterminé : on doit arriver à la certitude intérieure que « c'est fait, maintenant la présence de Dieu s'est véritablement établie au cœur de cette suite de générations ». C'est alors qu'en son nom et par la puissance de son amour, le Christ brise la chaîne du désordre, exactement comme il a fait sortir Pierre de son cachot [1].

C'est la vie même du Christ ressuscité qui pénètre dans les générations montantes et descendantes. Sa bénédiction se répand sur les ancêtres et les descendants. Ceux et celles qui sont le chaînon de cette libération passent alors de la lourdeur, de l'impuissance, de l'enfermement à la joie, à la vie qui s'ouvre. Le salut entre ainsi dans cette famille.

C'est une bénédiction de pouvoir effectuer ce trajet au cours de la célébration de l'Eucharistie. Il est bon d'établir un arbre généalogique [2] que le célébrant aura sous les yeux avec le nom de chaque aïeul et à côté, le désordre ou le malheur qu'il (ou elle) a vécu. Au cours de l'Eucharistie, celui (ou celle) qui en a demandé la célébration renonce à l'identification dans laquelle il a pu s'établir ou à la forme de réparation, le fardeau qu'il a pris sur ses épaules ; il s'engage à suivre sa propre route, il accueille la libération du Christ pour lui-

1. Ac 5, 17-21.
2. Kenneth McAll, *Ministère de l'arbre généalogique*, Éd. bénédictines (rue Émile-Guinnepain, 36170 Saint Benoît-du-Sault, 1999), p. 189.

même et remet tous les ancêtres dans la miséricorde de Dieu ; il les laisse aller, libérés, en vie éternelle.

La puissance de l'acte d'amour absolu qu'est l'Eucharistie apporte un flux de délivrance dans toute cette chaîne d'hommes et de femmes à laquelle on est relié.

L'œuvre de salut du Christ s'accomplit mais il était nécessaire qu'un Cyrus, un serviteur soit là, à sa place, en chemin vers sa propre Pâque. Cette forme de prière ou cette célébration du sacrement est la source d'une grande pacification du cœur. On n'a plus la même relation avec ses ancêtres. On ne se défend plus d'une menace, d'un danger. Il était nécessaire de se séparer de leur désordre, mais pour autant on ne les abandonne pas, ils recueillent le fruit de notre propre chemin : là aussi on retrouve l'unité.

IV

QUATRIÈME LOI DE VIE

LA RECHERCHE DE L'UNITÉ DE LA PERSONNE HABITÉE PAR LE DIEU VIVANT

Tu aimeras le Seigneur ton Dieu de tout ton cœur,
de toute ton âme, de toute ta force,
de tout ton esprit, et ton prochain comme toi-même
(Dt 6, 5 ; Lv 19, 18 ; Lc 10, 27).

Le Verbe s'est fait chair (Jn 1, 14).

Ne savez-vous pas que vous êtes un temple de Dieu,
et que l'Esprit de Dieu habite en vous (1 Co 3, 16).

Tu es un dans l'ensemble que constituent ton corps, ta psyché (émotions, sentiments, affectivité, facultés : intelligence, imagination, volonté) et ton cœur profond qui les anime.

EXPLORATION

Dès que l'être humain se coupe de Dieu, veut être Dieu, il perd sa juste place de créature. Il vit alors un déséquilibre profond. Il ne respecte plus la différence et la fonction spécifique de ses différentes composantes, le corps, la psyché, le cœur profond qui les anime ; il les mélange ou au contraire les divise en les opposant et demeure ainsi dans le chaos, le morcellement intérieur ; il a alors perdu le juste rapport à sa terre intérieure. Il est comme une branche coupée du tronc, un sarment détaché du cep (Jn 15, 6), un arbre sans sève.

La loi d'unité de la personne : « tu es un », est différente de la loi d'identité spécifique de chacun et de chacune : « tu es unique ». « Tu es unique » énonce cette réalité que personne ne te ressemblera jamais ; personne ne sera jamais toi. Chaque individu apporte quelque chose de nouveau au monde, a une qualité unique, spécifique, et va la développer dans une tâche particulière. « Tu es un » signifie que tu es toi, « je », dans ton corps, ta psyché et ton cœur profond. Tu n'es pas morcelé, divisé en trois parties de ton être. Tu n'es pas seulement corps, ni seulement psyché, ni seulement cœur profond. Tu es l'unité des trois, la jonction des trois, cependant sans mélange [1].

CE TRAJET D'UNITÉ EST À LA PORTÉE DE TOUS

Le chemin de vie qui mène à l'unité de l'être n'est pas réservé à une élite. La Parole nous assure que chacun, chacune peut le découvrir en soi. C'est dans le silence du cœur que la Parole va être entendue, comprise, c'est là que va germer le désir de la vivre, le choix de se mettre en marche, sans attendre, avec ce que l'on est, dans l'état qui est le sien.

Mais il importe de prendre du temps, d'être attentif à cet appel qui vient du plus profond de l'être, de ne pas le laisser passer, de se mettre en état d'écoute, d'accueillir les indications de l'Esprit, de marcher pas à pas.

1. Xavier Lacroix, *Le Corps de l'Esprit*, Paris, Éd. du Cerf, 1999.

Nous n'allons pas errer sur la route, ni nous perdre, car c'est l'Éternel qui nous appelle « des ténèbres à la lumière » (Ac 26, 18 ; 1 P 2, 9). *Il sauve notre âme de la mort pour qu'elle marche à la face de Dieu dans la lumière des vivants* (Ps 55, 14). *Je suis la Lumière du monde,* dit Jésus, *qui me suit ne marchera pas dans les ténèbres, mais aura la lumière de la vie* (Jn 8, 12).

Sans nul doute, la route nous sera montrée, au fur et à mesure de la marche. L'Esprit sera notre guide intérieur : la vie dans l'Esprit n'est pas non plus une affaire de spécialiste. C'est l'expérience normale, primordiale, essentielle de tout croyant qui ne veut pas se dessécher et souhaite vivre dans son intégrité.

L'INTERDÉPENDANCE DE LA PSYCHÉ DU CORPS ET DU CŒUR PROFOND

Les blessures mal vécues vont avoir des conséquences tant sur la psyché que sur le corps ou la vie spirituelle. Cette dimension est explorée pendant tout le cours du trajet d'évangélisation des profondeurs. C'est la raison pour laquelle cette question n'est pas traitée ici de façon spécifique. Rappelons simplement que les blessures de la psyché peuvent brouiller la vie spirituelle.

Les fausses notions de Dieu, l'impossibilité d'ouvrir la porte de sa terre intérieure à un Dieu aussi dévorant que sa mère, aussi oppressant que son père, une culpabilité mal située ou l'incapacité de se remettre en question, de recevoir l'amour de Dieu…, toutes ces difficultés ont comme soubassement une difficulté psychologique qu'il va s'agir de mettre au jour et en ordre.

On ne saurait cependant s'enfermer dans un système rigide. Il est tout à fait possible d'avoir une vie spirituelle authentique alors que l'on a une structure psychologique difficile ou un handicap de santé, que l'on n'a pas réglé ses problèmes et que l'on ne les réglera peut-être jamais totalement. L'essentiel est peut-être de ne pas être dupe de soi-même, de ne pas se mentir, de s'accepter humblement dans ce que l'on ne peut changer, de se savoir aimé ainsi.

Les blessures du corps peuvent avoir de graves répercussions sur la vie psychique – en cas d'inceste ou d'agression sexuelle notamment – et vice versa : le corps peut être inondé par les émotions enfouies, par les non-dits de l'âme qui se manifestent par des maladies psychosomatiques. Tout se tient dans l'être humain.

Il semble cependant utile d'ouvrir quelques pistes sur le thème des mémoires du corps, et de répondre aux questions que beaucoup se posent sur la vie du cœur profond, lieu de l'enracinement essentiel de l'être humain.

CONSÉQUENCES SUR LE CORPS DES BLESSURES MAL VÉCUES

Le corps nous parle, il a un langage bien à lui, et souvent, nous ne l'entendons pas. Il ne ment jamais, il garde en lui les traces de tout ce qui nous est arrivé. Elles sont souvent archaïques, profondément enfouies. Si elles ne sont pas éclairées, elles peuvent se manifester par des maladies, accidents, traumatismes qui nous révèlent quelque chose de nous-mêmes.

Les émotions sont à la charnière de la psyché et du corps. Elles sont vécues dans ces deux dimensions de l'être. Enfouir les émotions, ne pas les mettre en mots, ne pas savoir les traverser, risque d'avoir des conséquences dévastatrices sur le corps. Des maladies peuvent apparaître, elles vont nous parler, nous dire quelque chose sur ce qui se passe en nous. Dans un livre nuancé, qui témoigne d'une grande expérience médicale, le Dr Philippe Dransart permet d'accéder au langage du corps, de faire comprendre sa place, sa fonction dans l'organisme[1] : « À travers les accidents, traumatismes, fractures, maladies, nous nous adressons à nous-mêmes. Seulement nous avons l'art de nous dire les choses sans vraiment nous les dire, comme si nous cherchions à nous dire les choses de manière à ne pas complètement les entendre » (p. 19). « Nous gérons nos émotions complexes par notre corps et il n'y a pas de mal à cela. La maladie est une chose naturelle dont nous n'avons pas à nous culpabiliser. Elle fait partie de la condition humaine [...] Mais elle cherche à nous guérir de l'émotion qui l'a engendrée, elle tente de nous libérer par le corps et la douleur de l'émotion dont elle s'origine » (p. 33).

Pendant toute son enfance et son adolescence, Anne vit une fusion dévorante avec sa mère. À l'adolescence, elle a une très grave maladie qui se manifeste par des hémorragies constantes et une importante infection. Elle ne devine pas qu'elle saigne d'une véritable mutilation psychique, qui est comme un abcès purulent dans son organisme : son corps lui parle mais elle ne comprend pas. Ce n'est que bien plus tard qu'elle fera la relation entre le mal physique et le mal psychique.

Quelles répercussions les blessures subies dans l'histoire ont-elles eues sur le corps ? Beaucoup se sont coupés de leur corps. À quel moment de leur vie ? Comment est-ce arrivé ? Il y a bien sûr la douleur des enfants qui ont vécu l'inceste et les agressions sexuelles de tous ordres. Ces enfants vivent souvent en se sentant profondément souillés et coupables (pour ne pas accuser l'agresseur) surtout s'ils ont éprouvé du plaisir. Les dégâts sont considérables ; il n'y a pas que le corps qui a été atteint, le psychisme est aussi abîmé, l'enfant a perdu tous ses repères. Le trajet commence par la libération

1. Philippe DRANSART, *La maladie cherche à me guérir*, Grenoble, Le Mercure dauphinois, 1999, p. 134.

de la parole, dans la relecture de ce qui est arrivé, puis par la visitation de la tendre consolation du Christ pour commencer à déverrouiller le corps, le sortir de sa peur, de sa rigidité. Mais un accompagnement attentif et suivi est nécessaire.

Le corps abîmé a besoin d'être honoré, rendu à sa dignité. Il est possible d'être créatif dans ce domaine, de vivre à deux ou trois des formes de prière qui vont permettre d'aller dans ce sens.

Juliette, qui a subi des actes incestueux répétés, est partie un jour en courant du lieu de tant de douleur. Elle se souvient parfaitement avoir laissé son corps derrière elle, comme si elle s'envolait ailleurs : c'est ainsi qu'elle va avoir à parcourir le lent trajet de réappropriation du corps.

Geneviève est une enfant pleine de santé. Son frère a eu un grave accident, il est resté fragile, pleure souvent. La mère pleure avec lui en quelque sorte, son cœur est empli de compassion pour cet enfant. Geneviève ne bénéficie jamais de la compassion, des larmes de la mère. À cinq ans, elle se souvient parfaitement avoir filé dans l'imaginaire, dans une autre famille. Elle s'est coupée du présent et, sans s'en rendre compte, de son corps. Elle n'en prendra conscience que des années plus tard, au moment où une grave maladie se déclarera, à la fin de son adolescence. Avoir fait beaucoup de sport lui avait caché la racine du problème.

Jeanne a un corps très fragile. Elle a de multiples problèmes digestifs. Elle a mis longtemps à décrypter que ses problèmes physiques étaient essentiellement d'origine psychosomatique. En fait son corps réagit au moindre choc émotif. Elle a derrière elle une longue histoire de non-dits. Enfant, elle a été entourée de tendresse, surprotégée par des parents angoissés. L'affrontement, le conflit, étaient inenvisageables. C'est ainsi qu'elle ne s'est jamais donné le droit de vivre ses émotions ni même de les mettre en mots pour elle-même. Elle a éteint ses propres désirs, a enfoui au fond d'elle révolte, chagrins, insécurité ; toutes ces émotions sont allées s'engloutir dans le corps. Elle a fait tout un trajet de guérison sur la libération de la parole, le désenfouissement des émotions, elle est établie dans la confiance et vit en paix. Cependant le corps semble ne pas suivre : c'est comme s'il avait pris l'habitude de récupérer toutes les perturbations psychiques, comme si elles allaient directement se planter en lui sans passer par la psyché.

Jeanne peut mettre au clair ce qui se passe en elle. Cette prise de conscience est déjà une étape importante. Elle commence alors par ce qui est à sa portée. Elle se laisse interroger par ce qui se vit dans son corps : dès que son système digestif se bloque elle est alertée. Elle remonte dans la journée ou les jours précédents pour vérifier si un événement, même léger, l'aurait perturbée. Elle parvient presque toujours à le retrouver : « Apparemment j'ai très bien vécu ce qui est arrivé mais en fait cette conversation m'a irritée, là j'ai eu du chagrin, là encore de l'inquiétude. » Elle fait en quelque sorte remonter l'émotion qu'elle met en mots, du corps à la psyché. Elle va dès lors traverser l'émotion, sans la dénier, en la laissant habiter par le Christ. C'est là un trajet d'unité. Elle va avoir d'autres ouvertures mais ce qu'elle a compris, elle le vit à sa manière, dans son quotidien.

« Les maladies qui nous arrivent ne sont pas là pour nous barrer la route mais pour nous libérer. Hélas, la flamme de vie qui est en nous ne l'entend pas toujours de cette façon ; les événements, la maladie viennent comme un grain de sable et parfois comme une tempête qui nous laissent désemparés… Ces expériences souvent nous dérangent mais leur but est toujours la liberté[1]. »

La question de la maladie est complexe et il importe de ne pas être simpliste en ce domaine. Toutes les maladies n'ont pas une origine psychosomatique. Cependant, il est bon de se demander s'il y aurait un lien entre une maladie et un

1. *Ibid.*

comportement mal situé, un événement mal vécu : la question est posée comme une possibilité d'ouvrir une porte à un éventuel éclairage ; il serait périlleux d'entrer à ce moment dans une culpabilité qui ne ferait qu'aggraver le mal.

Par ailleurs, de nombreuses recherches et méthodes de travail sur le corps ont vu le jour ces dernières décennies. On ne saurait en nier la valeur ni les laisser de côté. Tout ce qui touche au corps demande prudence, compétence et patience.

L'évangélisation de ses profondeurs concerne aussi bien la psyché que le corps et on ne peut faire le travail de vérité sur le psychisme en laissant le corps de côté. Il a souvent été malmené et a autant besoin d'un regard de lumière que de compassion. C'est essentiellement le problème des mémoires du corps, de l'impact des blessures subies sur le corps qui fait l'objet de la recherche de l'« évangélisation » de son corps.

LA MÉCONNAISSANCE DE LA LOI D'UNITÉ TRANSGRESSIONS, FAUSSES ROUTES, CHEMINS DE MORT

Une fois que l'on a compris le sens de la loi d'unité de la personne, il n'est pas très difficile de prendre conscience des fausses routes qui ont été prises. La transgression va se situer dans le fait de : diviser, opposer, le corps, la psyché, le cœur profond ; mélanger, confondre ces trois dimensions (un mouvement psychologique n'est pas un mouvement spirituel) ; négliger une des trois ou en développer une au détriment des autres. Ainsi : se réfugier dans le spirituel en négligeant la psyché ; laisser le cœur profond en sommeil, ne pas déployer sa vie propre, ne pas lui permettre d'exercer sa fonction dans l'organisme ; être fasciné par la psychologie considérée comme le seul terrain sûr ou, au contraire, croire que la prière va permettre de faire l'économie d'un trajet de vérité sur soi ; faire de l'épanouissement du corps un but premier et unique, ou le négliger, être sourd à ce qu'il essaie de nous transmettre ; prendre les médiations (aide médicale, psychologique ou toute autre) comme des buts en soi, en oubliant la finalité, ou au contraire croire que l'on peut s'en passer alors qu'elles seraient nécessaires.

LA REMONTÉE

La repentance.

Beaucoup d'hommes et de femmes sont à la recherche de l'unité de leur être. Cette quête n'est la plupart du temps pas nommée clairement. Mais c'est bien ce qui est poursuivi au moyen de tentatives de toutes sortes pour prendre soin tantôt de son corps, tantôt de sa psyché, tantôt du cœur profond, sans savoir comment les relier, établir la jonction : le but est bien en général d'être « je », « d'être un » dans son entièreté, d'arrêter d'habiter une maison divisée.

Dès que le sens de cette loi d'unité devient clair, on sort de l'aveuglement, on prend conscience de son morcellement, de sa division, de cette fracture intérieure qui était jusque-là cachée, ou de la confusion et du mélange qui sont en soi. La lumière éclaire ce qui restait caché. Dans le silence du cœur on entre alors dans ce grand retournement qu'est la repentance. On passe de la compréhension de la vérité au cœur à cœur avec le Christ et on pose là un acte d'unité essentiel.

Le renoncement.

À quoi renoncer.

On va renoncer à la transgression, à la fausse route qui a été prise, ce qui suppose que l'on a mis au jour comment on habite ou non sa psyché, son corps, son cœur profond, de quelle façon on en prend soin et quand, comment, pourquoi on est entré dans la division ou la confusion.

Chacun, chacune va avoir sa forme de renoncement spécifique selon la transgression qui a été découverte.

Le trajet peut être plus ou moins long, l'essentiel est de se mettre en marche, d'entreprendre le chemin de retour. Il ne s'agit pas tant de parvenir à un but précis que d'avancer en ayant compris le sens profond de l'Incarnation, du Verbe qui s'est fait chair, en adhérant à cette remise en ordre intérieure. Cependant il va être nécessaire, pour avancer, de quitter certains états dans lesquels on s'est installé, d'amener au jour certains freins que nous n'avons peut-être pas suffisamment repérés :

Une fausse conception de l'autonomie. – Ne compter que sur ses seules forces, compétences et sur sa sagesse pour réaliser ce trajet d'unité est une sorte d'aberration. Elle aboutit à laisser en friche cette merveilleuse collaboration avec l'Esprit proposée à tout humain, cette potentialité de se laisser inspirer par *Celui qui nous mène à la vérité tout entière* (Jn 16, 13).

Or c'est précisément la fonction de l'Esprit de relier, rétablir l'équilibre, de ramener l'homme, la femme, à leur source, de les enseigner pas à pas sur le chemin de leur unité. Ce comportement n'est pas anodin. Il est vrai que c'est la plupart du temps par ignorance que ne se déploie pas cette vie dans l'Esprit, mais il n'empêche que se passer de Dieu est bien une des formes de la toute-puissance.

Le sentiment d'impuissance. – Céder au sentiment d'impuissance a été la tentation permanente des Hébreux dans le désert : baisser les bras par avance devant ce qui paraît un mur infranchissable, douter de l'aide de Dieu qui invite au passage, qui assure *que Sa grâce suffit car Sa puissance se déploie dans la faiblesse humaine* (2 Co 12, 7).

Le sentiment d'impuissance finit par éteindre le désir. Dieu ne propose jamais de but inatteignable car tous, sans exception, sont appelés au trajet de la vie.

Viser trop haut, vouloir aller trop vite, souhaiter cueillir immédiatement le fruit, sans tenir compte du temps nécessaire à toute transformation peut mener au sentiment d'impuissance, à la croyance que « l'on n'arrivera jamais ». Nous avons sans nul doute à retrouver la « simplicité » des fils et filles de Dieu qui n'est ni le fameux « il n'y a qu'à » – les choses vont arriver toutes seules – ni la facilité, ni l'inertie paresseuse ou craintive. *Sois sans crainte ni frayeur car l'Éternel ton Dieu est avec toi dans toutes tes démarches* (Jos 1, 5).

Le premier pas est certainement de se rappeler que la grâce nous précède, d'enraciner très profondément en soi l'assurance que Dieu est là, de se demander si on y croit véritablement. Dès lors, on peut prendre la route et passer par des chemins inconnus.

La tentation de s'arrêter en cours de route, trop tôt. – Beaucoup ne vont pas au bout de la route, restent en panne sur le chemin de la vie. Ne pas approfondir le désordre de la psyché que l'on pressent en soi, croire que le trajet est terminé dès que l'histoire est mise en mots, la fausse route découverte, négliger le passage de conversion, revient à laisser avorter des mouvements intérieurs qui ne peuvent se déployer totalement : on ne va pas au bout de ce que l'on a à vivre.

Demeurer sourd et aveugle au langage du corps, esquiver le nécessaire questionnement sur la façon dont il est atteint par les blessures du passé ou du présent, ne s'en occuper qu'en périphérie en quelque sorte, est une forme de fuite ; on n'habite pas alors véritablement son corps, on n'est pas familier de ce qui s'y vit, on passe à côté des indications qu'il nous donne sans arrêt sur des comportements qui ne sont pas justes.

Chemins de vie. Quelques pistes.

La recherche de l'unité de l'être est le fondement et le but du trajet de l'évangélisation de ses profondeurs. L'unité se construit lors de chacun des passages qui mènent de la mort à la vie. Chaque étape va donc amener une avancée dans cette direction.

Fortifier le désir d'unité.

Néanmoins, il semble bien que le premier choix à poser soit celui de laisser émerger, de « conscientiser », ce désir d'unité, de s'en assurer, de le fortifier, de comprendre qu'il est essentiel, qu'il répond à une parole fondatrice de la vie, à une invite de Dieu, qu'il représente une vraie et juste direction vers la vie. On peut alors poser le choix très déterminé de se mettre en route dans cette direction.

Libérer l'Esprit.

C'est à ce moment que peut se vivre un véritable engagement envers l'Esprit, celui de le libérer, de lui permettre d'exercer sa fonction, qui est de vivifier l'intégralité de l'être humain, son corps, sa psyché, son cœur profond. Devenir enseignable, reconnaître les mouvements de l'Esprit en soi, prendre conscience de la participation qui nous est demandée, y adhérer, fait partie de la vie du cœur profond. C'est dans le cœur que l'on comprend les choses du Royaume, que l'on apprend comment intégrer la vie de l'Esprit dans son humanité.

Reconnaître les pas vers l'unité.

Il n'est pas sûr que l'on reconnaisse les passages que l'on traverse dans l'évangélisation des profondeurs comme autant de pas vers l'unité. C'est cependant ainsi, pas à pas, que l'unité se construit.

Le premier mouvement qui est proposé : ouvrir sa terre intérieure en son entier à la présence du Christ, à la vie de l'Esprit (Ap 3, 20), est un mouvement très unifiant, une circulation vivante, un souffle qui part du cœur et va se répandre dans la psyché et le corps. Les différentes composantes de l'être humain se trouvent ainsi reliées mystérieusement et de façon parfaitement juste.

Toutes les démarches qui sont proposées ont pour but de poser des actes entiers qui tiennent compte des différentes dimensions de l'être sans en dénier aucun, mais en retrouvant la priorité des valeurs, la place de chaque composante. Ce ne sont pas des notions difficiles à comprendre, il s'agit essentiellement de mettre en pratique ce qui a été compris, qui est venu à la lumière.

Ne pas laisser en friche une vérité qui vient au jour, l'approfondir est un acte de vie. Au lieu de se demander dans une sorte d'abattement : « maintenant, que faire ? », il importe de consulter l'Esprit, de se mettre en route pour découvrir le pas qu'il est possible de poser dès maintenant, ne pas le tenir pour insignifiant. Beaucoup ne se mettent pas en route parce qu'ils ne savent pas par où commencer.

Commencer par ce qui est à sa portée ouvre des pistes ; l'aide va arriver de différents côtés car on s'est mis en marche et la source d'abondance commence à couler.

Déployer la vie du cœur profond.

Le déploiement de la vie du cœur profond est une dimension essentielle dans la recherche de l'unité de l'être. Il en a été question dans le tome I de *L'Évangélisation des profondeurs* comme d'un repère fondamental sur la route [1].

Avoir une vie de prière, être nourri de la Parole de Dieu, ne signifie pas pour autant que l'on demeure dans le cœur profond. Beaucoup ne savent pas quel chemin va les mener jusqu'au centre de leur être ; d'autres ne comprennent pas comment mettre le cœur en relation avec le reste de l'organisme. Par ailleurs, expérimenter différentes formes d'expression de la vie du cœur va enrichir, transfigurer le présent. Il est donc apparu utile de développer ces différents points.

1. Simone Pacot, p. 60-63.

LE DÉPLOIEMENT DE LA VIE DU CŒUR PROFOND

EXPLORATION

Le cœur profond est ce point infini au centre de l'être, le lieu de la plus grande profondeur où se vit la présence de Dieu. Il n'est pas le cœur émotionnel. Il est donné à chaque humain pour lui permettre d'entrer en contact avec le Dieu vivant, de comprendre les mystères du Royaume.

Dans toute la Bible, on découvre l'annonce de cette merveilleuse possibilité de trouver Dieu au fond de son cœur :

Je parlerai à son cœur (Os 1, 16). *Je mettrai ma loi au fond de leur être et je l'écrirai sur leur cœur* (Jr 31, 33). *L'heure vient où ce n'est ni sur cette montagne, ni à Jérusalem que vous adorerez le Père* [...] *Les vrais adorateurs adoreront le Père en esprit et en vérité, dit Jésus à la Samaritaine* (Jn 4, 21-23). *Demeurez en moi comme je demeure en vous* (Jn 15, 4). *Je vous donnerai un cœur nouveau* (Ez 36, 25-27). *Le Royaume est en vous* [...] *Heureux les cœurs purs* (Mt 5, 3-12). *L'un des soldats de sa lance lui perça le côté et aussitôt il sortit du sang et de l'eau* (Jn 19, 34). *Ne savez-vous pas que vous êtes un temple de Dieu et que l'Esprit de Dieu habite en vous... le temple de Dieu est sacré et ce temple, c'est vous* (1 Co 3, 16-17).

Il est essentiel d'éveiller cette faculté spirituelle si l'on veut vivre dans l'intégrité, dans l'entièreté. Le cœur a une fonction dans l'organisme et, s'il n'y a ni division ni mélange, il y a une hiérarchie interne. Le cœur est nourri de la Parole de Dieu, de la vérité. Il est de notre responsabilité de veiller à ce qu'il en soit ainsi. Le cœur ne doit pas être inondé par les mouvements de la psyché car c'est lui qui va l'informer, la soutenir, la réorienter. À son tour, la psyché devrait informer et soutenir le corps.

Comme il est naturel, on retrouve dans le cœur profond *un aspect maternel* tendre, chaleureux : la présence vivante de Dieu, de l'Esprit qui guide et éclaire, la sécurité de l'amour infini du Christ, la certitude de sa propre filiation originelle. Ce qui s'est durci en soi va pouvoir s'assouplir à partir de la vie du cœur. Dans le cœur se trouve la fontaine de vie qui prend sa source en Dieu et qui va nourrir la vie extérieure, libérer au-dehors l'abondance des dons de Dieu. Celui ou celle qui est coupé de son cœur profond se prive de toute la richesse de ce lieu maternel.

On y découvre également *un aspect paternel :* le cœur profond est illuminé par la connaissance de la Parole, de la vérité, des lois de vie, des justes repères. Il est le lieu des choix fondamentaux, des désirs les plus authentiques. C'est en lui que va être posé le choix de la vie, le renoncement au chemin de mort. Dans le cœur se trouvent également les forces vives, les ressources profondes données aux humains par le Dieu des vivants pour se construire, créer de la vie, accepter l'existence dans les ombres et la lumière, ne pas s'effondrer devant les difficultés, devant leurs propres problèmes internes, face aux vexations, aux attaques, aux déceptions, être libérés de la peur de ne pas exister, d'être dévorés.

Dans le cœur se trouve la source de la véritable liberté de tout humain, sa liberté intérieure. Quelles que soient ses conditions de vie, chacun, chacune, peut découvrir au fond de son cœur une part de liberté, si minime soit-elle. C'est dans le cœur que va se déployer la vie dans l'Esprit. C'est par le cœur que tout humain peut apprendre comment collaborer de façon juste avec l'Esprit. C'est dans le cœur que l'être humain va s'établir dans la confiance, c'est là qu'il va recevoir son nom nouveau, c'est également là qu'il va vivre la nouvelle naissance, la seconde naissance dont Jésus parle à Nicodème (Jn 3, 1-21). C'est dans le cœur que se déploient : la paix qui demeure au milieu des tempêtes de la vie : *Je vous laisse ma paix ; c'est ma paix que je vous donne* (Jn 14, 27), l'assurance d'être, la joie que personne ne peut nous ravir : *Vous aussi, maintenant vous voilà tristes ; mais je vous verrai de nouveau et votre cœur sera dans la joie ; et votre joie, nul ne vous l'enlèvera* (Jn 16, 22).

L'être humain est créé à l'image et à la ressemblance de Dieu [1].

L'image de Dieu est inscrite au centre le plus intime de tout homme, de toute femme. Elle est indélébile. Elle demeure intacte quoi qu'il arrive. Beaucoup sont profondément rassurés, réconfortés, d'apprendre que le noyau de leur être n'a pas été touché par le mal, ne peut l'être quelle que soit la lourdeur de leur histoire même si les abords, le seuil du cœur, sont encombrés, parfois inondés, par les émotions. Ils vont découvrir qu'ils ont la potentialité de reprendre contact avec ce lieu-là en eux-mêmes. Cette certitude va être source de pacification et de force.

En revanche, grandir à la ressemblance de Dieu va dépendre du choix de vie de chacun, de chacune et se construire au fil du temps. *J'extirperai de leur chair le cœur de pierre et je leur donnerai un cœur de chair, afin qu'ils marchent selon mes lois, qu'ils observent mes coutumes et qu'ils les mettent en pratique. Alors ils seront mon peuple et moi je serai leur Dieu* (Ez 11, 19-20).

1. Gn 1, 26-27.

Comment retrouver le chemin du cœur.

Avance en eau profonde (Lc 5, 4).

Peut-on localiser le cœur profond en soi ? Beaucoup se posent cette question. Il semble que l'on puisse répondre par l'affirmative bien qu'il n'y ait aucune règle à ce sujet. Différentes approches du cœur profond ont été expérimentées par des spirituels au cours des temps ; ce n'est pas le lieu ici de les étudier de façon spécifique, je donne simplement une piste très simple à la portée de tous.

Un père carme, Robert Beulay, exprime qu'il y a plusieurs façons d'aborder ce que l'on appelle « l'intériorisation [1] ». On peut commencer à s'intérioriser en fermant les yeux, on se coupe ainsi du monde extérieur. On se trouve alors à l'intérieur de soi, comme derrière une porte. On peut rester là, juste derrière la porte. Mais on peut délibérément se diriger vers le centre de l'être, le noyau le plus profond, le cœur du cœur, que l'on peut situer derrière le plexus, comme un point infini en soi : la Parole nous assure que l'être humain est le temple de Dieu. Dieu demeure dans le temple et le temple ici n'est pas un bâtiment mais le cœur profond (1 Co 6, 19).

On se met donc en route pour rencontrer Dieu là où il se trouve, dans le cœur. On va découvrir la présence là où elle demeure, au centre du cœur. Si on se met en route c'est parce que l'Esprit appelle l'être humain, lui-même en quête de son centre. Si on apprend à être attentif à ce qui se vit en soi, on va entendre cet appel. Il s'exprime dans son propre désir. Il importe de ne pas l'éteindre ni de le laisser de côté.

Il arrive que l'accès du cœur soit barré ; sans le savoir on a peut-être fermé une porte qu'il va être indispensable de

1. Le père Robert Beulay, carme, mission de Bagdad, a donné une conférence sur la prière du cœur au couvent des Carmes à Avon au printemps de 1997.

nommer : révolte inconsciente contre Dieu, peur, ignorance, incrédulité... Lorsque la porte est ouverte, on pénètre dans le cœur. Il est alors possible de ne rien ressentir, mais néanmoins « on est heureux d'être là ». Dans les débuts, on y reste peu de temps. On va pouvoir revivre cette plongée plusieurs fois dans la journée. C'est d'abord un exercice puis cela devient indispensable et on finit par vivre naturellement à partir du cœur.

Peu à peu on va demeurer plus longtemps dans le cœur. Il est alors utile, pour éviter les distractions, de nourrir le silence, de s'aider par la répétition d'une parole simple, très brève, qui exprime la réalité de sa relation à Dieu. On ne réfléchit pas, on ne médite pas sur cette parole, on s'en imprègne tout simplement, en respirant paisiblement, à son rythme. Robert Beulay dit que sa parole est, en inspirant : « Dieu », en expirant : « mon Dieu », avec une courte suspension à la fin de l'expiration comme pour se reposer sur le cœur de Dieu. Il s'agit là d'une forme extrêmement simple d'accès au cœur profond. On y expérimente l'unité entre le corps, la psyché et le cœur.

Vivre à partir du cœur.

Une vie nouvelle va jaillir du cœur de celui ou de celle qui est planté, enraciné dans le cœur profond. Mais la vie du cœur ne peut être féconde, se déployer dans sa fonction qu'à la condition que rien ne soit dénié, gommé, mutilé de ce qui relève de la psyché ou du corps, puisque l'être humain est un. Quiconque vit à partir du cœur profond pourra approcher beaucoup plus facilement les remous de sa psyché. Les échafaudages vont peu à peu tomber, les mécanismes de défense s'assouplir, ils seront de moins en moins nécessaires. L'être humain devient capable d'accepter la réalité dans l'ombre et la lumière, ainsi que ses propres ambivalences.

Le corps est fortifié, il prend une autre dimension, le geste devient vrai, traduit plus justement au-dehors ce qui se vit à l'intérieur. Qui vit à partir du cœur profond permet à l'être de s'introduire dans le faire, à l'infini de pénétrer dans le fini, il devient le témoin vivant de la présence de Dieu dans le monde, il devient entier, il « accomplit ».

Il est primordial de ne pas en faire un lieu fermé sur lui-même, de le remettre en juste relation avec le reste de l'organisme, avec la psyché, le corps, également avec le monde concret, le quotidien, le présent, car c'est là sa fonction.

Comment mettre en relation le cœur profond et la psyché. Le combat spirituel.

Il importe d'abord de savoir que l'on peut s'établir dans le cœur quel que soit le désordre de sa psyché ou de son corps. Il n'est pas nécessaire d'attendre une remise en ordre de toute sa vie pour s'ancrer, s'enraciner dans la vie du cœur. C'est une heureuse et pacifiante découverte.

C'est à partir du cœur que l'on va pouvoir peu à peu affronter son angoisse, ses peurs, son vide parfois ; cela n'exclut pas d'autres approches par lesquelles on va essayer de mettre au jour les causes de ses souffrances. Mais savoir qu'il y a en soi ce lieu de sécurité absolue, où se déploie la présence de Dieu, où l'on peut venir se ressourcer, se laisser aimer, se reposer, vivre en confiance, est un réconfort considérable. Cela suppose que l'on arrête d'osciller, que l'on entre dans la certitude absolue que ce lieu-là est donné à chaque être humain, que tous, toutes y ont accès.

Beaucoup se posent la question de la relation du cœur profond et de la psyché, et se trouvent à ce moment comme devant un chemin inconnu. « J'ai entendu, j'ai compris, et maintenant comment faire ? » Il est alors possible de saisir l'occasion d'une émotion, d'un événement, d'un souvenir, pour se lancer, vivre une expérience que l'Esprit va aider à parcourir pas à pas.

Antoine fait partie d'un groupe d'expression par la peinture. À la fin d'une séance, l'animateur passe auprès de chacun des participants pour évaluer son travail. Il oublie Antoine qui reste seul face à tout ce qu'il a essayé de vivre par l'entremise de sa peinture. Il est effondré, révolté, il « enrage ». Il part brutalement, sans saluer personne et décide de ne plus revenir au groupe.

Il est en train de suivre un chemin d'évangélisation de ses profondeurs et il a entendu un enseignement sur le cœur profond. Pour la première fois, il décide de faire l'expérience de ce va et vient entre le cœur et sa colère. Il prend le temps de se poser, de revenir sur ce qu'il vient de vivre. Il ouvre sa révolte à la présence de Dieu jusqu'à ce qu'il entre dans la certitude qu'Il est vraiment là, au cœur même de cet espèce de volcan qui explose en lui. Il la crie : « Je déteste cet animateur, c'est honteux de sa part de s'occuper de chacun, de chacune, et de m'exclure du groupe, moi seul. J'ai bien raison d'être enragé, cet homme est incompétent, incapable de gérer un groupe, j'aimerais l'injurier, le massacrer. » Il prend le temps de bien exprimer sa colère, de la vivre intérieurement. Il a appris, à l'école des psaumes, à s'adresser à Dieu au cœur même de sa violence.

Puis il décide de la laisser de côté, non de la mettre dehors, mais de la quitter momentanément pour s'acheminer vers son cœur profond. Il prend un grand moment pour entrer dans le silence du cœur. Il écoute, essaie d'entendre. D'abord de s'entendre lui-même, à un niveau plus profond que l'explosion de la colère : il va à la racine de sa violence. « Pourquoi suis-je ainsi hors de moi ? Si je m'écoutais, je serais capable de tuer, pourquoi me mettre dans un état pareil ? Est-ce normal de perdre ainsi pied ? Qu'est-ce que je veux ? Je veux que l'on fasse attention à moi, que l'on ne me traite pas comme quantité négligeable, j'existe au même titre que les autres, je ne suis pas un objet que l'on peut mettre de côté. »

Il lui vient alors immédiatement à l'esprit ce qu'il avait totalement oublié sous le coup de la colère : sa blessure fondamentale vient d'être réactivée : sa mère lui a toujours préféré honteusement, scandaleusement, sa sœur cadette. Il en a encore un chagrin profond qui s'est toujours caché derrière une révolte permanente. Il a mis au jour ces émotions, mais en fait il n'a jamais encore pu accepter définitivement la réalité de son histoire. Il l'accepte par à-coups, de temps en temps, puis retombe dans la révolte devant tant d'injustice, dans la souffrance d'être ainsi exclu de l'amour de la mère. Il comprend alors ce qui se passe en lui, et cela l'apaise : il décide de se tenir au cœur de cette blessure et de prendre le temps de laisser venir en lui le souffle de l'Esprit, de la laisser véritablement être visitée par le Christ.

« C'est vrai que ma sœur a toujours été et est toujours la préférée de ma mère. C'est la réalité de mon histoire. C'est la blessure de mon cœur. Mais maintenant je suis capable d'entendre la Parole qui m'est adressée personnellement au cœur de ma blessure : *Une femme oublie-t-elle son petit enfant, est-elle sans pitié pour le fils de ses entrailles ? Même s'il s'en trouvait une pour l'oublier, moi, je ne t'oublierai pas. Vois donc, je t'ai gravé sur les paumes de mes mains, tes remparts sont constamment devant moi. Tes bâtisseurs se hâtent, tes démolisseurs et tes ravageurs s'en vont* (Is 49, 15-17). Ou j'accueille enfin cette parole, ou je la laisse de côté comme si elle ne signifiait rien ou ne s'adressait pas à moi. Ou je continue à saigner, à me révolter, à me battre contre un mur, ou je choisis de devenir un vivant à partir de ce qui m'est arrivé. Ou je choisis la vie, ou je choisis la mort. » *Vous saurez que je suis l'Éternel lorsque j'ouvrirai vos tombeaux et que je vous ferai remonter de vos tombeaux, mon peuple. Je mettrai mon esprit en vous et vous vivrez, et je vous installerai sur votre sol, et vous saurez que moi, l'Éternel, j'ai dit et je fais, oracle du Seigneur* (Ez 37, 13-14).

Le choix d'Antoine est alors définitif : il se plonge dans la Parole, s'en nourrit, la médite. Il prend un long temps de silence, et il se rend alors compte, à sa grande surprise, que colère et souffrance se sont apaisées. La souffrance ne va pas disparaître comme par enchantement mais elle ne le détruira plus. Il comprend que cet incident douloureux a été l'occasion d'un approfondissement, qu'il arrive enfin au temps de l'acceptation définitive de son histoire ; il vient de vivre le deuil de la mère qu'il aurait souhaité avoir. En fait, Antoine était resté en cours de parcours, n'avait pas été au bout du deuil : le travail de deuil avait été interrompu du fait qu'il avait posé un acte de pardon à l'égard de sa mère. Il était persuadé qu'à la suite de cet acte, elle changerait de comportement. Il n'en a rien été et Antoine est retombé dans la révolte.

Il se sent prêt maintenant à prendre réellement sa place, sa véritable place, celle qui lui est donnée par Dieu et non par le regard désordonné et blessé d'un être humain. Antoine décide alors de prendre les devants, d'aller rencontrer l'animateur et, avec un cœur pacifié, de lui montrer sa peinture pour avoir son avis.

Antoine s'est bien rendu compte que ce mouvement de va-et-vient entre la vie de la psyché et le cœur profond était le lieu d'un combat spirituel.

Comment situer le combat spirituel ?

D'après les Pères de l'Église, le combat spirituel n'est pas un combat entre Dieu et l'être humain, mais un combat avec et en Dieu pour permettre à la lumière du Christ de pénétrer dans les obscurités du monde ; et en premier lieu dans les obscurités qui se trouvent en tout être humain [1].

Pour beaucoup, convertir la psyché va consister en fait à se débarrasser au plus tôt des émotions qui perturbent, à prier pour en être libérés. Mais dans le combat spirituel qui se vit lorsque le cœur profond exerce sa fonction sur la psyché, le trajet est tout autre. Il ne saurait être question de laisser de

1. Enzo Bianchi, *Les Mots de la vie intérieure,* Paris, Éd. du Cerf, 2001 (voir p. 29 : « La lutte spirituelle »).

côté les remous de la psyché mais bien au contraire d'apprendre comment les ouvrir au salut, comment être le maillon qui ouvre la porte à cette descente de la lumière. Le salut apporté par le Christ ne se vit pas en mettant de côté la réalité de l'être humain mais en la traversant dans toute son épaisseur, dans les limites du temps, des fragilités rencontrées, des résistances établies. *La Lumière luit dans les ténèbres et les ténèbres n'ont pu l'atteindre* (Jn 1, 5).

Beaucoup sont confrontés à des combats spirituels sans le savoir, ils risquent alors de passer à côté du mouvement de vie. Il est bon de nommer le lieu du combat ; chacun, chacune va avoir le sien. Pour certains, le combat se situe au lieu même de l'émotion : ils en ont peur et auraient tendance à l'enfouir, à s'en débarrasser au plus vite. Il arrive qu'ils se réfugient dans le cœur pour éviter d'affronter ce qui se passe en eux. Ils abandonnent alors le beau trajet de la transformation des émotions.

D'autres s'engloutissent dans les remous de leur psyché et ne savent qu'en faire : ils inondent le cœur qui ne peut plus alors exercer sa juste fonction ni demeurer à l'écoute de la Parole de Dieu, silencieux, enseignable, docile aux indications de l'Esprit. Dans les deux cas, qu'il y ait fuite dans le spirituel ou engloutissement dans les émotions, l'unité de l'être est menacée, le cœur ne peut plus exercer sa fonction.

D'autres enfin ignorent qu'ils ont au centre de leur être des forces cachées, des ressources profondes. Ils s'habituent à avoir un cœur partagé qui ne dit ni oui ni non, qui oscille, hésite, croit et ne croit pas vraiment : ils n'adhèrent pas vraiment à la promesse : *Sois sans crainte ni frayeur, car l'Éternel ton Dieu est avec toi dans toutes tes démarches* (Js 1, 5). Le mouvement qui consiste à vivre à partir du cœur en demeurant solidement planté sur la terre, sur sa terre, en apprenant à mettre en juste relation son cœur, sa psyché et son corps est un mouvement incarnationnel essentiel. L'être humain vit alors en entièreté.

Quelques formes de déploiement de la vie du cœur profond.

Ce que l'on appelle la vie intérieure, la vie spirituelle, est une véritable vie, vivante, ni abstraite, ni illusoire. La vie est « une » mais on va la vivre différemment dans le corps, dans la psyché ou dans le cœur profond.

Le cœur profond permet à l'être humain d'entrer en relation avec Dieu, il anime la psyché, le corps. Sa vie va se déployer de multiples façons, dans l'amour, la joie, la tendresse, la compassion, la sagesse, le discernement, l'engagement, et aussi dans des formes plus particulières.

La consécration du cœur.

Il y a d'abord la possible consécration du cœur qui est pour beaucoup une source de joie que *personne ne peut* [*leur*] *enlever :* quel que soit son état, ses failles, ses torsions, un être humain peut se donner à Dieu sans attendre, dans l'acte de consécration du cœur – tout en sachant qu'il y a des pans entiers de vie qu'il ne peut donner [1].

Le ministère intérieur [2].

Une autre forme de déploiement de la vie du cœur est ce que l'on pourrait appeler le ministère intérieur [3]. Chacun, chacune a une couleur intérieure, une note personnelle qui n'appartient qu'à lui. Cela fait partie de son identité spécifique. Les uns auront une qualité particulière d'écoute, d'accueil, d'autres,

1. Simone PACOT, *L'Évangélisation des profondeurs,* tome I, p. 155-157.

2. Il ne s'agit pas ici du ministère confié à un serviteur de Dieu par les responsables de son Église.

3. Herbert ALPHONSO aborde ce thème dans son livre *Tu m'as appelé par mon nom*, Paris, Éd. Saint-Paul, 1995.

une joie de vivre, une façon d'affronter la vie, de rebondir devant les événements de la vie, d'autres encore vivront intensément la présence de Dieu en tout lieu, transmettront une paix profonde... Tant que le ministère intérieur n'est pas reconnu, demeure flou, il est en quelque sorte en attente, en suspension. Dès qu'il est mis au jour, accueilli, accepté, il va se déployer dans sa pleine fécondité et porter un fruit abondant.

Il existe de multiples formes de ministères intérieurs, qui ne sont répertoriées nulle part. Chacun va découvrir le nom de son ministère, la forme particulière qu'il revêt en lui. Cette exploration qui est un vrai bonheur se vit dans la vie dans l'Esprit. On commence par ouvrir sa recherche à la présence du Christ, on lui demande de s'établir au cœur de cette démarche. N'oublions pas que c'est lui qui nous invite à déployer la vie du cœur, qu'il nous parle au cœur. On va ensuite se laisser guider par l'Esprit au long des questions que l'on va se poser. De fait, en approfondissant le ministère intérieur, on prend conscience qu'il révèle toujours un aspect de Dieu. La découverte d'un aspect de Dieu devient son point de certitude. On est alors chargé de l'approfondir en soi et de le transmettre au monde comme un cadeau, son cadeau spécifique.

Il y a toujours une Parole de Dieu qui vient confirmer, nourrir le ministère.

Comment découvrir son ministère intérieur ? – Dans quel aspect de moi-même est-ce que je me sens bien ? Qu'est-ce qui cherche à se déployer en moi ? Où est-ce que je sens que je donne ma pleine mesure ? Qu'est-ce que les autres me disent de moi ? C'est souvent grâce à l'autre que l'on va découvrir son ministère intérieur.

« Chaque fois que je te rencontre, dit Olivier à Stéphane, je repars pacifié. » Cela veut certainement signifier quelque chose du ministère intérieur. – « Je ne peux me trouver dans un lieu public, dit Anne, sans que quelqu'un m'aborde et me confie quelque chose de très important de sa vie, de sa famille. Je ne dois pas être très normale. » En réalité, Anne a reçu un véritable ministère d'accueil et d'écoute. D'instinct les gens savent qu'ils seront entendus en allant vers elle. Quelle différence entre le fait de vivre ce service intérieur en pleine conscience et celui de le laisser en friche, en s'en défendant plus ou moins !

« J'aime vivre, dit André, j'aime retrouver la vie même après un événement difficile. Mais je suis entouré de personnes qui s'effondrent souvent et j'ai l'impression de n'être pas comme eux, peut-être de les écraser. » André a un ministère de vie. S'il le reçoit des mains du Père, il n'en sera plus culpabilisé, il sera purifié dans la relation, il le vivra tout à fait autrement.

Dans cette exploration il convient de veiller à ne pas confondre ministère intérieur et tâche extérieure : « Voilà ce que je sais faire. » Il s'agit d'un mode d'être, d'une note intérieure. Le ministère intérieur naît souvent sur une blessure : celui qui a été privé de liberté et en est sorti, a trouvé une issue, va certainement « respirer » la liberté intérieure, la transmettre, et ceux et celles qui ont besoin d'aide sur ce plan-là seront attirés par ce qu'ils pressentent de sa route.

On peut tâtonner plusieurs mois avant de découvrir son ministère, comme si on tournait autour. C'est sans importance pourvu que l'on demeure à l'écoute. Il est bon de faire vérifier son ministère par quelqu'un de sûr. Il faut en effet veiller à ne pas tomber dans l'illusion.

Jacques, qui a une très réelle difficulté de communication, rêve d'avoir un ministère qui serait l'antidote de ce qu'il peut vivre. Or le ministère ne se déploie qu'à l'intérieur de ses limites, de ce que l'on a la potentialité de vivre.

Une fois que l'on a découvert son ministère intérieur, on va le recevoir des mains du Père dans une prière toute personnelle. C'est le moment *de se retirer dans sa chambre, de fermer sur soi la porte et de prier son Père qui est là dans le secret* (Mt 6, 6).

« J'accepte » est un mot précis d'une grande force qui confirme, enracine le ministère intérieur. « J'accepte de recevoir le ministère intérieur que je pense que tu me donnes. » « J'accepte » est une façon de semer dans l'Esprit et non dans la chair. À partir de là, la graine va produire un fruit de vie, de fécondité.

Déployer son ministère demande vigilance et fidélité ; l'acte devient entier ; l'être entre dans le « faire », on reçoit alors son nom et c'est un vrai bonheur. On est empli de sève. Vivre pleinement son ministère intérieur est une des façons d'être le sel de la terre, *Vous êtes le sel de la terre. Mais si le sel vient à s'affadir, avec quoi le salera-t-on ? Il n'est plus bon à rien qu'à être jeté dehors et foulé aux pieds par les gens* (Mt 5, 13).

Recevoir sa tâche extérieure comme un ministère.

C'est un moment important dans sa vie que celui où l'on reçoit sa tâche extérieure, sa place dans le monde quelle qu'elle soit – mère de famille, employé dans une grande surface, ou médecin –, comme un ministère. À partir de là le regard change. Choisir d'être serviteur du Royaume dans ce lieu-là, cette place spécifique, situe immédiatement sur un autre plan qui va être riche en découvertes.

On se rend alors totalement disponible à la créativité, l'inventivité de l'Esprit, dont la fonction est de renouveler toutes choses, d'empêcher l'immobilisme, la stagnation. Cela ne signifie pas qu'en cours de route on n'ait pas parfois à changer d'orientation. Ce qui est enseigné par ce mouvement intérieur c'est qu'il est possible d'entrer dans une pleine fécondité quelle que soit sa tâche.

Marie-Claude est à la retraite. Elle est chargée d'organiser un service de distribution de vêtements à des personnes nécessiteuses. Elle a à sa disposition une grande pièce vide et une table posée sur des tréteaux. Elle y installe les vêtements par tas sur la table selon leur nature. C'est alors qu'elle se souvient qu'elle a remis à l'Esprit cette nouvelle étape de sa vie mais qu'elle a complètement oublié de prendre un temps de silence avant de procéder à son installation, de se laisser inspirer par l'Esprit. Elle s'arrête alors et elle prend très vite conscience qu'elle pourrait recevoir cette tâche comme un nouveau ministère. Elle l'ouvre à l'Esprit. Avec une petite équipe, elle décide alors de créer une véritable boutique, avec des cintres, sur lesquels les vêtements sont exposés avec goût, où un choix devient possible, où chacun, chacune se sent attendu, traité avec le même respect que s'ils avaient un pouvoir d'achat. Cela peut paraître une petite chose, cependant tout est changé.

Paul a un travail de traitement de dossiers administratifs. Il s'ennuie. Il demande à l'Esprit de le renouveler dans sa tâche, de lui redonner un élan de vie dans son travail. Il choisit alors de recevoir son travail comme un ministère. Il commence à faire l'expérience de la vie dans l'Esprit dans son métier. Il découvre aussi l'importance vitale de chaque dossier pour les familles, les personnes. Il comprend que malgré la monotonie de sa tâche, la façon de les recevoir, de s'intéresser à ce qu'ils vivent est primordiale, qu'ils comptent pour lui, qu'ils ont du prix à ses yeux [1]. Il retrouve courage et intérêt. Il est maintenant au service du Père.

Blandine est bien plantée sur la terre. Elle est très à l'aise dans tout l'aspect matériel de la vie. Elle remarque que là où d'autres pataugent, elle trouve rapidement et facilement des solutions. De fil en aiguille, elle devient le centre de multiples demandes ; elle peut aussi bien trouver une chambre pour quelqu'un que l'aider dans une recherche de travail. Elle a ainsi une voisine au chômage qui dit ne savoir rien faire. En déjeunant avec elle, Blandine découvre qu'elle fait de merveilleuses tartes aux fruits. Elle se démène pour lui faire octroyer un petit stand dans un marché où elle ne va vendre

1. Is 43, 4.

que des tartes aux fruits. Les jours de marché, il y a foule devant son étal. La fécondité de Blandine se déploie dans sa forme d'intelligence des solutions matérielles et sa façon de les résoudre. Elle vit dans une totale disponibilité aux besoins matériels de son entourage.

Je ne vous appelle plus serviteurs, mais amis, car tout ce que j'ai appris de mon Père, je vous l'ai fait connaître (Jn 15, 15).

V

CINQUIÈME LOI DE VIE

L'ENTRÉE DANS LA FÉCONDITÉ ET LE DON

Dieu les bénit et leur dit : « Soyez féconds, multipliez, emplissez la terre et soumettez-la ; dominez sur les poissons de la mer, les oiseaux du ciel et tous les animaux qui rampent sur la terre » (Gn 1, 28).

C'est bien, serviteur bon et fidèle, lui dit son maître, en peu de choses tu as été fidèle, sur beaucoup je t'établirai ; entre dans la joie de ton seigneur (Mt 25, 23).

EXPLORATION

La fécondité.

Dieu est vie abondante, plénitude, fécondité au-delà de toute mesure. Il a créé l'être humain à son image, à l'image du Fils unique empli lui-même de la fécondité divine. Du fond des âges et à chaque génération, retentit l'appel : *Dieu les bénit et leur dit : Soyez féconds, multipliez, emplissez la terre et soumettez-là* (Gn 1, 28).

C'est une bénédiction toute particulière que reçoit ainsi l'être humain : « après avoir pénétré les plantes et les animaux, la bénédiction rend l'homme et la femme capables de “créer” des êtres à leur propre image [1] ». La bénédiction apporte toujours avec elle la fécondité. Cette assurance de se savoir personnellement, individuellement béni dans sa tâche de fécondité est une merveilleuse découverte. Il importe de prendre le temps d'en mesurer le sens, de l'accueillir. La bénédiction est un acte essentiel, ce n'est pas rien de se savoir béni.

La fécondité est le fait de porter du fruit, un bon fruit de vie, un fruit abondant. C'est un terme magnifique, plein de sens, généreux, source de joie. Le livre de la Genèse commence par l'histoire des générations de l'être humain rendues fertiles par la bénédiction de Dieu. Le Christ, lui, « n'a pas de descendant selon la chair ; mais il a des ancêtres et une postérité spirituelle » : il se donne à l'homme et à la femme qui le reconnaissent, désirent accueillir en eux sa propre vie. Jésus approfondit le sens de la fécondité, il ne la lie pas exclusivement à la procréation [2].

Le but, le véritable bonheur de l'être humain, quel que soit son état, est de produire du fruit, d'avoir une vie féconde d'une manière ou d'une autre [3].

Le don.

Les fruits d'une vie féconde ne sont pas faits pour être accumulés dans un coin : s'ils ne sont pas largement distribués, ils vont pourrir. La grâce, le don de Dieu ne sont pas des cadeaux sur lesquels on pourrait se refermer, ils sont donnés pour fructifier. Le plus grand don qui est fait à l'être humain est de lui permettre de donner à son tour, à l'image et à la ressemblance de son Créateur, du Père *qui fait lever son soleil sur les méchants et sur les bons et tomber la pluie sur*

1. *Vocabulaire de théologie biblique*, p. 434-438.
2. *Ibid.*
3. *C'est la gloire de mon Père que vous portiez beaucoup de fruit* (Jn 15, 8). *C'est moi qui vous ai choisis et vous ai institués pour que vous alliez et portiez du fruit et un fruit qui demeure* (Jn 15, 16).

les justes et sur les injustes (Mt 5, 45). C'est ainsi que l'être humain va entrer à son tour dans ce grand et merveilleux mouvement du don.

Les plantes, les arbres donnent des fleurs, des fruits, c'est leur loi. C'est aussi la loi fondamentale de l'être humain, mais lui a la liberté de donner ou de garder, de grandir ou non à la ressemblance de Dieu. Une vie féconde va se déployer dans le don. Et le don ne peut prendre sa source que dans la fécondité qui, telle une eau vive, va se répandre sur toute la terre.

LA SOURCE DE LA FÉCONDITÉ, DU DON

La découverte.

La fécondité est une loi de vie. Elle est la vie même. Il importe donc de prendre le temps de s'arrêter devant ce mot, de le saisir, de l'intégrer, de découvrir tout ce qu'il porte en lui, de ne pas laisser en friche la Parole de Dieu en passant trop vite et en allant s'occuper de ses affaires.

Se savoir appelé à la fécondité de sa vie, comme tout humain, découvrir ainsi le premier but, le sens de la vie parmi les multiples formes qu'elle peut prendre, est une prise de conscience qui marque un « avant » et un « après ». Tout d'un coup, la vision s'élargit, on sort du sommeil, de l'habitude, de l'apathie, quel que soit son âge, ses conditions de vie. L'énergie revient, le désir s'éveille, vient au jour, et l'on se met alors joyeusement en route pour découvrir et déployer sa fécondité.

La source d'eau vive.

Si tu savais le don de Dieu et qui est celui qui te dit : « Donne-moi à boire », c'est toi qui l'en aurais prié et il t'aurait donné de l'eau vive (Jn 4, 10), dit Jésus à une femme de Samarie à qui il demande à boire.

L'amour est le fondement de la création, de cette loi de vie qu'est l'appel à être fécond.

L'être humain est lui aussi fondé sur l'amour, engendré par l'amour. L'amour est ainsi planté, enraciné au centre de son être comme une graine en puissance attendant d'être reconnue, reçue consciemment pour se déployer au-dehors. C'est certainement la raison pour laquelle la quête essentielle de tout humain est de se savoir aimé et d'aimer à son tour : ce pourrait être une définition du bonheur. Se savoir aimé de Dieu, source de tout amour, de tout don est une immense grâce. Mais se laisser atteindre par cet amour est un trajet parfois long et mouvementé, comme en témoigne le cadet de la parabole du père et des deux fils. Après tant d'errances, il revient à la maison, croit trouver un juge, et se retrouve dans les bras du père : « Il devient enfin capable d'être aimé, il achève de naître [1]. »

Partir du cœur de Dieu, source de l'amour, du don, va amener un déploiement, un renouvellement permanent de la fécondité. Elle devient inépuisable en quelque sorte, la source ne se tarit pas. Le mouvement de don jaillit de l'intérieur, de la source d'eau vive reçue dans le cœur profond : *Si quelqu'un a soif, qu'il vienne à moi, et qu'il boive, celui qui croit en moi !* (Jn 7, 37). Cette plénitude s'écoule au-dehors dans l'amour et la reconnaissance et revient ensuite à la source. La porte a été ouverte et la source d'abondance, le trésor caché, va produire tout son fruit.

Si le don part de la périphérie de l'être, épuisement, dessèchement et dérapages arriveront certainement. L'être humain est construit comme un arbre : si la branche est coupée de l'arbre, elle ne reçoit plus la sève et n'est plus bonne qu'à être jetée au feu. Si elle est solidement rattachée au tronc, elle va

1. Extrait du texte de Paul BAUDIQUEY qui accompagne les diapositives de la peinture de Rembrandt *Le Retour de l'enfant prodigue* (Audiovisuel ACNAV, 3, rue Amyot, 75005 Paris).

recevoir sa nourriture, se déployer, porter fleurs et fruits, être renouvelée : *Je suis le cep ; vous, les sarments. Qui demeure en moi, comme moi en lui, porte beaucoup de fruit ; car hors de moi vous ne pouvez rien faire. Si quelqu'un ne demeure pas en moi, on le jette dehors comme le sarment et il se dessèche ; puis on les ramasse et on les jette au feu et ils brûlent* (Jn 15, 5-6).

La terre ne peut produire son fruit que si l'eau fait germer la semence ; elle lui est donnée en abondance. Il en est de même pour l'être humain : s'il peut porter fruit, c'est grâce à l'eau vivifiante que lui donne son Créateur.

Dans cette recherche de la fécondité de notre vie, il nous arrive souvent de partir à l'envers : nous nous demandons « que faut-il donner ? » au lieu de nous questionner sur « comment donner ? ». Et « comment donner ? » nous ramène à cet essentiel : « comment recevoir le don de Dieu ? ». Car il y a une manière de recevoir le don de Dieu, c'est l'enseignement qui a été donné aux Hébreux dans leur traversée du désert à partir du don de la manne, des cailles... Cela demande un peu de temps et de silence, et la tentation est grande de commencer par l'extérieur.

Si l'on veut véritablement découvrir sa place, sa tâche spécifique, sa forme de fécondité, il est nécessaire de partir du dedans, de la source, des forces vives, du cœur profond : l'extérieur s'ouvrira alors de lui-même comme une fleur qui éclôt. Il est essentiel de garder précieusement en soi, comme un trésor, la notion de « l'ordonnancement » de la vie de l'être humain, d'apprendre jour après jour quels actes intérieurs poser pour que le cœur profond informe réellement l'ensemble de l'être. Un piège serait d'attendre indéfiniment le moment d'être prêt pour donner ou se donner. Il ne s'agit pas de se créer un alibi pour ne pas répondre aux situations d'urgence qui se présentent à nous, de « se blottir » dans cette recherche pour ne pas s'impliquer dans le présent. Il nous appartient d'essayer d'être vrais et justes dans cette recherche du sens, de l'unité.

Se relier, aller boire à la source de vie, transmettre ce courant d'eau vive, aimer comme on est aimé, nourri, vivifié est un choix. Comme la joie, comme tout don de Dieu, l'amour, le don sont un choix, une façon nouvelle de vivre, un véritable mode d'être, une nouvelle naissance. Celui ou celle qui vivra ainsi sera comme *un arbre planté au bord de l'eau et qui tend ses racines vers le courant : il ne redoute rien quand arrive la chaleur, son feuillage reste vert ; dans une année de sécheresse il est sans inquiétude et ne cesse pas de porter du fruit* (Jr 17, 8). *Le juste poussera comme un palmier, il grandira comme un cèdre du Liban* (Ps 91, 13).

La stérilité.

Le contraire de la fécondité est la stérilité. La stérilité est le fait de ne pas porter de fruit. Elle est un mal comme la souffrance et la mort.

Dans l'Ancien Testament, elle est source de honte, la femme stérile est méprisée : Abram se lamente de ne pas avoir d'enfants (Gn 15 s.). Saraï, sa femme, vit dans la honte d'avoir dû, comme c'était la coutume en cas de stérilité de l'épouse, dépendre de sa servante pour lui donner une postérité (Gn 16, 4).

Mais il apparaît clairement que la véritable issue se trouve en Dieu. Dieu seul est vainqueur de la stérilité. L'être humain est impuissant à la combattre. Il n'y a que la puissance de Dieu qui puisse susciter la vie dans une terre stérile, desséchée. Dieu va visiter les femmes stériles, va triompher de la mort, susciter la vie [1].

Avec le Christ est donnée une nouvelle compréhension de la fécondité : toute vie est susceptible de porter du fruit, que l'on ait ou non une descendance charnelle. C'est la rencontre avec le Vivant qui permet de prendre conscience de la stérilité

1. La naissance d'Isaac, fils de Sara (Gn 18, 10 ; 21, 1-3) ; la naissance de Samuel, fils d'Anne (Samuel 1, 19-20) ; de même pour Rébecca (Gn 25, 21) ; pour Rachel (Gn 29, 31) ; Élisabeth (Lc 1, 5-25)…

de sa vie et qui fait émerger le désir de fécondité et de don. La lumière et les dons de l'Esprit, la grâce du Christ qui, en si peu de temps a porté un tel fruit de vie, vont permettre ce passage, cette Pâque, de la stérilité à la fécondité.

Comment rendre un célibat imposé fécond, comment porter fruit malgré ce qui semble constituer un barrage infranchissable : l'habitude, la résignation, une traversée du désert ? Comment choisir une issue de vie – découvrir d'autres façons d'aimer ? La fécondité n'est pas synonyme de quantité : elle manifeste une qualité d'être, elle concerne la façon dont on traverse la vie, les difficultés, les bonheurs, le moindre acte du quotidien : rien n'est jamais perdu ; tout, absolument tout, peut porter fruit si nous savons le vivre dans le grand courant de la vie, de la fécondité.

Crie de joie, stérile, toi qui n'enfantais pas ; éclate en cris de joie et d'allégresse, toi qui n'as pas eu les douleurs, car plus nombreux sont les fils de l'abandonnée que les fils de l'épouse, dit l'Éternel. Élargis l'espace de ta tente, déploie tes tentures sans contrainte, allonge tes cordages, renforce tes piquets, car à droite et à gauche tu vas éclater, ta race va déposséder des nations et repeupler les villes abandonnées (Is 54, 1-3).

Il assied la stérile en sa maison, mère en ses fils heureuse (Ps 112, 9).

La parabole des talents : produire du fruit ou enterrer le don.

C'est comme un homme qui partant en voyage, appela ses serviteurs et leur remit sa fortune. À l'un il donna cinq talents, deux à un autre, un seul à un troisième, à chacun selon ses capacités, et puis il partit. Aussitôt celui qui avait reçu les cinq talents alla les faire produire et en gagna cinq autres. De même celui qui en avait reçu deux en gagna deux autres. Mais celui qui n'en avait reçu qu'un s'en alla faire un trou en terre et enfouit l'argent de son maître. Après un long temps, le maître de ces serviteurs arrive et il règle ses comptes avec eux. Celui qui avait reçu les cinq talents s'avança et présenta cinq autres talents : « Seigneur, dit-il, tu m'as remis cinq talents : voici cinq autres talents que j'ai gagnés. – C'est bien, serviteur bon et fidèle, lui dit son maître, en peu de choses tu as été fidèle, sur beaucoup je t'établirai ; entre dans la joie de ton Seigneur. » Vint ensuite celui qui avait reçu deux talents : « Seigneur, dit-il, tu m'as remis deux talents : voici deux autres talents que j'ai gagnés. – C'est bien, serviteur bon et fidèle, lui dit son maître, en peu de choses tu as été fidèle, sur beaucoup je t'établirai ; entre dans la joie de ton Seigneur. » Vint enfin celui qui détenait un seul talent : « Seigneur, dit-il, j'ai appris à te connaître pour un homme âpre au gain : tu moissonnes où tu n'as point semé et tu ramasses où tu n'as rien répandu. Aussi, pris de peur, je suis allé enfouir ton talent dans la terre : le voici, tu as ton bien. » Mais son maître lui répondit : « Serviteur mauvais et paresseux ! tu savais que je moissonne où je n'ai pas semé, et que je ramasse où je n'ai rien répandu ? Eh bien ! tu aurais dû placer mon argent chez les banquiers, et à mon retour j'aurais recouvré mon bien avec un intérêt. Enlevez-lui donc son talent et donnez-le à celui qui a les dix talents. Car à tout homme qui a, l'on donnera et il aura du surplus ; mais à celui qui n'a pas, on enlèvera ce qu'il a. Et ce propre à rien de serviteur, jetez-le dehors, dans les ténèbres : là seront les pleurs et les grincements de dents » [Mt 25, 14-30].

Jésus conte une parabole riche de sens sur le thème de la fécondité et de la stérilité. Elle ouvre la porte à tout un champ de réflexions. Elle est une très sérieuse prise de conscience car elle nous interpelle avec une extrême vigueur sur le chemin de vie qu'est la fécondité et le chemin de mort qu'est la stérilité, le fait d'enterrer ses dons, sa ou ses qualité(s) essentielle(s).

Le maître de maison revient après un long temps d'absence non pour reprendre ses talents mais pour se rendre compte de la façon dont ils ont porté fruit [1]. Il se réjouit du travail des deux serviteurs qui ont doublé les talents reçus : la vie

1. Un commentaire de cette parabole est donné par Marie BALMARY dans son livre *Abel ou la Traversée de l'Éden*, Paris, Grasset, 1999, p. 64-105.

abonde. Il est exceptionnellement sévère et rigoureux pour celui qui a enterré l'unique talent qui lui a été confié par peur du risque, du jugement de son maître, qu'il pense dur et méchant, réclamant là où il n'a pas donné. Pour se protéger de toute éventualité d'échec, de reproche, il a enterré son talent. C'est bien un acte qui touche à la mort. « Enterrer » est un mot qui signifie la mort, non la vie. « Il aurait acheté un veau, disait un jour Marie-Madeleine Laurent, psychologue, dans un enseignement oral, et son veau aurait crevé, il n'aurait certainement pas été blâmé car alors il aurait tenté quelque chose. » Mais il s'est couché, il est resté dans la passivité, il s'est englouti dans la peur de vivre, de l'échec, du jugement du maître. Sa vie est devenue stérile.

Il convient de saisir le sens vital de cette parabole et de ne pas se laisser impressionner à tort par la sévérité avec laquelle est traité le serviteur improductif. Cette rigueur est là pour nous faire prendre conscience de ce qui est chemin de vie et de ce qui est chemin de mort, de nous amener à nous positionner une fois pour toutes devant le choix de la vie. Il est évident que si nous prenons tout à coup conscience de la stérilité de notre vie et que nous revenons au Dieu vivant de tout notre cœur, nous serons immédiatement pardonnés : *il y aura grande joie dans le ciel* pour un seul (une seule) qui entreprend son chemin de retour, bascule du côté de la vie, quitte la mort[1].

Nous n'allons pas nous morfondre dans le remords, la condamnation de nous-mêmes, ajoutant une deuxième mort à une première mort. Nous allons changer de direction, repartir vers la vie, à la suite de celui qui nous appelle à une vie féconde.

Le serviteur avait une notion de son maître totalement fausse et il est précisément condamné par le maître sans pitié qu'il s'est donné. C'est peut-être le moment de revoir la notion de Dieu que nous entretenons. Convient-il de se protéger de ses exigences ? Est-ce que réellement il moissonne

1. Lc 15, 1-32 : la brebis perdue, la drachme perdue et le fils prodigue.

où il n'a pas semé, nous demande plus que nous ne pouvons donner ? Allons-nous être impitoyablement rejetés en cas d'échec, d'erreur ? Pourquoi enterre-t-on son ou ses talents : à la suite de quelle fausse notion de Dieu ?

Étrangement, beaucoup ont de la peine à mettre au jour les talents reçus. Ils pensent qu'ils seraient dans l'orgueil s'ils découvraient tout d'un coup leurs talents ; la parabole met vraiment à bas ce genre de croyance. Tout être humain, quel qu'il soit, reçoit un ou plusieurs talents, personne n'est oublié ; il n'est aucun homme ou femme qui n'ait pas un talent. Mais bien souvent ce talent est méconnu, caché, enfoui, laissé en friche. La responsabilité de chacun, de chacune, est de déterrer ce ou ces talents, de les amener à la lumière, de les nommer, de les recevoir des mains du Père, de façon tout à fait consciente et de les faire fructifier.

Il arrive aussi que l'on méprise son talent : il est jugé insignifiant, sans valeur, un peu comme les Hébreux au désert méprisaient les dons de Dieu en les comparant aux bons plats qu'ils avaient en Égypte. La comparaison est toujours mortifère. On louche sur les talents du voisin qui nous apparaissent merveilleux. Mon talent est mon talent, il fait partie de mon identité, il est le trésor qui m'a été confié pour remplir ma tâche dans le monde. Il ne me sera jamais demandé de développer les talents du voisin, de réussir sa vie, mais de déployer ma propre vie, dans ma mesure spécifique. C'est une recherche très heureuse que celle-là, un véritable chemin de vie, elle se vit dans la lumière de l'Esprit qui va nous guider dans cette exploration ; elle est l'attente joyeuse de ce que l'on va découvrir et qui était peut-être inemployé.

Cette parabole nous enseigne que nous avons à nous mettre en route sans attendre, avec notre unique talent si nous n'en avons qu'un : mais celui-là nous l'avons, et nous allons le développer. Nous entrons alors dans la gratitude du don reçu et nous recevons la bénédiction du Père qui nous accueille dans ce choix d'une vie féconde.

OBSTACLES AU CHOIX DE LA FÉCONDITÉ

La fausse croyance.

« Je n'ai pas été aimé, je ne peux donner ce que je n'ai pas reçu. » Beaucoup croient que leur vie ne saurait être féconde, qu'ils ne peuvent ni aimer, ni donner parce qu'ils n'ont pas reçu l'amour qui leur était légitimement dû. C'est une fausse croyance. Sur le plan spirituel cela ne se passe pas ainsi [1].

Ceux et celles qui ont été victimes de graves blessures de l'amour ont sans doute à vivre les étapes de la guérison des blessures du cœur. Ils apprennent à laisser le Christ habiter leur souffrance ou leur violence, à libérer leur plainte, à se laisser consoler. Ils assument le nécessaire travail de deuil pour parvenir à l'acceptation paisible de la réalité de leur histoire. En cours de route, ils ont rencontré celui qui panse les cœurs meurtris, console les affligés. Ils ont entendu sa promesse : *On ne te nommera plus « délaissée », ni « terre abandonnée », mais on t'appellera : « Ma plaisance » et ta terre : « Épousée ». Car tu plais à l'Éternel et ta terre sera épousée* (Is 62, 4). *Même si une femme cesse de chérir le fils de ses entrailles, Moi, dit l'Éternel, je ne t'oublierai jamais* (Is 49, 15).

À ta naissance, au jour où tu vins au monde, on ne te coupa pas le cordon, on ne te lava pas dans l'eau pour te nettoyer, on ne te frotta pas de sel, on ne t'enveloppa pas de langes. Nul n'a tourné vers toi un regard de pitié, pour te rendre un de ces devoirs par compassion pour toi. Tu fus jetée en pleine campagne, par dégoût de toi, au jour de ta naissance.

Je passai près de toi et je te vis, te débattant dans ton sang. Je te dis, quand tu étais dans ton sang : « Vis ! » et je te fis croître

1. Voir le beau témoignage de Tim GUÉNARD dans son livre *Plus fort que la haine*, Paris, Presses de la Renaissance, 1999.

comme l'herbe des champs. Tu te développas, tu grandis et tu parvins à l'âge nubile. Tes seins s'affermirent, ta chevelure devint abondante ; mais tu étais toute nue. Alors je passai près de toi et je te vis. C'était ton temps, le temps des amours. J'étendis sur toi le pan de mon manteau et je couvris ta nudité ; je m'engageai par serment, je fis un pacte avec toi – oracle du Seigneur – et tu fus à moi. Je te baignai dans l'eau, je lavai le sang qui te couvrait, je t'oignis d'huile ; je te donnai des vêtements brodés, des chaussures de cuir fin, un bandeau de lin et un manteau de soie. Je te parai de bijoux, je mis des bracelets à tes poignets et un collier à ton cou. Je mis un anneau à ton nez, des boucles à tes oreilles, et sur ta tête un splendide diadème. Tu étais parée d'or et d'argent, vêtue de lin, de soie et de broderies. La fleur de farine, le miel et l'huile étaient ta nourriture. Tu devins de plus en plus belle et tu parvins à la royauté. Tu fus renommée parmi les nations pour ta beauté car elle était parfaite, grâce à la splendeur dont je t'avais revêtue, oracle du Seigneur Dieu [Ez 16, 1-15].

La Parole de Dieu est l'antidote du poison qui a nourri ceux et celles qui ont manqué d'amour ou ont perdu l'amour ; elle restructure le tissu psychique qui a été abîmé et c'est ainsi qu'ils arrivent à la Pâque, au moment où ils peuvent quitter le chemin de mort, la fausse croyance pour renaître dans la fécondité. Ils ont vécu le passage de leur propre chagrin à l'amour de l'autre ; ils sortent de leur condition de victime, ils peuvent entrer dans la joie de donner l'amour qu'ils viennent de recevoir.

Mais il changea le désert en nappe d'eau,
une terre sèche en source d'eau ;
là il fit habiter les affamés,
et ils fondèrent une ville habitée.

Ils ensemencent des champs, plantent des vignes,
et font du fruit à récolter.
Il les bénit et ils croissent beaucoup
il ne laisse pas diminuer leur bétail.

Ils étaient amoindris, défaillants,
sous l'étreinte des maux et des peines ;
déversant le mépris sur les princes,
il les perdait en un chaos sans chemin.

Mais il relève le pauvre de sa misère,
il multiplie comme un troupeau les familles.
[Ps 106, 35-41.]

« *Je n'ai rien à donner*, ma vie est inutile, je me demande à quoi je sers, d'ailleurs personne n'a besoin de moi. » Plainte souvent entendue, véritable chemin de mort. Cette fausse croyance est la plupart du temps très profondément ancrée chez ceux et celles qui nient leur propre valeur, se déprécient totalement.

Attendre pour aimer ?

On ne saurait attendre d'être totalement « libéré » pour avoir une vie féconde, aimer, donner et se donner, car la marche se poursuit toute la vie, l'essentiel est d'être en marche sur la bonne route. Il est vrai que lorsqu'on entreprend un trajet d'évangélisation de ses profondeurs, pendant tout un temps, on ne peut faire autrement que centrer toutes ses forces sur la nécessité de traverser les passages intérieurs essentiels, de commencer par soi. Mais comme le dit Martin Buber, on ne finit pas par soi [1].

Pendant tout ce temps de travail intérieur, on continue à donner, à aimer. L'amour de Dieu se vit et se transmet en traversant tous nos tâtonnements ; nous sommes serviteurs du Royaume comme nous le pouvons à chaque étape de vie. La grâce est là.

Les lois de vie nous alertent sur les dérapages possibles d'un amour désordonné qui fait parfois plus de mal, en tout

1. Martin BUBER, p. 10.

cas autant de mal que le manque d'amour. Et au fur et à mesure que le trajet se poursuit, le don prend son véritable sens, se purifie, devient qualité de vie, avec une connotation de vie éternelle.

Quel trajet pour transmettre la vie ?

Le premier pas est sans aucun doute d'ouvrir la porte de ce questionnement à la présence du Christ, de l'Esprit. C'est un premier choix de vie, il conduit à sortir du verrouillage intérieur, de l'enfermement, où l'on « tourne en rond ». Il signifie que l'on accepte de l'aide pour sortir de cet état de stérilité dans lequel on s'est peut-être installé. On peut ensuite, dans la lumière de l'Esprit, en prenant tout le temps nécessaire, se mettre très profondément devant la Parole de Dieu, devant cette parabole des talents. La Parole de Dieu est donnée pour être entendue, méditée, intégrée dans sa vie.

Le Verbe s'est fait chair : la Parole devrait entrer jusque dans la chair pour porter tout son fruit, atteindre jusqu'au noyau le plus intime de la personne, être reçue dans le cœur, pas seulement dans le mental, l'intellect. Elle ne nous atteint véritablement qu'à un autre niveau de profondeur. La Parole est vivante, elle s'adresse individuellement à chacun, à chacune ; elle est simple et claire, elle est faite pour être comprise par tous, vécue, mise en œuvre. Elle invite à une souplesse, une disposition du cœur, un « désagrippage » des idées toutes faites, des fausses croyances, des idées préconçues. Il est nécessaire de l'entendre de façon neuve, comme si on l'écoutait pour la première fois. C'est ainsi que l'on peut comprendre en vérité la parabole des talents.

Si l'on a choisi d'« entendre » véritablement la Parole, il faut avoir le courage d'écarter, de réduire au silence la voix mensongère à laquelle nous sommes si habitués – « Oui, mais moi, de toute façon, je sais bien que je n'ai rien à donner » – pour entendre une autre voix qui dit autre chose. Cette autre chose pourrait bien être une invitation à laisser émerger ses désirs les plus authentiques, à leur donner le droit de venir au jour. Le questionnement devient clair et exigeant : as-tu oui ou non le désir d'une vie féconde ? Qu'aimerais-tu vivre à la place de cette sorte d'apathie dans laquelle tu t'es installé(e) ? Si tu veux le découvrir, arrête de rester couché sur ton grabat, lève-toi, mets-toi en marche, tu seras guidé pas à pas, *je serai toujours avec toi. Je ne t'abandonnerai jamais* (Js 1, 5).

On se laisse souvent arrêter par la pensée que l'on ne saura que faire des désirs ainsi reconnus. Mais là n'est pas la question. Ce qui compte à ce moment c'est l'émergence du désir de vie. C'est le moment de sortir du balancier : « Je veux, je ne veux pas. » Très fréquemment on ne veut pas parce que l'on ne peut pas. Mais opter avec détermination pour « je veux mais je ne peux pas encore » est un véritable départ de vie, c'est le début de la guérison. Avant de s'occuper du comportement on va travailler sur la racine de ce chemin de mort : qu'est-il arrivé pour que l'on se juge sans valeur, que l'on ait complètement baissé les bras ? La blessure doit être retrouvée, nommée. Quelles en ont été les conséquences ? Quand, comment cette graine empoisonnée est-elle entrée en soi ? Quelle parole mensongère, quel regard négatif l'ont plantée en soi ? Dans quel climat mortifère a-t-on vécu ? Comment a-t-on réagi ? Quelle fausse route a-t-on prise pour arriver à cette négation de soi ?

On va peu à peu retrouver le regard du Christ, du Père, sur soi, se laisser ré-engendrer dans son identité propre, découvrir la Parole qui nourrit la vie. Il va alors être possible de renoncer avec courage à la fausse croyance, de vivre le rude combat spirituel qui peut alors se présenter et commencer à s'entendre appeler par son nom. À partir de ce moment, si on est vigilant, fidèle à la Parole reçue, on va véritablement se mettre en marche pour retrouver le chemin de vie, pour découvrir la fécondité de sa vie.

La salutation de l'ange à Gédéon est merveilleuse : Gédéon était en train de dépiquer du blé dans un pressoir. L'ange l'interpelle : *L'Éternel est avec toi, salut, vaillant guerrier*. Gédéon est abasourdi. Il répond qu'il fait partie du clan le plus pauvre de Manassé et qu'il est le dernier de la maison de son père. Il exprime en substance que l'on ne saurait trouver plus minable que lui ! Alors l'Éternel se tourne vers lui et lui dit : *Va avec la force qui t'anime et tu sauveras Israël de la main de Madiân. N'est-ce pas moi qui t'envoie ?* [...] *Je serai avec toi et tu battras Madiân comme si c'était un seul homme.* [...] *Que la paix soit avec toi ! Ne crains rien : tu ne mourras pas* (Jg 6, 11-24). C'est bien cette salutation que nous avons à entendre : *Salut, vaillant guerrier, va avec la force qui t'anime, je serai avec toi.*

Par où commencer ? Introduire l'amour en tout.

L'acte le plus simple peut consister à introduire l'amour dans chaque acte de vie. C'est une façon de créer de la vie, de choisir la vie. Il s'agit d'y penser, de nourrir ce désir, de le fortifier, d'en faire un exercice quotidien, de le prévoir au début de la journée, de regarder le soir comment on l'a vécu. Quelle est la disposition de mon cœur lors de l'exercice de mon travail professionnel, lorsque je réponds à une lettre, que je fais la cuisine, que je participe à une réunion ? Est-ce que c'est par amour que chacun de ces actes est posé ? ou pour tout autre chose ?

Il arrive bien souvent que l'on donne ou se donne sans amour. Il est donc important de s'assurer que l'amour est bien la source du don. Saint Paul nous alerte dans la première épître aux Corinthiens (13, 3) : *Quand j'aurais le don de prophétie et que je connaîtrais tous les mystères et toute la science, quand j'aurais la plénitude de la foi, une foi à transporter des montagnes, si je n'ai pas la charité, je ne suis rien.*

C'est un bon questionnement de se demander si c'est vraiment l'amour qui fonde le don.

On peut remplir un service, une fonction, faire un don pour tout autre motif que l'amour : par devoir, résignation, pour son propre intérêt, par recherche de reconnaissance, de réussite, pour se prouver que l'on vaut quelque chose, que l'on est meilleur que l'autre, pour prendre le pouvoir, par perfectionnisme, obéissance légaliste, pour coller à l'image idéalisée de soi que l'on projette… Nous ne faisons rien qui soit absolument pur, nous le savons bien, mais ce n'est pas une raison pour négliger cette circoncision du cœur qui est si essentielle dans le message biblique : *L'Éternel ton Dieu circoncira ton cœur et le cœur de ta postérité pour que tu aimes l'Éternel ton Dieu de tout ton cœur et de toute ton âme, afin que tu vives* (Dt 30, 6). Il suffit d'un changement dans la disposition du cœur pour que le même acte reste superficiel ou parte de la source et devienne plein, entier.

Cet exercice tout simple du quotidien va radicalement changer le regard que l'on porte sur sa vie : tout ce qui est fait sans amour est en partie perdu ; l'acte n'est pas plein, entier, il n'a pas cette qualité de vie éternelle qui réchauffe les cœurs, il est semé pour la chair et non pour l'Esprit. Retrouver et développer cette capacité d'aimer souvent enfouie au plus profond du cœur est le fondement de notre véritable croissance, mène au bonheur de vivre. On accueille alors le cœur nouveau que nous annonce Ézéchiel : *Et je vous donnerai un cœur nouveau ; je mettrai en vous un esprit nouveau ; j'ôterai de votre chair le cœur de pierre et je vous donnerai un cœur de chair* (Ez 36, 26).

On va ensuite laisser s'épancher le trésor des dons qui sont en soi : aujourd'hui même, quelle fécondité puis-je avoir, quel acte porteur de vie puis-je poser ? Aller visiter intérieurement ceux et celles que je maintiens en prison en ne leur remettant pas leur dette, leur donner un pardon, prendre un temps de prière pour celui ou celle qui traverse un passage difficile, poser un geste, accorder un regard, un temps d'écoute, répondre à une lettre, ouvrir ma porte, prêter un livre, vivre et introduire la présence de Dieu où que je sois : métro, grande surface, me décider enfin à trier et donner les vêtements que je ne mets plus… L'essentiel est d'ouvrir la porte, de commencer à laisser sortir l'abondance intérieure, commencer à aimer la nature, une fleur, un voisin, un malade. La source va alors se mettre à couler, deviendra une eau jaillissante [1].

Donner et se donner.

Le plus grand et merveilleux don est évidemment de se donner. Mais que de contresens à ce sujet ! Pour beaucoup, se donner signifie perdre la vie, être prêt à mourir physiquement, à souffrir, à être détruit : là encore on se trompe de mort. Pour d'autres, se donner implique un activisme épuisant, une générosité sans discernement : ils finissent par se couper de leur source, par laisser éteindre le meilleur d'eux-mêmes.

Se donner pourrait s'exprimer en une question : « Que pouvons-nous être l'un pour l'autre [2] ? » Se donner consiste à offrir à l'autre le meilleur de soi, son essence, sa joie, son bonheur de vivre, sa quête de vérité, de liberté intérieure, de vrai silence, sa paix, sa confiance, son refus de s'engourdir, de se laisser détruire par l'esprit du monde qui est en soi, autour de soi : la vexation, la rancune, la vengeance, la séduction, la puissance, l'indifférence…

Y a-t-il de plus grand don que de devenir artisan de vie partout où l'on est, de permettre à la graine de résurrection de se planter dans les lieux de mort, de semer selon l'Esprit qui renouvelle toutes choses ? On se donne par ce que l'on est, ce

1. Sarah BEN BREATHNACH a écrit un livre très tonique, plein de vie, qui s'adresse aux femmes : *L'Abondance dans la simplicité*, Éd. du Roseau, 1999. En suivant les mois de l'année et d'une façon tout à fait concrète elle lance des pistes pour semer la vie à tout moment. C'est un livre très simple qui donne envie d'entrer dans la fécondité.

2. Henri NOUWEN, *Lettre à un ami sur la vie spirituelle*, Paris-Montréal, coéd. Cerf-Novalis, 1998, p. 96.

que l'on devient, par sa façon de s'acheminer vers sa seconde naissance.

LA DÉCOUVERTE DE SA FORME DE FÉCONDITÉ

Il appartient à chacun de découvrir sa forme de fécondité, la façon dont sa vie va porter fruit. C'est un temps béni qui se vit dans la lumière de l'Esprit, face à ses propres forces vives. Comme toujours, il importe de sortir du flou, de prendre le temps de laisser émerger sa forme spécifique de fécondité, de don : qu'est-ce que j'aimerais véritablement vivre ? Je ne peux peut-être pas réaliser mon désir en son entier, mais je peux certainement le mettre en œuvre d'une certaine manière. Laquelle ? Comment ?

Laure découvre dans sa boîte aux lettres un prospectus proposant de créer dans chaque quartier une « maison de prière ». Cela consiste simplement à s'engager, tout en restant chez soi, à devenir « veilleur » pour le quartier à partir de la prière. Laure est à la retraite et a une santé très fragile ; elle a tenté de participer à des œuvres caritatives mais a senti que sa place n'était pas là. Elle n'a aucun objectif sinon qu'elle se sent très attirée par le silence et la louange. Elle reçoit un choc à la lecture de ce prospectus et sent qu'une route s'ouvre à elle. Elle prend le temps de remettre ce projet dans l'Esprit et au bout de quelques jours choisit de faire de son appartement une maison de prière pour le quartier. Elle reçoit alors cette tâche des mains du Père, comme un véritable ministère qui lui est confié et se met à l'œuvre immédiatement.

Peu après, elle rencontre chez un commerçant le responsable d'un atelier d'enfants organisé par la paroisse et qui se trouve en face de chez elle. Leur échange devient de plus en plus profond et Laure s'entend dire, alors qu'elle ne se l'était jamais exprimé à elle-même, qu'elle aimerait apprendre aux enfants comment louer Dieu. Le responsable lui dit : « Allez voir les animateurs, voyez ce qu'ils en pensent. » Laure se met en mouvement et elle, qui n'est pas grand-mère, n'a aucune expérience des enfants, commence avec cinq petits enfants qui sont enthousiasmés. Le groupe grandit de semaine en semaine, les enfants se pressent par groupes de dix pour vivre leur quart d'heure de louange. Une maman dit à Laure : « Mon garçon ne veut jamais se lever le matin, mais pour aller à son temps de louange, il se précipite. » Laure a découvert la fécondité de sa vie à partir de ce qu'elle a de plus précieux en elle, de ce qu'elle peut donner : la source a jailli à l'extérieur.

Michèle dit qu'elle ne sait pas trop ce qu'elle a à vivre. Elle fait partie d'une communauté de couples mais n'arrive pas vraiment à trouver sa place. « Qu'aimerais-tu véritablement vivre ? – Au fond, dit Michèle, mon désir le plus profond est de semer de la vie partout où je passe, lancer des graines de vie, je ne vois pas trop comment, aussi bien en faisant des bouquets qu'en organisant une fête ; je voudrais découvrir ce qui peut apporter un peu de bonheur dans le quotidien, rendre l'autre un peu plus heureux. » Là est la forme de fécondité de Michèle. Il a suffi qu'elle se pose vraiment la question de son propre désir pour dé-s-enfouir la richesse cachée.

Marc travaille dans une grande entreprise où la relation n'est pas facile. À la cantine les conversations lui apparaissent insipides, superficielles au point qu'il préfère manger un morceau de pain dans son bureau. Il attend avec impatience l'heure de sortir. Il a alors des activités qui au moins lui paraissent utiles. Peu à peu il se rend compte qu'il évite, fuit la relation et décide de s'ouvrir à l'Esprit pour être éclairé sur son comportement. Il a besoin de poser un solide acte de foi pour faire cette première démarche, pour envisager la possibilité d'un changement. Il commence par introduire la présence de Dieu au cœur de son entreprise, au cœur de cette cantine où tous se retrouvent pour un repas qui devrait être convivial. Il décide ensuite d'aller à la cantine ; il s'y prépare et demande d'être inspiré pour vivre quelque chose, il ne sait quoi. « J'ai découvert peu à peu comment entrer dans une conversation quelle qu'elle soit en y introduisant un élément de profondeur. Au lieu de me retirer dans ma superbe, je plonge dans la pâte humaine dont je fais partie. J'ai ouvert la porte à la présence vivante du Christ. Je sais que l'Esprit est en train de travailler au cœur de cette pâte-là. J'ouvre des pistes, un peu comme Jean-Baptiste. J'essaie d'être très attentif à chacun, à chacune, c'est véritablement une disposition du cœur ; cette attention personnelle me paraît être la première forme du don. » La relation s'est complètement transformée, elle a retrouvé vie. Marc a découvert sa forme de fécondité dans la relation professionnelle.

Clara est caissière dans un supermarché et travaille dans l'anonymat le plus complet. Que faire ? Lorsqu'elle est payée par chèque, elle prend le temps de regarder le nom et le visage de la personne et les jours suivants lui dit bonjour en l'appelant par son nom, petit signe qu'elle compte, a du prix, que Quelqu'un l'appelle par son nom.

D'autres auront à cesser de papillonner. Certains s'acharnent à vouloir donner ce pour quoi ils ne sont pas faits et restent en suspens, en attente. Il n'est pas question de donner pour donner, pour avoir la conscience tranquille : le mouvement part du dedans, de l'intérieur, pour se déployer au-dehors. Une fois que la forme de fécondité sera mise au jour ce sera le moment de la recevoir des mains du Père, d'accueillir sa bénédiction pour qu'elle se déploie. Un discernement est toujours nécessaire dans le don. Les lois de vie vont nous en donner les repères essentiels. La gratuité est l'essence même du don de Dieu. Il est bon de s'exercer à donner gratuitement, sans attendre de retour : la gratuité est une qualité essentielle de la fécondité, de l'abondance à recevoir ou à donner ; on va la retrouver dans l'acte de pardon.

LA FÉCONDITÉ DANS LA RELATION

Pour l'être humain, tout aboutit à la relation. Comment rendre une relation féconde, introduire une vie vivante au cœur de toute relation, la faire revenir à la vie quand elle est moribonde ? Il arrive que l'on évite, que l'on fuie la relation. Mais il est aussi possible de « l'accomplir ». Elle est souvent occasion de conflit : elle peut aussi devenir, quoi qu'il arrive, occasion de croissance, de grandissement, de fécondité même si elle est apparemment un échec.

Jésus a eu une relation d'une extrême fécondité. Lors de chacune de ses rencontres, il se passe quelque chose d'important, d'essentiel pour la vie. Rien ne demeure indifférent ou superficiel. Les besoins de celui ou de celle qui a faim, soif, qui est étranger, malade, en prison (Mt 25, 31-40), sont pris en compte. Les personnes se sentent toujours reconnues pour ce qu'elles sont au-delà des apparences, de leurs actes, réussites ou échecs ou de la mauvaise réputation qui leur colle à la peau. Il leur parle en les croyant aptes à comprendre les choses du Royaume, il les touche, mange avec eux. Il reçoit avec gratitude ce qu'ils ou elles lui donnent : du parfum, un acte de foi, un repas, cinq pains et deux poissons – qu'il va multiplier pour nourrir ceux qui l'ont suivi dans un endroit désert pour entendre sa Parole et n'ont pas pensé à se munir de provisions (Mt 14, 13-21). Il les invite à se sentir en paix, à l'aise.

Nous pourrions commencer par approfondir, intégrer cette notion de fécondité dans la relation quelle qu'elle soit, la tenir dans nos mains comme une perle précieuse, comme une graine nouvelle que l'on va planter au plus profond de son cœur, puis poser le choix de vivre désormais la fécondité dans la relation. Nous savons comment en ouvrir la porte à la présence de Dieu et chaque jour nous laisser inspirer par l'Esprit : c'est lui qui fait toutes choses nouvelles, il nous apprendra comment déployer cet engagement de vie.

LA GRATITUDE

Vivre en gratitude.

La plupart du temps nous n'avons pas conscience des dons de Dieu, nous trouvons tout naturel de les recevoir en abondance chaque jour, nous ne pensons pas à remercier, entrer en action de grâces, à remonter à la source, à reconnaître et le don et la donation. La prise de conscience des dons de Dieu est une reconnaissance joyeuse de ce qu'est Dieu, de sa présence, de son amour pour chacune de ses créatures. La gratitude consiste en fait à reconnaître comme un don ce qui était reçu comme un dû, qui ne suscitait aucun étonnement.

Rendre grâces est une relation spécifique à Dieu, une simple et magnifique forme de prière à la portée de tous ceux et celles qui disent ne savoir comment prier. C'est une façon d'aimer Dieu de tout son cœur, *lui qui fait lever son soleil sur les méchants et sur les bons, et tomber la pluie sur les justes et sur les injustes* (Mt 5, 45). *Lui qui prend soin aussi bien des oiseaux du ciel que de chacun de ses enfants* (Mt 6, 25-34).

Action de grâces et louange.

Il convient d'abord de distinguer l'action de grâces de la louange. On remercie Dieu pour un don reçu. On ne rend pas grâces pour un mal, une souffrance qui ne viennent pas de Dieu. Par contre, dans la louange, on loue Dieu pour ce qu'il est, indépendamment de ses dons. La louange est proche de l'adoration, on loue Dieu parce qu'il est Dieu.

Au cœur d'un événement qui ne vient pas de Dieu on ne rend pas grâces, mais on loue Dieu pour l'œuvre qu'il va accomplir au cœur du mal, pour la façon dont il va nous fortifier pour le traverser, pour la puissance de sa Parole, de sa vie, parce qu'il *a vaincu le monde* (Jn 16, 33). La louange est une arme puissante dans la lutte contre le mal.

L'ingratitude.

Le contraire de la gratitude c'est l'ingratitude : on ne reconnaît pas le bienfait reçu, on ne fait pas retour au Créateur, on laisse passer une occasion de se relier à sa source. L'ingratitude entraîne la frustration, l'amertume, la résignation, la lourdeur, l'accablement.

L'ingratitude est un des fondements de la convoitise, de cette aliénation de soi qui consiste à vouloir avoir ou être ce qu'a ou est l'autre ; on méconnaît les dons de Dieu. Le choix d'entrer dans le mouvement de gratitude va être une grande aide pour s'en dégager.

L'ingratitude peut aussi mener à l'appropriation, l'accaparement du don : on en devient propriétaire, on oublie de partager, de faire bénéficier les autres de ce que l'on a reçu, on a l'illusion que l'on est seul artisan de sa réussite.

L'alliance.

Il y a mille manière de vivre l'amour, et vivre en gratitude est une façon d'exprimer son amour à Dieu. C'est une des façons de faire alliance avec lui, en vue de la vie, d'entrer dans une relation de réciprocité : recevoir consciemment le don, remonter au donateur, rendre grâces et donner à son tour, comme sont invités à le faire les fils et les filles du Très-Haut.

L'acte devient entier.

Un bonheur humain peut devenir un bonheur spirituel si on le vit dans la gratitude car la gratitude a sa source en Dieu. Le bonheur qui est vécu en gratitude devient un acte spirituel. Il est alors aussi un acte « entier ».

L'ACTION DE GRÂCES DANS LA BIBLE

On pourrait dire que la Bible entière, et notamment le Deutéronome, est le livre de la mémoire. Les Hébreux sont invités de la façon la plus solennelle à garder en mémoire les dons de Dieu, à remonter au donateur, à se souvenir, à ne pas oublier [1].

Un rite est prescrit qui va permettre de célébrer chaque année le mémorial du don essentiel de Dieu à Israël, de le réactualiser de génération en génération. Israël a vécu une rude épreuve dans le désert, la dure confrontation avec la réalité des limites, au travers du dénuement propre à tout désert. Les Hébreux ont peu à peu pris conscience de la façon dont Dieu prenait soin d'eux, veillait fidèlement sur son peuple. Ils ont douté, murmuré, trouvant que c'était vraiment trop dur, ils ont cru plusieurs fois qu'ils allaient mourir dans ce désert, que Dieu pourrait les abandonner à leur sort. Finalement ils ont reçu la terre de la Promesse. Ils ont été « éduqués » dans le désert et à partir de là en quelque sorte, ils doivent se prendre en charge. Les richesses abondent et cependant, au cours du VIe siècle, ils vont perdre leur terre – celle qui leur a

1. Pour mettre au clair ces quelques réflexions sur l'action de grâces dans la Bible, j'ai largement puisé dans l'analyse qu'en fait André Wénin, dans le chapitre « Le don de la terre (reconnaissance, partage et jeûne) », p. 247-257.

été donnée par Dieu – et être exilés de Juda à Babylone. Les prophètes les interpellent : ils se sont crus les seuls artisans de leur réussite, ils ont oublié le don et le donateur, ils ont ainsi perdu et leur âme et leur terre : *Moi, je t'ai fait paître au désert, au pays de la sécheresse. Je les ai fait paître, ils se sont rassasiés ; rassasiés, leur cœur s'est enorgueilli aussi m'ont-ils oublié* (Os 13, 5-6).

Moïse les avait cependant prévenus :

> Mais l'Éternel ton Dieu te conduit vers un heureux pays, pays de cours d'eau, de sources qui sourdent de l'abîme dans les vallées comme dans les montagnes, pays de froment et d'orge, de vigne, de figuiers et de grenadiers, pays d'oliviers, d'huile et de miel, pays où le pain ne te sera pas mesuré et où tu ne manqueras de rien, pays où il y a des pierres de fer et d'où tu extrairas, dans la montagne, le bronze. Tu mangeras, tu te rassasieras et tu béniras l'Éternel ton Dieu en cet heureux pays qu'il t'a donné.
>
> Garde-toi d'oublier l'Éternel ton Dieu en négligeant ses commandements, ses coutumes et ses lois que je te prescris aujourd'hui [...] N'oublie pas alors l'Éternel ton Dieu qui t'a fait sortir du pays d'Égypte, de la maison de servitude : lui qui t'a fait passer à travers ce désert grand et redoutable, pays des serpents brûlants, des scorpions et de la soif ; lui qui dans un lieu sans eau a fait pour toi jaillir l'eau de la roche la plus dure ; lui qui dans le désert t'a donné à manger la manne, inconnue de tes pères, afin de t'humilier et de t'éprouver pour que ton avenir soit heureux !
>
> Garde-toi de dire en ton cœur : « C'est ma force, c'est la vigueur de ma main qui m'ont fait agir avec cette puissance. » Souviens-toi de l'Éternel ton Dieu : c'est lui qui t'a donné cette force, pour agir avec puissance, gardant ainsi, comme aujourd'hui, l'alliance jurée à tes pères [Dt 8, 7-20].

Le thème de la gratitude mène à une prise de conscience pleine de vie, de joie, mais il ne faut pas croire que ce soit un thème « léger ». Le souvenir du don de Dieu a un caractère vital car c'est lui qui fonde ce que l'on appelle l'alliance. Dans l'alliance il y a deux partenaires : Dieu donne, l'être humain est conscient du don reçu, il l'accueille, il remonte au donateur et rend grâces. La relation est établie, c'est une relation filiale et libre qui consiste à répondre à la proposition d'alliance avec Dieu pour la vie. Le peuple de Dieu, mais aussi chacun, chacune, doit alors s'impliquer dans ce mouvement de gratitude et aussi dans la façon dont il va et recevoir et utiliser le don. À l'image du Père qui donne sans aucune interruption, il entrera à son tour dans le partage des dons reçus : qui a été aidé aidera l'autre à trouver le chemin de sa liberté de fils ou de fille de Dieu.

Le peuple de Dieu est appelé à l'alliance ; il en est de même pour tout être humain : *c'est dans l'alliance que le « Dieu de nos pères » devient aujourd'hui « mon Dieu »*. La prise de conscience de l'alliance possible avec le Créateur est source de grande joie ; elle affermit l'identité, fait appel à la liberté de chacun, de chacune. La gratitude en est le fondement c'est pour cela qu'il est vital de « se souvenir », de ne pas oublier.

L'ACTION DE GRÂCES DE JÉSUS

Jésus est en action de grâces vivante et constante envers le Père. Il nous entraîne à sa suite. Tout dans sa vie est précédé ou suivi d'une action de grâces. Alors qu'il passait aux confins de la Samarie et de la Galilée, dix lépreux vinrent à sa rencontre (Lc 17, 11-19) et implorèrent sa pitié. Il leur demanda d'aller se montrer aux prêtres. Pendant qu'ils y allaient, ils furent guéris. Un seul d'entre eux, un Samaritain, donc un étranger, un païen, revint sur ses pas se jeter aux pieds de Jésus et le remercier, le visage contre terre. Jésus s'étonna : où sont les neuf autres ? il ne s'est trouvé pour revenir rendre gloire à Dieu que cet étranger ? Comment une chose pareille peut-elle arriver ? C'est cependant ce que nous vivons journellement dans des domaines moins spectaculaires mais non moins réels. Comment avons-nous pu établir une coupure entre la source et le don reçu ?

Jésus s'est émerveillé de la beauté intérieure qu'il a trouvée chez nombre de ceux et de celles qu'il a rencontrés : la veuve indigente qui verse deux piécettes dans le trésor du Temple, les autres donnent de leur superflu, elle remet tout ce qu'elle a pour vivre (Lc 21, 1-4). À combien n'a-t-il pas dit : *Ta foi t'a sauvé*, louant leur confiance, leur foi vivante [1] ! C'est ainsi qu'il éveille notre propre action de grâces.

Nous arrive-t-il de prendre conscience que Jésus s'émerveille aussi de la route de beaucoup d'entre nous, des petits pas posés par ceux et celles qui sont en marche et font ce qu'ils peuvent pour avancer sur la route ? Sommes-nous capables de l'entendre rendre grâces au Père et, en même temps, nous remercier ? Dans sa grâce, nous devenons capables de tenir bon au milieu des épreuves, d'être debout en vivant une histoire très lourde, d'accepter de vivre un chemin de Pâque, de lui ouvrir notre terre, de collaborer avec l'Esprit, de vivre les passages intérieurs qu'il nous indique. Entrer dans cette dimension est une merveilleuse ouverture du cœur et nous établit d'emblée dans notre propre action de grâces.

MÉMORIAL. LA JOIE DE L'ALLIANCE

Nous sommes comme les Hébreux invités à célébrer le mémorial des dons de Dieu, des passages de Dieu dans notre vie, des signes de sa présence, de la façon dont il nous a protégés alors que nous étions sur les chemins de mort. Il nous a sortis du ravin de ténèbres, délivrés du filet du chasseur [2], il

1. Lc 7, 50 à une pécheresse de la ville ; Mt 15, 21-28 à la Cananéenne ; Mt 8, 10 au centurion romain : *En vérité je vous le dis, chez personne je n'ai trouvé pareille foi en Israël.*

2. Ps 123, 6-8 ; Ps 17, 20 : *Il m'a dégagé, mis au large, il m'a sauvé(e), car il m'aime.*

nous a mis au large, il a ouvert les portes de nos prisons. Notre cœur est alors rempli d'une immense action de grâces. Là se trouvent la foi vivante, la prière vivante ; elles sont tissées dans notre chair, notre histoire. C'est le début de notre alliance avec le Dieu de tous les vivants, et avec « mon Dieu » personnel. Cette relation de réciprocité est à la source de la joie, elle ne peut mener qu'à la joie, elle célèbre le bonheur de vivre dans l'amour de Dieu, le partage avec l'autre du don reçu.

C'est ce que nous vivons dans l'Eucharistie qui est action de grâces et nouvelle alliance.

OBSTACLES

Prendre conscience des obstacles qui sont en soi et empêchent de vivre en état de gratitude est une étape indispensable qui va se vivre dans la lumière de l'Esprit.

Événement grave.

La gratitude doit être vécue en vérité. Si un événement grave et déstabilisant survient dans sa vie, on ne va évidemment pas être disposé à la gratitude. Il ne s'agit pas de minimiser les fardeaux qui peuvent être très lourds, de fuir la réalité, de vivre dans l'illusion. Cependant, au fur et à mesure de l'apaisement, il va être possible de prendre conscience que le don de Dieu est toujours là, sous une forme ou une autre, que sa grâce miséricordieuse va aider à traverser l'épreuve. Il convient de se garder d'un mouvement de gratitude qui ne serait pas justement situé, impossible à vivre.

Les schémas familiaux.

Beaucoup sont marqués par des schémas familiaux, des idées reçues, des croyances qui se propagent de génération en génération, des habitudes de penser, de prendre la vie de façon pesante : « C'est la vie, c'est ainsi, qu'y pouvons-nous ? » Ces schémas peuvent peser lourdement sur son propre comportement sans que l'on s'en rende compte, et il est bon de prendre le temps de les débusquer.

La peur de l'inconnu, d'un nouveau mode d'être.

Pour certains, oser être heureux dans la vie, sans restriction, reconnaître les dons reçus, risque de leur attirer une perte ou une catastrophe : « Cela ne saurait durer, il vaut mieux rester dans le vide… » C'est comme une forme de superstition, un interdit de bonheur. Il est vrai que ceux et celles qui ont eu un début de vie difficile, menaçant, ont souvent du mal à faire confiance à Dieu, à la vie.

Le refus d'être heureux peut aussi provenir de l'habitude d'avoir été malheureux. L'expérience nous montre que beaucoup de choses peuvent nous être enlevées au cours de notre existence, mais la gratitude est fondée en Dieu, sa source est en Dieu, et Il nous assure que l'on peut traverser le manque, les situations difficiles, avec Lui et en Lui, sans être définitivement engloutis.

La façon de faire ses comptes.

Combien de fois faisons-nous le compte de ce que nous n'avons pas au lieu de faire le compte de ce que nous avons ? Saisir la valeur de ce que l'on a, de ce que l'on est, voir tout ce qui a été donné et non ce qui n'a pas été donné, ne pas le minimiser, désirer ce que l'on a et non ce que l'on n'a pas, va nourrir le sentiment de gratitude.

La croyance que c'est la souffrance qui va permettre d'avancer, de progresser, d'aller vers Dieu.

Il est vrai que, bien que la souffrance soit un mal en soi, elle est très souvent l'occasion d'une traversée du désert, d'un passage où nous nous laissons atteindre par la miséricorde de Dieu, où nous sommes amenés à un retour sur nous-mêmes, à notre vérité. Cependant, parfois elle peut détruire ceux et celles qui sont isolés, non reliés.

Mais on oublie que la rencontre avec Dieu se vit aussi en prenant un chemin de joie, de gratitude, de bonheur de vivre : aimer la vie, vivre en état de gratitude, est une tâche sacrée pour qui s'est engagé à choisir la vie. Et il ne faut pas se leurrer, ce chemin-là est aussi source de purification. Oser vivre ainsi au milieu de circonstances pas toujours faciles est un chemin spirituel très sûr, inattendu. Il exige un véritable renoncement à ses tendances mortifères ; il oblige à situer ce bonheur-là, à en rechercher la source. C'est en fait une forme de conversion radicale qui permet de sortir du repliement sur soi-même, de pensées négatives qui sont autant de graines de mort.

LA PRATIQUE QUOTIDIENNE DE LA GRATITUDE

La prise de conscience de cette notion de gratitude, de cette richesse laissée en friche peut amener une mise en œuvre immédiate dans le quotidien.

La gratitude peut se vivre sur tous les plans et à chaque instant de la journée ; la vie entière peut s'inscrire dans l'action de grâces. Il s'agit simplement de penser à remercier pour tout ce qui est bon et paraissait jusque-là naturel. On peut commencer à l'expérimenter en choisissant de vivre un jour entier dans l'action de grâces, du lever au coucher : on entre en gratitude pour la possibilité de se lever, de prendre son petit déjeuner, de remplir sa tâche, d'avoir la force de vivre, pour une rencontre, un geste posé ou reçu, un échange avec un voisin, une réunion qui a porté fruit, une communication téléphonique ou une lettre reçue alors que l'on flanchait. Tout, absolument tout, peut devenir occasion de gratitude.

Le présent est alors vécu en plénitude, il prend une couleur de joie. La gratitude est un sentiment qui se vit dans le cœur profond. Elle est un déploiement de la vie du cœur. Vivre en état de gratitude, quitter la frustration, le chemin de mort, est une des réponses à l'invite : *Choisis la vie, non la mort.*

TRAJETS

Pascale a vécu des années difficiles. Un intense travail professionnel lié à de grosses difficultés familiales, l'ont empêchée pendant plusieurs années de prendre de vraies vacances. Sa situation s'arrange enfin et elle envisage d'aller s'aérer. À ce moment une ancienne cicatrice, séquelle d'une lourde opération, se distend. Elle peut à peine marcher. La douleur s'installe pendant plusieurs mois, il est exclu qu'elle entreprenne les longues marches qu'elle affectionne tant. Après un temps de révolte, elle accepte cette situation.

Au cours d'une visite chez un kinésithérapeute, elle exprime qu'elle a vécu des passages intérieurs importants mais qu'elle trouve que son corps est assez lamentable. Il lui répond : « Ne voyez-vous pas que vous êtes tournée à l'envers ? Avec les maladies que vous avez eues, vous auriez dû mourir et vous êtes là à vous plaindre au lieu de rendre grâces d'être en vie ! » Elle reçoit un véritable choc et reçoit cette parole comme venant de l'Esprit. Elle revient chez elle et se met immédiatement en prière pour ne pas perdre une miette de ce qui lui a été dit, ne pas laisser passer cette interpellation tellement inattendue. Elle prend immédiatement conscience qu'elle n'a pas véritablement accepté cette douleur rebelle ; en fait, elle s'est tristement résignée à ce qui lui arrive, elle vit une frustration permanente ; elle voudrait marcher et respirer largement, elle ne le peut pas.

Elle découvre alors d'un coup son ingratitude : par trois fois dans sa vie elle a frôlé la mort ; chaque fois la main du Seigneur a été là pour la faire revenir à la vie. Elle s'est trouvée dans des situations très difficiles, Il l'a toujours remise sur la route. Elle le sait, elle ne l'a pas oublié mais cela reste flou malgré tout. Elle n'a jamais vécu un véritable temps d'action de grâces pour tant de bienfaits ; elle n'a jamais célébré ce mémorial. Elle prend en même temps conscience de tout ce qu'il lui est possible de vivre alors même que la douleur persiste.

Elle en fait le tour et entre dans une gratitude infinie, dans le bonheur de vivre. Elle dit avoir basculé d'un coup de la frustration à la gratitude. Ce sentiment de gratitude s'est véritablement planté, enraciné en elle, il s'est inscrit dans la durée. Chaque jour, de son lever à son coucher, elle rend grâces pour tout ce qu'il lui est possible de vivre dans les toutes petites choses du quotidien, c'est une autre disposition du cœur. Elle a ouvert la porte à la joie.

Guillaume achète une série de livres qui ouvrent pour lui tout un champ de découvertes : ils traitent du regard positif ou négatif que l'on porte sur la vie. Guillaume décide de faire un « jeûne mental » de huit jours pendant lesquels il changera son regard et remplacera les pensées négatives par des pensées positives. Il se prépare avec soin et entre dans cette expérience.

Il retourne chez le libraire pour acheter d'autres ouvrages et lui dit : « Me revoilà, vous voyez, je viens à nouveau me ruiner chez vous. » Le libraire lui dit : « Qu'est-ce que c'est que ce mot que vous employez : ruiner ? » Guillaume répond : « Vous ne me croirez peut-être pas, mais je suis en train de faire un jeûne mental de huit jours pendant lesquels j'ai décidé de m'interdire toute pensée et parole négative ! » Au lieu d'exprimer combien il avait été enrichi par sa lecture et se réjouissait de trouver d'autres pistes de vie, Guillaume a employé une expression que l'on pourrait qualifier de mortifère. Il n'en aurait pas pris conscience si le libraire ne le lui avait pas fait remarquer.

Beaucoup expriment qu'ils ne savent comment prier. Vivre en état de gratitude est une magnifique forme de prière, ouverte à tous, à toutes.

LE SENS DU TRAJET

LE CHEMIN DE NOS PÂQUES

Pâque signifie passage : le passage d'un lieu de mort, quelle qu'en soit la forme, à l'adhésion à la vie, l'ordonnancement de Dieu, de l'ancien au nouveau, de l'habitude, du répétitif, de l'inertie, à la nouveauté de vie proposée par Jésus-Christ.

L'existence tout entière est une succession de Pâques, de morts et de résurrections : c'est la Loi qui gouverne toutes les manifestations de la vie. La Pâque est un accomplissement.

Prendre conscience que sa vie en son entier, dans toutes ses dimensions, est une marche vers la Pâque, est source d'une joie très profonde, enracinée au cœur de l'être. Car à partir de ce moment, on a trouvé le « sens » de sa propre existence.

À l'image de la Pâque des Hébreux, à la suite de la Pâque de Jésus, par sa grâce, chacun, chacune est appelé à vivre cette route. Lorsqu'un être humain découvre que cette promesse n'est pas réservée à quelques-uns mais qu'elle lui est offerte, personnellement, quel que soit son état, il s'entend alors appelé par son nom et s'établit dans une qualité nouvelle de la vie : celle de l'Amour. Par la grâce du Christ, il devient capable de se laisser aimer, guider ; il entre peu à peu dans sa sécurité la plus profonde, celle de la certitude de la présence de Dieu au centre de son être, au cœur de tous ses choix et démarches. Il sait qu'il aura chaque jour le pain, le vin, l'eau fraîche et renouvelée qui lui permettront de poursuivre sa route. Cette découverte est déjà en elle-même une forme de résurrection.

Le trajet d'évangélisation des profondeurs est à l'évidence un chemin de Pâque. Il mène de l'Égypte, lieu de l'esclavage des Hébreux, symbole de toute oppression, captivité intérieure, à la terre de la Promesse, à sa propre terre intérieure, dans la restauration progressive de sa liberté intérieure, la construction de son identité de fils, fille de Dieu, de sa tâche spécifique.

Les trois jours de la Pâque de Jésus-Christ qui ont chacun une signification bien précise, sont des étapes vitales qu'auront à traverser, d'une façon spécifique, chacun selon sa forme, ceux et celles qui choisissent de marcher à la suite du Christ, de devenir des vivants. Cette compréhension du sens de la Pâque est un élargissement considérable. Il ne s'agit plus alors seulement de trouver une issue à ses problèmes individuels ; on entre dans une autre vision, une autre dimension, un mouvement qui, sans aucun doute, mène à la Vie, quels que soient les passages à traverser, une dynamique fécondée par le souffle de l'Esprit.

Les différentes étapes du trajet d'évangélisation des profondeurs deviennent cohérentes ; on comprend qu'il est « normal » en quelque sorte d'avoir à les vivre. On sort de la lourdeur, des « pourquoi » stériles. On se met en marche, on sait vers quoi on se dirige. On découvre combien il est essentiel si l'on veut participer à la vie renouvelée du Christ de ne pas fuir ce processus qui mène à la Pâque, de l'accomplir sur tous les plans de son existence personnelle. Pour les chrétiens, le principe actif du chemin de Pâque porte un nom : Jésus-Christ.

Qui apprend à vivre du Vivant, répond à l'appel de revenir à la vie, de choisir la vie, se mettre en marche sur la route de sa Pâque personnelle, passe alors du dehors au-dedans : la Pâque n'est plus seulement un événement historique célébré chaque année, elle s'accomplit au cœur de sa propre existence, dans la présence du Dieu un et trinitaire.

LA JOIE

Vous aussi maintenant, vous voilà tristes, mais je vous verrai de nouveau et votre cœur sera dans la joie, et votre joie, nul ne pourra vous la ravir (Jn 16, 22).

De même que l'on peut choisir un chemin de mort sans en avoir véritablement conscience, enfouir ses émotions négatives au fond de soi, de même on peut éteindre l'étincelle de joie plantée au fond de son cœur.

Aller découvrir la joie là où elle demeure, la libérer, la vivre de façon consciente, la nourrir, la déployer, fait partie intégrante du chemin de vie.

La joie est le signe de la Pâque, du passage de l'ancien à la vie nouvelle, des habitudes mortifères, du désordre, de l'accablement, de la tristesse, du repliement sur soi, au bonheur de choisir de vivre en adhérant aux lois fondamentales qui balisent la route et vont permettre de créer de la vie, de semer la vie partout où l'on passe, où l'on est, en toute saison.

« La joie est l'évangélisation de la soif de bonheur [1]. »

1. Xavier THÉVENOT, *Souffrance, bonheur, éthique*, p. 61-69.

COMMENT LIBÉRER LA JOIE EN SOI ?

La joie est un don de Dieu mais comme tout don de Dieu il est nécessaire de choisir de l'accueillir et de la vivre.

C'est le même mouvement que pour la vie : la vie est donnée mais, si l'être humain veut véritablement devenir un vivant, il va devoir la choisir. La joie fait partie de la vie, du cœur profond ; choisir d'entrer dans la joie suppose une décision, un choix de chacun, de chacune. Cependant, attendre que la joie soit donnée sans avoir à s'impliquer est un comportement relativement fréquent.

Le choix de la joie implique que l'on n'y mette pas de condition : si j'avais une meilleure santé, si j'étais marié, si je trouvais ma route… Choisir la joie est une forme d'engagement, elle signe la décision de répondre à l'alliance proposée, elle va entraîner un changement de regard sur toute sa vie. Ce n'est pas une décision volontariste : on sait pourquoi on choisit de vivre la joie. Le fondement de la joie est la paix, et la paix arrive lorsque sont retrouvées la direction, la signification de sa vie. La paix que donne le Christ peut se vivre au cœur de la tempête.

La révélation du Dieu créateur et sauveur, l'assurance qu'il est possible de se laisser aimer et d'entrer à son tour dans ce mouvement de l'amour, la certitude de La Présence en soi, la découverte de la vie dans l'Esprit, la fin de la solitude intérieure, de l'errance, le choix de devenir artisan de vie, sont une source de joie inépuisable.

Jésus le Christ nous a laissé en quelque sorte son testament, ses dernières volontés, son souhait, son invite la plus essentielle :

Comme le Père m'a aimé, moi aussi je vous ai aimés (Jn 15, 9).

Aimez-vous les uns les autres comme je vous ai aimés (Jn 15, 12).

Ne vous aimez pas n'importe comment, dans le désordre ; comprenez comment le Père m'aime, comment moi je vous aime, comment le Père lui-même vous aime. Aimez de cet amour-là. Là se trouve le fondement de la joie. C'est ainsi qu'elle est nourrie.

LES DEGRÉS DE LA JOIE

Il y a des qualités de joie différentes mais toutes sont essentielles et on ne saurait négliger l'une pour l'autre.

La première touche *tout le domaine des joies humaines*, le bonheur de vivre, l'amour de la vie qui est premier, essentiel. Il arrive très souvent qu'on laisse en friche ce bonheur-là, on passe à côté de joies tout à fait réelles, on n'en prend pas conscience, on ne les nomme pas et elles peuvent rester en friche. On peut vivre le même quotidien dans la joie ou dans la lourdeur.

Il suffit de faire l'expérience de *choisir de vivre un jour entier dans la joie*, d'être attentif à ce mouvement pour se rendre compte de ce qui empêche d'entrer dans la joie, qui fait retomber dans la tristesse, pour découvrir comment vivre l'événement dans un mouvement intérieur différent.

On s'aperçoit alors que le choix se pose à chaque instant de vie : on peut basculer du côté de la lourdeur ou du côté de la joie. À soi de prendre parti. Il est vrai que *les joies humaines vont et viennent* et que des situations difficiles peuvent se présenter. C'est alors que la joie s'approfondit peu à peu, qu'elle s'abreuve à la véritable Source. Elle est toujours là, très ténue, avec une couleur différente, mais elle est bien vivante. La joie de Noël n'est pas la joie de Pâques.

NE PAS ATTENDRE

Il est inutile d'attendre de parvenir au but pour libérer la joie car en réalité on n'y parvient jamais entièrement. On est en marche et la joie est précisément *d'être en marche*. À partir du moment où l'on a découvert la direction, compris le sens vital du chemin de la Pâque, réorienté son désir, on peut vivre la joie qui est le don merveilleux fait à l'homme, à la femme, au cœur même d'une vie souvent difficile.

C'est le signe vivant de la résurrection au quotidien, c'est la forme la plus accomplie de la louange car tout l'être, y compris le corps, y participe. C'est *la réponse aimante de l'être humain au don de Dieu.*

EN TOUTE SAISON

Saint Marc (11, 12-14) nous rapporte un étrange épisode de la vie de Jésus qui a comme toujours une signification très profonde. En allant de Béthanie à Jérusalem, Jésus trouve sur son chemin un figuier qui ne porte pas de fruit, ce qui est bien normal car ce n'est pas la saison des figues. Cependant, Jésus le condamne à la stérilité. Lors du voyage de retour, les disciples s'aperçoivent avec stupeur que le figuier est totalement desséché. Jésus leur parle alors de la puissance de la foi qui peut transporter les montagnes.

Cet épisode nous signifie que l'être humain est appelé à avoir une vie féconde, à produire du fruit, quelles que soient les circonstances de la vie : il va avoir la potentialité de le faire s'il arrête d'osciller, de croire et de ne pas croire qu'il peut quitter la mort, entrer dans la vie, « s'il n'hésite plus dans son cœur ».

Vivre à fond et jusqu'au bout chaque instant de sa vie.

Il s'agit en fait de vivre à fond [1] et jusqu'au bout chaque instant de vie que l'on soit en pleine santé ou affligé de sérieux handicaps physiques, que les événements nous soient ou non favorables.

Le message biblique est un incroyable appel à la vie, à garder courage, à ne rien perdre du temps de vie qui nous est donné.

Il arrive que l'on devance l'heure de sa mort physique, que l'on meure avant son temps, par ignorance, perte du sens de sa vie, absence d'objectif essentiel, par solitude et désespérance. Il arrive aussi que l'on devienne un mort vivant : on s'est arrêté devant le beau combat de la vie. Après un temps difficile ou dans une épreuve, il peut être vital de mettre sa terre « en jachère », de souffler, de se laisser aller dans les bras du Père, de se laisser porter. Baisser les bras devant le choix de vie est autre chose. On devient un mort vivant quand on a perdu le sens de la vie, de sa propre vie ; on n'a plus rien à « accomplir ».

S'engager dans le choix de la vie – la vie selon l'ordonnancement de Dieu – suppose une relation permanente à l'Esprit. Cette notion de fécondité, de fruit à porter en toute saison, est devenue le désir le plus précieux de son cœur. C'est le moment de demander à l'Esprit comment le vivre, de se laisser inspirer pas à pas au travers de ce que la vie propose.

1. Dans un très beau chapitre de son livre *Le Feu sous les cendres*, Joan CHITTISTER s'adresse à des consacrées. Elle aborde le problème du vieillissement de certains ordres religieux. Son analyse est d'une étonnante vigueur. L'édition américaine a été publiée par Sheed-Ward, p. 116-136.

L'âge, la vieillesse qui arrive, ne sont certes pas une excuse pour croire que l'on peut devenir « improductifs[1] ». Aux yeux de celui ou de celle qui s'est mis en marche sur ce chemin de la Pâque, « il y a toujours quelque chose d'important à entreprendre, quelque chose de nouveau à apprendre, quelque chose de précieux à donner, et cela à toutes les étapes de la vie et quelles que soient les circonstances de sa vie ». Produire du fruit en toute saison, être artisan de vie, quelles que soient les circonstances de sa vie, revenir à la vie, ouvrir des pistes pour aider ceux et celles qui l'ont perdue à la retrouver, quelle belle tâche est confiée à l'être humain, quelle gratitude quand le sens en est dévoilé.

Le don de l'Esprit.

Après la résurrection du Christ et son Ascension, tous ceux et toutes celles qui se sont engagés sur le chemin de la Pâque vont recevoir une force, celle de l'Esprit Saint qui descendra sur eux (Ac 1, 8).

Alors leur fécondité prendra toute sa dimension, ils s'engageront sans peur à entrer dans le « nouveau » :

Dieu aura sa demeure avec eux, ils seront son peuple et lui, Dieu-avec-nous, sera leur Dieu (Ap 21, 3).

1. « C'est un mot qui n'a aucun sens si l'on s'en rapporte constamment aux dimensions de re-naissance, de résurrection dans le quotidien, d'acheminement progressif vers une plénitude de vie, vers l'unité de son être. La vieillesse est une étape existentielle qui invite à de nouveaux modes de vie. Bien au contraire, la fécondité va pouvoir prendre toute son ampleur, c'est le temps de distribuer les fruits, de transmettre l'enseignement reçu pendant sa vie, d'approfondir sa vie spirituelle, son ministère intérieur, de déployer la paix, la joie. On n'a plus rien d'autre à vivre que l'amour. » Joan CHITTISTER, *Le Feu sous les cendres*, p. 1120-1121.

La parole fondatrice de la vie

LES LOIS DE VIE *

Alors l'Éternel Dieu modela l'homme avec la glaise du sol, il insuffla dans ses narines une haleine de vie et l'homme devint un être vivant (Gn 2, 7) ; *puis de la côte qu'il avait tirée de l'homme, l'Éternel Dieu façonna une femme et l'amena à l'homme* (Gn 2, 22).

Je te donne la Vie, sois vivant.

Le choix de la vie.

Choisis donc la vie pour vivre (Dt 30, 15-20).

Transgressions : Le possible choix du chemin de mort – les fausses routes – autodestruction, pactes avec la mort, promesses mal situées…

Chemins de vie : Choisir de se mettre en route sur un chemin de vie – découvrir une issue de vie dans les conditions de vie qui sont les siennes – renoncer à toute complicité avec la mort.

* Ce tableau des lois de vie a été élaboré avec l'équipe de Bethasda.

L'acceptation de la condition humaine.

Tu peux manger de tous les arbres du jardin. Mais de l'arbre de la connaissance du bien et du mal tu ne mangeras pas, car le jour où tu en mangeras, tu mourras certainement (Gn 2, 16-17).

Tu es créé, tu n'es pas Dieu, tu es créé et aimé dans les limites de tout humain.

Transgressions : Refuser ou méconnaître les limites de la condition humaine : l'erreur, les échecs, les crises, le manque, la perte, la vulnérabilité de tout homme, toute femme… Entrer dans la toute-puissance, enfouir ses émotions, refuser les médiations ou en faire un absolu…

Chemin de vie : Occuper sa juste place de créature. Retrouver sa source. Entrer dans une juste collaboration avec l'Esprit Saint, accepter ses propres limites, sa réalité, celles des autres, de son histoire, celles qu'impose l'événement, aller à la rencontre de ses émotions. Découvrir et déployer sa mesure spécifique.

Le déploiement de l'identité spécifique de chaque personne, en Dieu et en juste relation à l'autre.

Va vers toi, de ta terre, de ton enfantement, de la maison de ton père vers la terre que je te ferai voir (Gn 12, 1).

Et l'on ne t'appellera plus Abram, mais ton nom sera Abraham (Gn 17, 5).

Celui qui a des oreilles, qu'il entende ce que l'Esprit dit aux Églises : au vainqueur, je donnerai de la manne cachée et je lui donnerai aussi un caillou blanc, un caillou portant gravé un nom nouveau que nul ne connaît, hormis celui qui le reçoit (Ap 2, 17).

Tu es créé et aimé unique, deviens toi-même en Dieu, dans une juste relation à l'autre.

Transgressions : Demeurer dans la fusion, se mélanger à l'identité de l'autre, le posséder ou se laisser posséder, entretenir de la confusion dans la relation, prendre sur soi le chemin de l'autre, se courber devant un pouvoir abusif, convoiter ce qu'a ou est l'autre, entrer dans la rivalité, se déprécier.

Chemin de vie : Devenir soi. S'assurer de son identité en Dieu, découvrir son nom. Renouveler la relation : dans l'Amour et la Vérité, la Pentecôte de la relation.

La recherche de l'unité de la personne, habitée par le Dieu vivant.

Tu aimeras le Seigneur ton Dieu de tout ton cœur, de toute ton âme, de toute ta force, de tout ton esprit et ton prochain comme toi-même (Dt 6, 5 ; Lv 19, 18 ; Lc 10, 27).

Le Verbe s'est fait chair (Jn 1, 14).

Ne savez-vous pas que vous êtes un temple de Dieu, et que l'Esprit de Dieu habite en nous (1 Co 3, 16).

Tu es un au travers de ton corps, de ta psyché et du cœur profond qui les anime.

Transgressions : Mélanger ses différentes composantes, les diviser, méconnaître leur hiérarchie intérieure, en négliger une, être fasciné par l'une d'elles.

Chemins de vie : Prendre également soin de ses trois composantes, apprendre à développer la vie du cœur profond.

L'entrée dans la fécondité et le don.

Dieu les bénit et leur dit : soyez féconds, multipliez (Gn 1, 28).

La Parabole des talents (Mt 25, 14-30) :

C'est bien, serviteur bon et fidèle, lui dit son maître, en peu de choses tu as été fidèle, sur beaucoup je t'établirai ; entre dans la joie de ton Seigneur.

Transgressions : Méconnaître la source de la fécondité et du don, demeurer dans un repli stérile sur soi, se réduire ou se déprécier, méconnaître ou enterrer les dons reçus.

Chemin de vie : Vivre en béni de Dieu, accueillir la vie du ressuscité, découvrir sa forme spécifique de fécondité, porter du fruit. Entrer dans le grand courant de l'amour, le recevoir, le donner.

REPÈRES SIMPLES SUR LE CHEMIN
DE L'ÉVANGÉLISATION DES PROFONDEURS

La descente dans ses profondeurs

1. *Que nous est-il arrivé ?*

Nommons la ou les blessures : fusion, emprise, confusion des chemins ou des places dans la famille, manque ou perte de l'amour, rivalité dans la fratrie…

2. *Qu'avons-nous fait à partir de la blessure ?*

Comment avons-nous réagi ?
Comment avons-nous vécu les émotions qu'elle a entraînées ?

3. *Que nous apprennent les Lois de Vie ?*
Que nous dit la Parole de Dieu ?

Quelle information essentielle nous donne-t-elle ?

4. *Quelle Loi de Vie avons-nous transgressée ?* (volontairement ou non)
Quelle faute route avons-nous prise ?

Quand ? Comment ? Pourquoi ? Qu'avons-nous voulu éviter ?
Quelle a été notre part de complicité dans ce trajet ?

Le chemin de remontée

5. *A quelle nouvelle issue, à quels mouvements, actes intérieurs, la Parole de Dieu nous amène-t-elle ?*

La repentance
La conversion

– Adhésion : À quelle Loi de Vie est-ce que nous adhérons aujourd'hui ?
– Renoncement : À quel chemin de mort cette adhésion amène-t-elle à renoncer ?
– Quelles seront dans notre vie quotidienne les conséquences de ce renoncement ?
– Deuil : Quel deuil est-ce que cela entraîne ?
– Accueil de la vie du ressuscité, de l'inattendu qui vient de Dieu : comment laissons-nous le Dieu du dimanche de Pâques accomplir en nous et avec nous l'œuvre de résurrection ?
– Choix du chemin de vie : Quel pas pouvons-nous poser aujourd'hui sur le chemin de vie ?

Ce trajet n'est ni systématique, ni simpliste, ni réducteur, ni rapide, mais dans la grâce de Dieu, il nous conduit sur un chemin de vie.

Ces repères ont été établis
avec les membres de l'équipe de Bethasda.

LISTE DES OUVRAGES CITÉS

INTRODUCTION

GESCHÉ A., *Dieu pour penser.* III, *Dieu,* Paris, Éd. du Cerf, 1994.

PREMIÈRE LOI

CHITTISTER J., *Le Feu sous les cendres,* Bellarmin, 1998 ; éd. américaine : Sheed-Ward, 1996.
BEAUCHAMP P., *La Loi de Dieu,* Paris, Éd. du Seuil, 1999.
BEAUCHAMP P., *L'Un et l'Autre Testament,* Paris, Éd. du Seuil, 1977.
WÉNIN A., *Pas seulement de pain,* Paris, Éd. du Cerf, 1998.
VOCABULAIRE DE THÉOLOGIE BIBLIQUE, Paris, Éd. du Cerf, 1978.
Lève-toi – prends ton grabat et marche. Être acteur de sa vie..., Bethasda documentation, 22 route du Tertre, 41150 Chouzy-sur-Cisse.

DEUXIÈME LOI

THÉVENOT X., *Les péchés, que peut-on en dire ?* Mulhouse, Éd. Salvator, 1983.

EISENBERG J. ABÉCASSIS A., « À Bible ouverte », t. I, *La Création,* Paris, Albin Michel, 1992.

WÉNIN A., *Pas seulement de pain,* Paris, Éd. du Cerf, 1998.

BIANCHI E., *Adam où es-tu ?* Paris, Éd. du Cerf, 1998.

SIBONY D., *Les Trois Monothéismes,* Paris, Éd. du Seuil, 1992.

EISENBERG J., ABÉCASSIS A., « À Bible ouverte », t. II, *Et Dieu créa Ève,* Paris, Albin Michel, 1992.

BOURGUET D., *Les Maladies de la vie spirituelle,* Éd. Réveil Publications, 2000.

CONCILE ŒCUMÉNIQUE VATICAN II, *Constitutions, décrets, déclarations,* chapitre III : « L'activité humaine dans l'univers », Paris, Éd. du Centurion, 1989.

GESCHÉ A., *Le Mal,* Paris, Éd. du Cerf, 1996.

THÉVENOT X., *Repères éthiques pour un monde nouveau,* Mulhouse, Éd. Salvator, 1982.

DUMAS A., Pasteur, *Cent prières possibles,* Paris, Éd. Cana, 1988.

BOURGUET D., *Approches du Notre Père,* Éd. Réveil Publications, 2000.

SESBOÜÉ B., *Croire,* Paris, Éd. Droguet-Ardant, 1999.

VARILLON F., *Joie de croire, joie de vivre,* Paris, Bayard-Éditions du Centurion, 1990.

THÉVENOT X., *Souffrance, bonheur, éthique,* Mulhouse, Éd. Salvator, 1992.

THÉVENOT X., *Compter sur Dieu,* Paris, Éd. du Cerf, 1992.

VOCABULAIRE DE THÉOLOGIE BIBLIQUE, Paris, Éd. du Cerf, 1978.

TROISIÈME LOI

WÉNIN A., *Pas seulement de pain,* Paris, Éd. du Cerf, 1998.

PACOT S., *L'Évangélisation des profondeurs,* t. I, Paris, Éd. du Cerf, 1997.

THÉVENOT X., *Les péchés, que peut-on en dire ?* Mulhouse, Éd. Salvator, 1983.

HIRIGOYEN M.-F., *Le Harcèlement moral,* Paris, La Découverte et Syros, 1998.

BALMARY M., *Le Sacrifice interdit,* Paris, Grasset, 1986.

SIBONY D., *Les Trois Monothéismes,* Paris, Éd. du Seuil, 1992.

BUBER M., *Le Chemin de l'homme,* Monaco, Éd. du Rocher, 1991.

BOÉ C., « Comment laisser l'autre libre sans l'abandonner », La relation renouvelée, Bethasda Documentation, 22 route du Tertre, 41150 Chouzy-sur-Cisse.

LAURENT M.-M., DE BETTIGNIES D. (psychologues), « Aimez-vous les uns les autres, comme je vous ai aimés », Identité et altérité. *Je me lèverai donc et j'irai vers mon père. La rencontre avec le Père,* Bethasda documentation, 22 route du Tertre, 41150 Chouzy-sur-Cisse.

BRANDT P.-Y. *Quelle loyauté vis-à-vis des parents ? La vie renouvelée...*, Bethasda Documentation.

ANCELIN SCHÜTZENBERGER A., *Aïe mes aïeux,* Éd. Épi-La Méridienne, mai 1993.

MCALL K., *Ministère de l'arbre généalogique,* Éd. bénédictines, rue Émile Guinnepain, 36170 Saint-Benoît-du-Sault, 1999.

QUATRIÈME LOI

LACROIX X., *Le Corps de l'Esprit,* Paris, Éd. du Cerf, 1999.

DRANSART P., *La maladie cherche à me guérir,* Grenoble, Le Mercure dauphinois, 1999.

PACOT S., *L'Évangélisation des profondeurs,* t. I, Paris, Éd. du Cerf, 1997.

BEULAY R. PÈRE, Conférence sur *La Prière du cœur,* couvent des Carmes, Avon, 1997.

BIANCHI E., *Les Mots de la vie intérieure,* Paris, Éd. du Cerf, 2001.

ALPHONSO H., *Tu m'as appelé par mon nom,* Paris, Éd. Saint-Paul, 1995.

CINQUIÈME LOI

VOCABULAIRE DE THÉOLOGIE BIBLIQUE, Paris, Éd. du Cerf, 1978.

BAUDIQUEY P., *Le Retour du prodigue,* texte qui sous-tend les diapositives de la peinture de Rembrandt, audiovisuel ACNAV, 3 rue Amyot, 75005 Paris.

BALMARY M., *Abel ou la traversée de l'Éden,* Paris, Grasset, 1999.

GUÉNARD T., *Plus fort que la haine,* Paris, Presses de la Renaissance, 1999.

BUBER M., *Le Chemin de l'homme,* Monaco, Éd. du Rocher, 1991.
BEN BREATHNACH S., *L'Abondance dans la simplicité,* Montréal, Éd. du Roseau, 1999.
NOUWEN H., *Lettre à un ami sur la vie spirituelle*, Paris-Montréal, coéd. Cerf-Novalis, 1998.
WÉNIN A., *Pas seulement de pain,* Paris, Éd. du Cerf, 1998.
THÉVENOT X., *Souffrance, bonheur, éthique,* Mulhouse, Éd. Salvator, 1992.
CHITTISTER J., *Le Feu sous les cendres,* Bellarmin, 1998, Éd. américaine Sheed-Ward, 1996.

Table des matières

Dans la collection « Épiphanie »

Marguerite Acarie : *Lettres spirituelles*
Michel Albaric : *Le Temps d'attendre*
Jean-Émile Anizan : *Quand la charité s'empare d'un homme*
Jean Bastaire : *Le Chant des créatures. Les chrétiens et l'univers d'Irénée à Claudel*
Jean Bastaire : *Chiens du Seigneur. Histoire chrétienne du chien*
Philippe Baud : *Nicolas de Flue (1417-1487). Un silence qui fonde la Suisse*
Bernard de Jésus Marie : *Le Sang du Carmel*
Pierre de Bérulle : *Les Grandeurs de Jésus*
Marie Baudouin-Croix : *Léonie Martin, une vie difficile*
Madelaine Berthon : *De Solesmes à Auschwitz : Marguerite Aron*
Enzo Bianchi : *Comme un étranger. Dans le compagnonnage avec les hommes*
Enzo Bianchi : *Les Mots de la vie intérieure*
Antoine Bloom : *Le Sacrement de la guérison*
Michel-Robert Bous : *La Musique de l'Esprit*
Bernard Bro : *Le Secret de la confession*
Bernard Bro : *Les Portiers de l'aube*
Bernard Bro : *Marie, espoir de Dieu*
Henri Brunel : *Prières à décoiffer les clochers*
William Bush : *La relation du martyre des seize carmélites de Compiègne*
Michel Carrouges : *Le Père Jacques. Au revoir les enfants*
Catherine de Bar : *Adorer et adhérer*
Bernard et Bernadette Chovelon : *L'Aventure du mariage. Guide pratique et spirituel*
Jean Comby ***et al.*** **:** *L'Itinéraire mystique d'une femme. Rencontre avec Marie de l'Incarnation ursuline*
Gabrielle Cosson : *Guérir avec les saints*
Hyacinthe-Marie Cormier : *Être à Dieu*
Conrad De Meester : *Les Mains vides*

Conrad De Meester : *Les Plus Belles Pages d'Élisabeth de la Trinité*
Conrad De Meester : *Frère Laurent de la Résurrection*
Bernard Descouleurs, Christiane Gaud : *Marguerite-Marie Alacoque. La Mystique du cœur.*
Pierre Descouvemont : *Sur la terre comme au ciel, une novice de sainte Thérèse*
André Dodin : *Initiation à Saint Vincent de Paul*
Paul-Dominique Dognin : *Comme un sauvetage*
Christian Dorrière : *L'Abbé Jean Daligault, un peintre dans les camps de la mort*
Suzanne Eck : *Initiation à Jean Tauler*
Suzanne Eck : *« Jetez-vous en Dieu ». Initiation à Maître Eckhart*
Sœur Agnès Égron : *La Prière de feu*
Patrick-Marie Févotte : *Aimer la Bible avec Élisabeth de la Trinité*
Patrick-Marie Févotte : *Virginité, chemin d'amour. À l'école d'Élisabeth de la Trinité*
Charles de Foucauld : *« Cette chère dernière place. Lettres à mes frères de la Trappe*
Dom Jean Gaillard : *La Liturgie pascale*
Maximilio Herraiz Garcia : *L'Oraison, une histoire d'amitié*
Guy Gaucher : *Bernanos ou l'invincible espérance*
Guy Gaucher : *La Passion de Thérèse de Lisieux*
Guy Gaucher : *Flammes d'amour : Thérèse et Jean*
Jacques Gauthier : *Que cherchez-vous au soir tombant ?*
Rina Geftman : *L'Offrande du soir*
Aliette Gruget : *Alexis. Mort et vie d'un enfant*
Jean-Marie Gueullette : *Laisse Dieu être Dieu en toi. Petit traité de la liberté intérieure*
Bernard Guitteny : *Grignion de Montfort missionnaire des pauvres (1673-1716)*
Lorene Hanley Duquin : *Catherine de Hueck Doherty. « Aventurière ou sainte ? »*

Magda Hollander-Lafon : *Souffle sur la braise*
Marguerite-Ph. Hoppenot : *Le Temps du feu*
Marguerite-Ph. Hoppenot : *Pleins pouvoirs à l'Esprit Saint*
Alain Houziaux : *Paraboles au quotidien*
Alain Houziaux : *Mon silence te parlera*
Jean-Baptiste de la Conception : *Pensées mystiques*
Jean-Paul II : *Rosaire et chemin de croix*
Bruno de Jésus Marie : *Le Sang du Carmel*
Vincent Jordy : *L'Art de la prière*
Jean-Claude Larchet : *Saint Silouane de l'Athos*
Père M. Jean-Joseph Lataste : *Prêcheur de la miséricorde*
Jean-Claude Lavigne : *Le Prochain lointain*
Claire-Marie Ledoux : *Initiation à Claire d'Assise*
André Lendger : *Prêcher ou essayer de parler juste*
Jacques Lœw et Paul Xardel : *La flamme qui dévore le berger*
Sœur Marie de la Trinité : *Une novice de sainte Thérèse*
Sœur Marie-Pascale : *Initiation à sainte Gertrude d'Helfta*
Carlo Maria Martini : *Témoins de la parole*
Carlo Maria Martini : *Prêtres, quelques années après... Méditations sur le ministère presbytéral*
Antoine Mayère : *Père Chanel, je vous écris*
Alexandre Men : *Manuel pratique de prière*
Gerit Messie : *Les Diaconesses de Reuilly*
Marie-Dominique Molinié : *Le Combat de Jacob*
Marcel Neusch : *Initiation à saint Augustin, maître spirituel*
Jean-Jacques Olier : *Vivre pour Dieu en Jésus-Christ*
Eulogio Pacho : *Initiation à S. Jean de la Croix*
Simone Pacot : *L'Évangélisation des profondeurs, t. I*
Simone Pacot : *Reviens à la vie ! L'Évangélisation des profondeurs, t. II*
Johannes Pausch : *Cherche l'unité intérieure*
Jacques Perrier : *L'Abbé Stock (1904-1948)*
André Philbée : *Saint Bernard de Fontaine, abbé de Clairvaux*

André Pighiera : *Un phare dans la nuit. Sauvetage avec Thérèse de Lisieux*

Bernard Pitaud : *Histoire d'une direction spirituelle au* XVIIe *siècle. Gaston de Renty - Élisabeth de la Trinité, 1643-1649*

Bernard Pitaud : *Le Bienheureux Nicolas Roland et les Sœurs de l'Enfant-Jésus*

Dominique Poirot : *Jean de la Croix, connaissance de l'homme et mystère de Dieu*

Dominique Poirot : *Jean de la Croix poète de Dieu*

Alain Quilici : *Nous osons dire Notre Père*

Jean-Gabriel Ranquet : *L'Un et l'Autre Exode*

Noël Rath : *Sainte Marie Mère de Dieu*

Jean Rémy : *Regards d'amour. Élisabeth de la Trinité et Jean de la Croix*

Bernard Rey : *Trois chemins vers Pâques*

Bernard Rey : *Jésus, l'aujourd'hui de Dieu*

Bernard Rey : *La Discrétion de Dieu*

Bernard Rey : *Vivre avant et après la mort*

Didier Rimaud : *À force de Colombe. Chants et poèmes*

Mgr Oscar Romero : *L'Amour vainqueur*

Raymond Sansen : *Le Sourire de Dieu dans l'histoire des hommes*

Frère Rémi Schappacher : *Veux-tu guérir ?*

Robert Scholtus : *La Traversée des apparences*

Robert Scholtus : *L'Espérance désaltérée. La traversée des apparences (II)*

Thomas Spidlik : *Le Chemin de l'Esprit. Retraite au Vatican*

Mgr Stéphanos : *Une saison en orthodoxie*

Guido Stinissen : *Le Christ votre vie*

Mère Teresa : *Dans le silence du cœur*

Jacques Thierry : *Dieu dans la nuit*

Jean-François Thomas : *Initiation à Teilhard de Chardin, maître spirituel*

Guy Thomazeau : *Bonne nouvelle du mariage*

Guy Thomazeau : *Suivre Jésus à pas d'homme*
Marie-Claire Tihon : *Saint Pierre Fourier*
Pierre Van Breemen : *Trouver Dieu en toutes choses*
Jérôme Van Langermeersch : *« Tu combles les vides de mes désirs. » Une autre petite voie*
Philippe Verdin : *Les Pieds sur terre et la Tête dans le ciel. La spiritualité du scoutisme*
Jean Vinatier : *Mère Agnès de Jésus*
Marianne Viviez : *Tes lacets sont défaits*
William G. Wheeler : *Dans la vérité et la charité*
Jean Werquin : *Thérèse Cornille*

Cet ouvrage
a été achevé d'imprimer
sur Roto-Page
en août 2002
par l'Imprimerie Floch
53100 – Mayenne.

Dépôt légal : septembre 2002.
N° d'imprimeur : 54829.
N° d'éditeur : 11804.
Imprimé en France.